U0938809

# GLOBALIZATION AND EDUCATIONAL MODERNIZATION

Take the Example of GUANGDONG Educational Modernization

# 全球化与教育现代化

## ——以广东教育现代化为例

江海燕 著

社会科学文献出版社
SOCIAL SCIENCES ACADEMIC PRESS (CHINA)

# 目　录

# 第一章　绪　论

## 第一节　问题的提出

### 一　全球化需要也同时推动中国教育现代化

如果说现代化是人类社会由低级到高级的纵向发展过程，那么全球化则是人类在不断地加强着整体现代化的历史过程。马克思曾精辟地指出：伴随着15世纪资产阶级对世界市场的开拓就已开始的全球化[①]，到了19世纪，由于跨国公司及交通、通信技术的发展，全球经济一体化趋势显著地改变了世界的宏观格局。而到了21世纪，由于电脑的普及，光缆、网络软件业的迅速发展，我们进入了一个新的世纪——全球化，“全球变成了一个平坦的世界”[②]。因此，

① 《马克思恩格斯选集》第1卷，人民出版社，1995，第114页。

② 托马斯·弗里德曼：《世界是平的——21世纪简史》，何帆、肖莹莹、郝正非译，湖南科技出版社，2006，第112页。

本质上，全球化是现代化的必然结果，由工业主义和市场经济的扩张本性所决定，是现代信息网络技术及通信发展的必然结果。用吉登斯的话来说："全球化的本质是流动的现代性"，全球化凭借当代日趋先进的科学技术正加速着世界现代化的进一步发展。中国在21世纪初加入了WTO，加速了全球化的进程，对于已紧跟全球时代步伐的中国而言，其现代化也包括教育现代化的进程。在这个机遇与挑战并存的全球化历史时期，中国教育现代化自然要被赋予新的内涵和意蕴，包括跨越历史落差而汲取西方后现代主义教育思想的精华，从而使教育的现代性得到同步的增长和丰富，以促进中国教育现代化多侧面、高层次的自觉提升。[①] 而全球化下中国教育现代化的发展方向和模式选择，是一个具有国际性全球视野和远大的战略性的发展目标，是全球化下中国教育所面临的一次战略性选择。

## 二　中国社会现代化进程需要教育现代化

21世纪上半叶，是中国进入加速现代化建设并提出于2050年基本实现现代化的关键时期。为了加快现代化进程，中国政府作出了"科教兴国""加快国民经济和社会信息化，以信息化带动工业化""积极稳妥地推进城镇化""东部沿海地区率先实现现代化"等一系列战略决策。2010年，中共中央、国务院召开的全国教育工作会议强调，要全面贯彻党的教育方针，培养德智体美全面发展的社会主义建设者和接班人。各级党委和政府要按照优先发展、育人为本、改革创新、促进公平、提高质量的工作方针，贯彻落实《国家中长期教育改革和发展规划纲要（2010～2020

① 郑金洲：《教育现代化的正与悖》，《教育参考》1998年第2期。

年)》，确保到2020年我国基本实现教育现代化，基本形成学习型社会，进入人力资源强国行列。现代化建设需要现代化的教育来支撑，教育现代化不仅是人类经济社会现代化的结果，更是经济社会现代化的重要推动力量。而实现教育的现代化，需要从经济社会发展的理论和战略高度，以及从实践探索的角度，对教育现代化的任务、进程、模式以及机制等进行研究与谋划。

## 三　广东发展需要推进中国特色广东特点的教育现代化

广东作为中国改革开放先行实验区，是中国最早推进新时期教育现代化的区域之一。广东虽然毗邻港澳和东南亚，华侨众多，但由于长期受闭关锁国政策影响，和全国一样，到改革开放前，教育的发展都是非常缓慢的。改革开放后广东适应经济社会快速发展的要求，大力实施“科教兴国”“科教兴粤”战略，积极学习和借鉴西方与“亚洲四小龙”及我国先进地区的教育经验，努力推进教育改革，极大地促进了区域教育发展。广东虽在汉代就已出现基础教育，但经过漫长的发展，到1949年，才有小学2.82万所，在校学生约160万人；中学516所（私立学校占55%），学生13.7万人；大专院校25所，学生1.5万人。[①] 但改革开放后，广东教育发展发生了翻天覆地的变化，1985年基本普及小学教育。1996年底广东通过国家基本普及九年义务教育、基本扫除青壮年文盲验收（简称“两基”），率先成为全国实现“两基”的省份，比原计划2000年完成“两基”提前了4年。2000年珠江三角洲地区基本普及高中阶段教育。广东在“文革”前只有19所高等学校，“文革”期间遭到破坏，高等教育

① 《中国百科全书·广东百科全书（上卷）》，中国大百科全书出版社，2008，第38页。

荒废，改革开放后走上恢复和健康发展的道路，到 2000 年，高等学校总数达到 93 所，在校学生总数达 51. 39 万人（其中普通本专科生 29. 95 万人）。“十五”以来，通过实施扩大高等教育自主招生政策，广东省的高等学校数、招生人数、在校学生数等高等教育事业主要指标均实现跨越式发展，全省高等教育初步进入了大众化阶段。

广东教育发展成就虽然引人注目，但是与广东经济发展水平相比，与现代化要求相比，与人才强省战略相比，还存在不少矛盾和问题。一是教育的质量和水平还有待提高。广东用了 30 年左右的时间就走完了发达国家和地区花了数十年甚至上百年时间才走完的历程，教育的基础有待夯实，教育质量有待提高。尤其是高等教育发展水平，与国内先进省市相比还存在很大差距。二是教育的结构仍不适应经济社会发展和现代化建设的要求。对于已普及义务教育和基本实现大众化高等教育的广东教育来说，高中阶段教育明显不适应，成为发展瓶颈。据 2006 年的统计，高中阶段入学率仅达 61%。在广东的东西两翼及粤北地区，不少地方只达到 30% ~40%。由于受到传统观念和社会偏见影响，职业技术教育发展滞后，不能适应快速发展的经济社会要求。高等教育内部专业结构有待调整，20 世纪 90 年代就提出调整文理偏重、工科偏少的状况，至今仍没得到彻底解决。三是地区教育发展不平衡。珠江三角洲与东西两翼地区、粤北山区的差距，有愈益拉大的趋势。

当前，广东正处于经济社会转型的关键时期，从现在起到 2020 年，是广东全面实现小康、珠江三角洲率先实现现代化的关键时期，在全球化背景下，适应广东新一轮经济社会发展要求、推进教育现代化、充分开发人力资源、普遍提高全民教育水平，是增强广东综合实力，实现广东新时期宏伟目标的根本措施。要继续推进广东新一轮的教育现代化步伐，广东的教育发展战略该如何把握这种发展趋向，广东应当选择什么样的发展路径，如何在全球化视野下创立和建构起反映广东发展特点的区域现代教育体系，以及通过国际教育的比较，结合自身省情，来制定更为具体完善的目标体系和改革创新重点，以促进广东教育加快发展、率先发展和协调发展，正成为推进广东教育现代化建设必须解决的十分重要的问题。

## 第二节　研究意义

### 一　理论意义

全球化是当今世界一个实实在在的客观历史进程，已经成为我们这个时代的主要特征，是人类在 21 世纪所面临的重要生存境遇（context），是人类不可逃脱的命运和无法逆转的过程。[①] 全球化给人类社会带来的深远影响，就像工业革命所带来的经济社会重大转型的影响一样，有学者称之为第三次社会转型。[②] 联合国教科文组织认为，全球化是一种新兴的强大力量，与其他新兴力量一起正在改变着 21 世纪人类社会的方方面面。[③] 随着全球化进程的深入推进，社会生活的几乎所有领域都无法摆脱全球化进程的影响，全球化已经越来越成为学者们描述和认识人类社会变迁的重要概念，“成为一

① 邬志辉：《教育全球化现象的多维审视》，《华东师范大学学报（教育科学版）》2003 年第 3 期。

② 文军：《社会学理论的核心主题及其古典传统的创新——兼论社会学理论中“全球化研究范式”的建立》，《浙江学刊》2005 年第 4 期。

③ 朱镜人：《全球化背景下的高等教育发展新动向及其对策》，《高等教育研究》2010 年第 3 期。

个合法的知识对象"[①]，成为各个学科认识和分析当代问题的重要坐标。

长期以来，社会科学研究一直以民族国家作为分析框架，"因为国家构成了一个假想的无需证明的框架，作为社会科学分析对象的种种过程便发生于其间"[②]。澳大利亚学者霍尔顿认为："在过去的150年中，以民族为重点，已经建立起了社会问题和社会科学的分析框架。"[③] 但是，随着全球化进程的深入发展，社会科学传统的"民族国家分析框架"面临着许多问题[④]，需要寻找新的研究参照点。正如国内有的学者所言，"全球化不仅是一种经济和政治现象，也是一种文化和学术现象，正在重塑我们的民族文化和学术研究，改变我们的思维所赖以参照的坐标系，要求我们同时具有民族性和全球性的双向思维"，"全球化正在深刻改变人类的思维方式和文化生活，正在改变着中国文化和中国学术"。[⑤] 正是在这种意义上，一些学者呼吁社会科学要进行"范式革命"，即在全球化背景下，社会科学的分析单位和思维范式要从传统的"民族国家分析框架"向"世界体系分析框架"转换，确立起全球思维范式，从"地球村"角度看问题。也就是说，社会科学家要将全球化作为人文社会科学学术研究的一个重要预设因素[⑥]，着眼于全球相互依赖的视角去研究问题[⑦]。意大利学者 M. I. 康帕涅拉明

① Sklair, L., *Sociology of the Global System*, 2rd ed., Baltimore, MD: John Hopkins University Press, 1995, p. 1.

② 沃勒斯坦等：《开放社会科学》，三联书店，1997，第87页。

③ 霍尔顿：《全球化与民族国家》，世界知识出版社，2006，第23页。

④ Robinson, W. I., 1998, "Beyond Nation-state Paradigms: Globalization, Sociology and the Challenges of Transnational Studies", in *Sociological Forum*, 13, pp. 561 - 594.

⑤ 俞可平：《"全球化译丛"总序》，载《全球化理论——研究路径与理论争论》，社会科学文献出版社，2009，第2～4页。

⑥ 张德伟：《全球化背景下区域教育研究的提倡及其基本问题》，《外国教育研究》2010年第2期。

⑦ 刘昌明：《全球化压力下的社会科学分析单位转换与思维范式创新》，《文史哲》2005年第3期。

确提出："全球化是在特定条件下思考问题的方式。当一些问题在单一的控制、决策、制度和系统单元的界限内不能解决时，它们就是全球性的。"① 贝克也认为全球化使社会科学具有方法论革新的意义："由于全球化使得国家与社会之间在它们的所有范畴内都出现了与此相对的、多种多样的、纵向与横向联系。以前把民族国家与社会当作地域上用边界相互隔离的组织与生活单位，现在这种基本设想结构不断崩溃。"② "社会科学必须在概念上、理论上、方法上……摆脱方法论民族主义的固定模式，在方法论的世界主义的框架内重新定义和重新设计。"③ 国内学者杨雪冬也认为，全球化理论的发展是社会科学方法论的革新，它要求必须摒弃国家中心论、欧洲中心论。④

改革开放30多年来，特别是加入WTO后，广东通过大规模承接国际产业转移，与世界的联系空前紧密，广东经济已经成为世界经济的重要组成部分，广东的前途命运也与世界的前途命运紧密联系在一起。因此，谋划广东的经济社会发展必须要树立世界眼光、全球视野。全球化对广东社会生活的影响涉及方方面面，教育领域也不例外。正如有学者所言："全球化在社会财富不平等、工作方式的变化、知识经济对工作的意义和用户至上主义与在消费中的学习等方面深刻地影响着教育实施和实践的方式，且在未来的几十年中也将会塑造我们思考教育的方式。"⑤ 国内也有学者明确提出，对教育发展的研究除了教育现

① M. I. 康帕涅拉：《全球化：过程和解释》，《国外社会科学》1992年第7期。

② 转引自张世鹏《什么是全球化?》，《欧洲》2000年第1期。

③ 贝克：《全球化时代的权力和反权力》，广西师范大学出版社，2004，第51页。

④ 杨雪冬：《重新校正人类的位置：西方全球化理论的简要评介》，《马克思主义与现实》1997年第2期。

⑤ 迪恩·纽鲍尔：《全球化和教育：特征、动力与意义》，《教育研究》2009年第7期。

代化范式研究外，还应向教育全球化范式转变。[①] 因此，在全球化背景下，对广东教育现代化的研究迫切需要我们进行思维范式转换和创新，即以全球化作为认识和分析广东教育现代化的理论框架和参照坐标，以全球化时空和视野去把握教育现代化进程的趋势和动向，了解全球各地教育发展的理念、政策和措施，并以此作为自己发展的参考，在此基础上开创出自己的教育现代化之路。

总之，全球化已经成为当代教育发展的背景、影响教育现代化的变量[②]，以及分析教育现代化的一个重要理论框架和视角。基于此，本书将把全球化作为研究广东教育现代化的背景、影响变量和理论分析框架，从全球思维范式角度揭示出广东区域教育现代化所产生的结构性变化和发展趋势，从全球视野这一方法论视角[③]来审视和定位广东教育现代化发展的方位，确定广东教育现代化发展战略的目标和改革创新重点，从而为区域教育现代化理论发展作出新的贡献[④]。正如冯增俊教授所言："建立区域现代教育体系，并非只是某种教育形式的改变，更不是那种对教育行政区域的行为垄断，而在本质上是一种对教育的未来长远发展有重大意义的创

---

① 邬志辉：《从教育现代化到教育全球化——全球化背景下中国教育发展面临的挑战研究》，博士后流动站研究报告，华东师范大学，2001。

② 目前社会科学对全球化的研究，或者是作为分析和研究的对象，或者是作为背景，前者是作为问题存在的，是变量，后者是作为环境存在的，是常量。参见杨雪冬《全球化：已知的与未知的》，《史学理论研究》2005 年第 1 期。

③ 按照冯向东教授的观点，教育活动、教育现象都是多侧面的，究竟选取哪一个或哪几个侧面，主要取决于研究视角。所谓研究视角，是观察、分析、解释一个事物或一种现象的特定角度，研究视角主要包括两种：一种是学科性视角，一种是方法论视角。笔者认为全球化给教育研究更多的是提供了一种方法论视角。参见冯向东《高等教育研究中的"范式"与"视角"辨析》，《北京大学教育评论》2006 年第 3 期。

④ 在新的全球化时代，开展区域教育研究对于比较教育研究具有十分重要的意义，是比较教育研究范式的转换。参见：张德伟《国际比较教育学领域倡导"区域研究"的新动向》，《外国教育研究》2009 年第 6 期；张德伟《全球化背景下区域教育研究的提倡及其基本问题》，《外国教育研究》2010 年第 2 期。

新。这种创新既是在移植、模仿和学习他国先进教育成果的一定积淀的基础上新教育的生成，也是对传统教育模式的突破和对现代教育深入探索的成果体现。”①

## 二　现实意义

改革开放以来，广东经济社会发展迅速，尤其是港澳台及世界各国的大量资本流入广东，使广东工业化进程迅猛发展，经济综合实力显著增强，截止到2011年底，全省GDP达52694亿元，超过“亚洲四小龙”中的新加坡和中国的香港、台湾，人均生产总值超过5万元，折合7000多美元，进入中等收入国家、地区行列。当前，广东经济正处在一个重大的转折时期，面临的核心问题是工业化中后期经济增长方式将面临根本性变革，即从粗放型经济增长方式向集约型经济增长方式的转变，是进入真正的经济起飞阶段，即以技术进步为核心和动力的经济发展阶段。美国经济学家罗斯托的“起飞”理论②认为，在经济起飞前的传统农业社会，经济发展主要依赖劳动力数量的投入；在经济起飞的早期阶段，工业在国民经济中的比重逐步增大，对人力资本的要求不断提高；在经济起飞的中后期，发展进入后工业化阶段，现代工业和服务业对人力资本的要求最高，人力资本对经济发展的贡献也最大。按照当代国际工业化标准，广东大体上处于工业化的中后期，随着工业化、信息化、城镇化、市场化和国际化的深入发展，人口、资源、环境压力日益加大，调整经济结构、转变发展方式的要求日益迫切，这些都凸显了提高劳动者素质、培养创新人才的重

① 冯增俊：《中国新世纪区域现代教育体系》（上），《教育导刊》2000年第1期。

② 钟杵：《经济起飞理论与经济起飞阶段的界定》，《江西农业学报》2008年第12期。

要性和紧迫性。教育是人才培养的主阵地，教育现代化的核心目标也是以推进经济增长为使命。[①] 正因如此，只有优先发展教育事业，加快教育现代化建设，广东才能实现从人口大省向人力资源强省的根本性转变，才能把巨大的人口压力转化为人力资源优势。相关研究也表明，国运兴衰系于人力资本的强弱，20 世纪以来，世界经济发展史上先后出现现代化后进国追赶上先行国的三个成功范例，它们均是依靠人力资本的快速积累才使经济追赶上发达国家的。[②]基于上述考虑，广东要加快转变经济发展方式，提升经济发展的质量，迫切需要推进全省教育现代化步伐，培养数以百万计的高素质劳动者和一大批创新人才。

另外，从国际发展经验看，在人均 GDP 超过 3000 美元的发展阶段，土地、资本等传统的生产要素对经济增长的贡献率呈现递减的趋势，科技创新的重要性明显上升。广东的发展目前也正处在这个阶段，经济发展迫切需要从主要依靠增加物质资源消耗向主要依靠科技进步转变，从“拼汗水”“拼体力”向“拼知识”“拼智慧”转变，但是，科技创新能力不足已经成为广东经济发展方式转变的“短板”。教育是科技进步和自主创新的源泉，高等学校知识密集、人才荟萃，科技资源丰富，在打造地区核心竞争力、促进经济发展方式转变的过程中起着“发动机”的作用。为此，广东必须大力推进全省教育现代化步伐，全面提升全省高校的科技创新能力，为全省提升自主创新能力、提升产业竞争力提供强大的科技支撑，实现由“广东制造”向“广东创造”转变。

---

① 冯增俊：《论教育现代化的基本概念》，《教育研究》1999 年第 3 期。

② 胡鞍钢、熊义志：《大国兴衰与人力资本变迁》，《教育研究》2003 年第 4 期。

## 第三节　相关研究综述

本研究涉及全球化、现代化、教育现代化、广东教育发展研究等相关内容，笔者将对这几个方面的研究进行综述性分析。

### 一　全球化研究

考究“全球化”概念的发展历史，学界一般认为其起源于400年前的“全球的”（global）一词，而“全球化”（globalization）作为一个专有名词，最先出现在1961年版的《韦氏第三版新国际英语大词典》，其对全球化的界定是：“使范围和应用遍及全世界的行为，或范围和应用已经遍及全世界的目前状态。”[①] 作为学术概念的“全球化”，则是由哈佛大学商学院教授莱维特（Theodore Levitt）于1985年首先在其《市场全球化》一文中提出的。[②] 全球化作为一个概念一经提出，就在全世界以惊人的速度流传开来。正如丹尼尔·耶金在美国《新闻周刊》发表的题为《一个时髦词的诞生》中所讲：“大约不到10年前创造的全球化这个词已成为国际经济中避不开的和公认有用的格言。”[③] 全球化也日益成为社会科学最核心的概念之一，澳大利亚学者沃斯特指出：“就像后现代主义是80年代的概念一样，全球化是90年代的概念，是我们赖以理解人类社会向第三个千年过渡的关键概念。”[④] 国外的一项研究表明，1984年在世界

① *Webster's Third New International Dictionary*, 1961, p. 965.

② 蒋衡、朱旭东：《当代西方教育与全球化理论研究评析》，《比较教育研究》2010年第6期。

③ 丹尼尔·耶金：《一个时髦词的诞生》，《参考消息》1999年2月15日，第4版。

④ Waters, Maloolm, *Globalization*, London: Routledge, 1995, p. 1.

55 个国家出版的 1600 种杂志中，仅有 3 篇在标题或摘要中使用了“全球化”一词，而到 1994 年则变为 112 篇，增长了 36 倍。[①]

尽管“全球化”作为一个学术概念迄今已有近 30 年的历史，而且在学术界得到广泛使用，成为社会科学领域研究的热点，但同时也是争议最多、分歧最大的一个概念，至今尚无公认的界定，以至于有学者将全球化概念称为“全球胡语”[②]。在这里，笔者先简单罗列一些比较有影响的全球化概念界定。例如，全球化问题专家罗兰·罗伯森认为：“作为一个概念，全球化既指世界的压缩（compression），又指认为世界是一个整体的意识的增强。”[③] 罗宾·科恩和保罗·肯尼迪在《全球社会学》一书中把全球化看作人类社会的“全方位一体化”。[④] 而全球化研究学者戴维·赫尔德认为一个更精确的全球化定义应该是：“一个（或者一组）体现了社会关系和交易的空间组织变革的过程——可以根据它们的广度、强度、速度以及影响来加以衡量——产生了跨大陆或者区域间的流动以及活动、交往和权力实施的网络。”[⑤] 社会学家 A. 麦格鲁认为全球化概念是指“超越构成现代世界体系的民族国家（包含社会概念）的复杂多样的相互联系和结合，是指一种过程，通过这一过程，在地球某一地方的事件、活动、决定会给远在异地的个人、群体带来重大影响”[⑥]。著名社会学家吉登斯认为：“全球化是指一个把世界性的社会关系强化的过程，并透过此

① 文军：《西方多学科视野中的全球化概念考评》，《国外社会科学》2001 年第 3 期。

② 文军：《西方多学科视野中的全球化概念考评》，《国外社会科学》2001 年第 3 期。

③ 罗兰·罗伯森：《全球化社会理论和全球文化》，梁光严译，上海人民出版社，2000，第 11 页。

④ 罗宾·科恩、保罗·肯尼迪：《全球社会学》，社会科学文献出版社，2001，第 49 页。

⑤ 戴维·赫尔德：《全球大变革——三种全球化理论的分析与比较》，杨雪冬编译，《马克思主义与现实》2000 年第 1 期。

⑥ 文军：《西方多学科视野中的全球化概念考评》，《国外社会科学》2001 年第 3 期。

过程把原本彼此远离的地方连接起来，使地与地之间所发生的事情相互影响。全球化指涉的是在场（presence）与缺席（absence）的交叉，即把相距遥远的社会事件和社会关系与本土的具体环境交织起来，其目的就是考察它如何减少本地环境对人民生活的约束。”① 美国学者托马斯·弗里德曼给全球化下了一个被认为是地方经典性的定义：“全球化导致出现一个不可抗拒的市场一体化，使单一民族国家看到了以前闻所未闻的新技术——这一趋势使独立的或联合的单一民族国家，比以前更远、更快、更深、更廉价地与世界潮流混为一体成为可能。”② 对于全球化概念众说纷纭的局面，有国内学者研究综述表明，全球化概念至少可以归纳为20种，包括变迁过程论、资本主义化论、经济全球化论、相互依赖论、有机整体论，等等③；也有学者归纳为：经济层面的全球化，“全球村”，“全球性问题”，资本主义的全球化或全球资本主义的扩张，现代性的各项制度的全球扩张，全球文化，西方化、美国化，一种人类生活超越地区（尤其是民族国家）的整体性（或曰“一体化”）进程八大类④。

可以说，全球化现象的复杂性使得很难有一个普遍为大家所接受的界定，由于全球化包括了方方面面，因此，“全球化的概念是互相渗透的，包括经济、政治、文化、意识形态等”⑤。为此，一些学者建议分别从不同学科进行界定。“全球化的概念是如此广泛、深奥、模糊而神秘，以致于像我这样的学术界人士往往会通过现有的经济学、政治学或社会学等专

① Giddens, Anthony, *The Consequences of Modernity*, 1990, Cambridge, Polity Press.

② 托马斯·弗里德曼：《世界是平的——“凌志汽车”和“橄榄树”的视角》，赵绍棣、黄其祥译，东方出版社，2006，第8页。

③ 文峻、梅金平：《“全球化”研究综述》，《财经政法资讯》2003年第5期。

④ 姜鹏：《对全球化的起源、含义及其研究现状的考察》，《太平洋学报》2000年第1期。

⑤ J. 米特尔曼：《全球化的挑战：在边际上的生存》，《第三世界》1994年第3期。

业来分别探讨它所涵盖的内容。”[①] 在西方全球化研究中，不少学者就分别是从经济角度、全球性问题角度、体制角度、制度角度、信息通信角度、文化和文明角度进行界定的。[②] 里斯本小组认为：“人们可以区分出众多的全球化过程：金融全球化；市场和市场战略全球化，特别是竞争全球化；技术全球化和与此相联系的知识、科学研究、发明创造的全球化；生活方式、消费行为与文化生活的全球化；调节与控制机会的全球化；作为一个世界从政治上紧密结合在一起的全球化；观察和意识的全球化。”[③]

综合国内外的研究，对于全球化概念我们可以得出一些基本共识：全球化是现代科技革命和市场经济的世界化主要推动的一个多维度复杂动态过程，它影响到世界各国、各区域社会生活的所有领域，使全球成为一个紧密联系的复合网络。

关于全球化的起始时间，学术界也是充满了各种看法和争议。如有的观点就认为，全球化自古以来就存在。[④] 也有的认为，世界交往的形成是全球化产生的社会基础，并据此将 15 世纪末的地理大发现作为全球化的起源。[⑤] 以马克思为代表的理论家认为全球化起始时间为 15 世纪，而以吉登斯为代表的则认为是 18 世纪，罗伯逊则界定为 1870 ~ 1920 年间。[⑥] 综合国内外研究来看，关于全球化的起始点，大致有这么几种观点：一种是以 1492 年哥伦布发现美洲新大陆及西欧资本主义兴起为开端；一种以

① 文军：《全球化概念的社会学考评》，《马克思主义与现实》2000 年第 6 期。

② 杨雪冬：《西方全球化理论：概念、热点和使命》，《国外社会科学》1999 年第 3 期。

③ 里斯本小组：《竞争的极限：经济全球化与人类未来》，中央编译出版社，2000，第 50 ~ 51 页。

④ 姜鹏：《对全球化的起源、含义及其研究现状的考察》，《太平洋学报》2000 年第 1 期。

⑤ 唐晓勇：《全球化起源论》，《西南民族大学学报（人文社会科学版）》2004 年第 8 期。

⑥ 杨雪冬：《全球化：已知的与未知的》，《史学理论研究》2005 年第 1 期。

资本主义工业革命为起点；一种则以垄断资本主义的产生为起点；一种认为全球化缘起于第二次世界大战以后；还有一种则认为全球化是冷战结束后才发生的。[①]

关于全球化的发展阶段，各种划分也是众说纷纭。例如，全球化研究专家罗兰·罗伯逊认为，全球化发展可以划分为如下几个阶段：萌芽阶段（15 世纪早期到 18 世纪中叶）、早期发展阶段（18 世纪中叶到 19 世纪 70 年代）、起飞阶段（19 世纪 70 年代到 20 世纪 20 年代）、争夺霸权阶段（20 世纪 20 年代到 20 世纪 60 年代末）、不确定阶段（始于 20 世纪 60 年代末）。[②] 戴维·赫尔德则将全球化划分为四个阶段：前现代时期（1500 年以前）、现代早期（1500 ~ 1850 年）、现代时期（1850 ~ 1945 年）、当代时期（1945 年以来）。[③] 托马斯·弗里德曼在《世界是平的——21 世纪简史》中认为，全球化发展至今已经有三个版本：从 1492 年哥伦布发现美洲大陆到 1800 年前后，这是全球化 1.0 版本，世界从大号（size large）变成了中号（size medium），其驱动力是国家与肌肉（人力、马匹，后来是风力和蒸汽机）；从 1800 年至 2000 年，这是全球化 2.0 版本，世界从中号变成了小号（size small），其驱动力是跨国公司；从 2000 年至今，世界进入全球化 3.0 时代，世界从小号变成微型（size tiny）。[④] 弗里德曼认为，在全球化 3.0 时代，围墙的推倒与个人电脑、光缆和工作软件学的综合作用，缩小了和平坦化了整个世界，全世界资源处在同一水平线上进行

---

① 江红义、陶欢英：《全球化：本质分析与对策选择》，《重庆工学院学报》2006 年第 1 期。

② 杨雪冬：《罗伯逊绘制的全球化演进轨迹》，《马克思主义与现实》1997 年第 1 期。

③ 李刚：《论戴维·赫尔德的全球化理论分析框架》，《南阳师范学院学报（社会科学版）》2009 年第 2 期。

④ 赵剑飞：《全球化 3.0 和变平的世界：一种新的理解今日世界的范式》，《现代企业教育》2006 年第 2 期。

竞争，使得人们可以在全球进行合作，托马斯·弗里德曼还详细阐述了世界变平的十大推动力，从 Windows 操作系统到互联网时代的到来，从上传（Uploading）到外包再到离岸经营到 Google、雅虎搜索服务等，这一切，使我们不得不正视这一事实：世界确实在变得更平坦化。[①] 有学者对国内外研究进行归纳，总的来看主要有这么几种划分方法：一种是两分法，主要包括了前后五百年说，即以 1492 年哥伦布发现美洲新大陆为起点，第一阶段为 1492 ~ 1992 年这 500 年，1992 年以后则为全球化发展的下一个 500 年，两分法还有初级、中级阶段说，两次全球化说，两个发展黄金时期说等。一种是三分法，主要包括古代、近代和当今世界的全球化说，萌芽、发展和形成时期说，三次浪潮说，三个发展阶段说等。一种是四阶段说，包括资本整合全球的四阶段说，包含三次浪潮的四阶段说。四是五次浪潮说。[②]

关于全球化的本质，这个问题也成为学者们关注的焦点。在这个问题上，也有许多不同的观点和看法。第一种观点认为，全球化的本质就是资本主义全球化；第二种观点认为，全球化的本质就是现代化，是现代化过程的表达形式；第三种观点认为，全球化的本质就是西化、资本主义化，甚至是美国化；第四种观点认为，全球化的本质就是全球一体化；第五种观点认为，全球化的本质是不同文明冲突与融合的过程。[③] 不过，也有学者认为，从历史发展角度看，历史上的全球化本质是资本主义主导的单一全球化，而当下全球化的本质是不同制度文明竞争和博弈的多元全球化，

---

① 托马斯·弗里德曼：《世界是平的——21 世纪简史》，第 111 ~ 145 页。

② 崔兆玉、张晓忠：《学术界关于“全球化”阶段划分的若干观点》，《当代世界与社会主义》2002 年第 3 期。

③ 徐艳玲：《全球化本质的动态透视》，《山东社会科学》2004 年第 3 期；巨永明：《论全球化的本质》，《上海市经济管理干部学院学报》2008 年第 5 期。

未来的全球化本质是社会主义导航的全球化。[①]

关于全球化的主要特征，有学者认为主要有如下几点：一是资本全球化已是不争的事实；二是市场全球化和一体化已成大势所趋；三是各种全球化问题要求各有关国家的政府和非政府组织坐在一起，共同协商解决；四是各种国际性经济、政治、金融、社会组织的作用正在进一步加强；五是全球文化的融合趋势不断加强。[②] 也有学者认为，全球化的本质特征主要是：一是就发展阶段讲，全球化是一种客观的历史进程；二是就动力因素讲，科技进步和经济发展是根本动力；三是就性质而言，全球化是一个具有内在矛盾性的统一体；四是就影响而言，全球化给社会经济发展所带来的变革将是双重的；五是就内容而言，全球化是一种人类社会发展的整体化趋势，而不是一种终极状态；六是就方式而言，全球合作与协调是全球化进程的主要手段；七是就目标而言，全球化追求的是人类整体的共同利益；八是就基础而言，全球意识是全球化进程的基本前提。[③]

此外，全球化研究者们还就全球化的动力、全球化对发展中国家的影响、全球化与社会主义、全球化与中国等方面的问题展开了深入研究。例如，关于全球化动力，大多认为技术革命、市场经济的世界化、全球性问题的日益严重是全球化的主要动力；关于全球化对发展中国家的影响，大多认为既是机遇又是挑战；关于全球化与社会主义，有些学者认为全球化提供了一种认识当代社会主义的全球视野和全球思考框架；关于全球化与中国，大多数中国学者已经将全球化作为认识中国改革开放和社会主义现

---

① 徐艳玲：《全球化本质的动态透视》，《山东社会科学》2004 年第 3 期。

② 李惠斌：《全球化与社会主义》，《马克思主义与现实》1997 年第 2 期。

③ 文军：《全球化概念的社会学考评》，《马克思主义与现实》2000 年第 6 期。

代化建设的十分重要的视角。[①] 全球化进程中民族国家的命运，民族主义和民族性，新认同政治，现代性、后现代性与全球化，文明之间的关系也成为全球化研究关注的热点问题。[②]

总之，经过数十年的发展，全球化研究虽然争论和分歧不断，但也逐渐形成了一些基本共识：一是全球化，至少经济全球化是一种客观存在；二是全球化是一种动态的过程；三是经济全球化不可避免地对世界政治、文化和社会生活产生影响；四是全球化具有主、客观性；五是全球化过程内在地充满矛盾；六是全球化是机遇与挑战并存，利益与弊端同在；七是现实的全球化是不公平的；八是现代科技革命是全球化的重要动因；九是全球伦理建设具有重要意义；十是反全球化具有复杂性是学界的共识；十一是全球化与新自由主义、新资本主义有着密切的关系。[③]

## 二　现代化研究

从“现代化”一词在西方发展的历史来看，“Modernization”是从“Modernize”和“Modern”发展而来的。根据《韦伯斯特大辞典》，“Modern”是形容词，大约产生于1585年，有两种含义：一是表示性质，即现代的、新近的、时髦的；二是表示时间，即指从15世纪以来到当前的这段历史时间，是一种时间尺度，是相对于古代、中世纪这两个时间尺度的。“Modernize”是动态的名词，大约产生于1748年，其含义是：使现代化（成为具有现代特点的、成为现代的），使适合现代需要。

① 丁志刚：《全球化问题研究综述》，《社会科学战线》1999年第2期。

② 杨雪冬：《西方全球化理论：概念、热点和使命》，《国外社会科学》1999年第3期。

③ 吴怀友、王伟：《分歧、共识、展望——10余年来国内全球化理论研究综述》，《江汉大学学报（社会科学版）》2005年第4期。

“Modernization”是名词，产生于1770年，其含义是：实现现代化的过程及实现现代化的状态。①

“现代化”作为一个学术概念，不同学者对其定义各不相同，有的是从起源角度界定，有的是从性质的角度界定，有的是从指标（量）的角度界定，有的是从历史进程的角度界定。② 现代化理论先驱勒纳的研究表明，“现代化”的起始定义为：“西欧和北美产生的制度价值观念从17世纪以后向欧洲其他地区、18世纪至20世纪向世界其他地区的传播过程。”③ 后来其他一些有代表性的学者的界定主要有，如布莱克认为：“如果一定要下定义的话，那么‘现代化’可以定义为：反映着人控制环境的知识亘古未有的增长，伴随着科学革命的发生，从历史上发展而来的各种体制适应迅速变化的各种功能的过程。”④ 塞缪尔·亨廷顿对现代化理解如下：“现代化包含了人类思想和行为各个领域变化的多方面进程。”⑤ 波普诺认为：“现代化指的是发生在一个传统的前工业社会向工业化和城市化社会转化的过程中发生的主要的内部社会变革。”⑥ 奥康内尔（J. O'Conor）则致力于探求现代化的普遍的含义，他认为在现代化的过程中普遍存在着三个相互联系的基本方面。⑦ 本迪克斯认为：“我把现代化理解为社会变迁的一种类型，它起始于英国工业革命和政治性的法国大革命。它存在于几个‘先锋社会’的经济和政治进步以及继之而来的后进

① 罗荣渠：《现代化理论与历史研究》，《历史研究》1986年第8期；何传启：《现代化概念的三维定义》，《管理评论》2003年第3期。

② 张静：《关于现代化的概念》，《社会学研究》1990年第5期。

③ Daniel Lerner, *International Social Science Encyclopedia*, New York: Thomson Learning, 1965.

④ 布莱克：《现代化的动力》，四川人民出版社，1988，第1页。

⑤ 塞缪尔·亨廷顿：《变动社会中的政治秩序》，耶鲁大学出版社，1968，第32页。

⑥ 戴维·波普诺：《社会学》（下），刘云等译，辽宁人民出版社，1987，第618页。

⑦ 西里尔、E. 布莱克编《比较现代化》，杨豫、陈祖洲译，上海译文出版社，1996，第25页。

社会的变迁进程之中。”[①] 从国内来看，对“现代化”概念比较有影响的界定是北京大学罗荣渠教授所作的，他主要是从广义和狭义两种角度进行界定，从广义上讲，现代化是指人类社会从传统农业社会向现代工业社会转变的一个世界性的历史过程；从狭义上讲，现代化是指落后国家迅速赶上先进工业国家水平和适应现代世界环境的发展过程。[②] 国内另一个比较有影响的界定是中国科学院何传启研究员所给出的，他认为，现代化指18世纪工业革命以来人类社会所发生的深刻变化，它包括从传统经济向现代经济、传统社会向现代社会、传统政治向现代政治、传统文明向现代文明的转变过程及其变化；它既发生在先锋国家的社会变迁里，也存在于后进国家追赶先进水平的过程中。经典现代化指从农业社会向工业社会的转变过程及其深刻变化，第二次现代化指从工业社会向知识社会的转变过程和变化。[③] 有学者对国内外现代化概念界定进行了归纳和梳理，认为大致有社会结构变迁论、工业化论、科学技术变迁论、社会行为变迁论、文化变迁论、社会整体变迁论六大类观点。[④]

总的来讲，现代化是一个总体性概念，它涉及人类社会的方方面面，既包括社会的转型，也包括政治、经济和文化的变迁，还包括人们的生活方式、心理结构和价值取向的转变[⑤]，因此，对其很难作一个简单的为大家所普遍接受的界定，只能是多维度、多学科视野的界定。正如布莱克所言：“现代化的过程极为复杂，无法将其用寥寥数语归纳，否则将大

① 何传启：《现代化概念的三维定义》，《管理评论》2003 年第 3 期。

② 罗荣渠：《现代化新论》，北京大学出版社，1993，第 8～17 页。

③ 何传启：《现代化概念的三维定义》，《管理评论》2003 年第 3 期。

④ 陈成文：《社会现代化：一个概念的社会学考评》，《武陵学刊》1997 年第 2 期。

⑤ 何中华：《“现代化”概念辨析》，《山东大学学报（哲学社会科学版）》1995 年第 1 期。

错特错。”①

综合上述现代化概念内涵的种种探讨，笔者认为，现代化是一个动态性的概念，它是指人类社会从传统社会向现代社会的转变，从发达国家看，它经历了前工业社会—工业社会—知识经济社会这一发展历程。从狭义上看，它是后进国家或者说发展中国家赶超发达国家的进程。这种转变涉及政治、经济、文化、教育、科技、环境、生活方式、道德伦理价值及其意识形态等社会的所有领域和各个方面。

关于现代化的学术研究，从发展历程来看，虽然现代化研究最早可追溯到 20 世纪初，但形成研究高潮是在 20 世纪 50 年代以后。对现代化研究的文献计量学分析表明，20 世纪 60 年代以来，现代化研究文献数量显著上升，21 世纪前 10 年现代化研究出现了高潮。② 关于现代化研究的阶段划分，罗荣渠教授将其划分为三个阶段：即 20 世纪 50 年代到 60 年代为现代化研究的“发展”和“现代化热”阶段；60 年代末到 70 年代为批判与反思阶段；80 年代以来为理论的修正与自我变革阶段。③ 另一个现代化研究者何传启认为，世界现代化研究自 20 世纪 50 年代以来有三次浪潮：第一次浪潮是 20 世纪 50～60 年代的经典现代化研究，产生了一大批有深远影响的学术研究成果，如帕森斯的《社会系统》（1951）、勒纳的《传统社会的消逝：中东现代化》（1958）、阿尔蒙德和科尔曼的《发展中地区的政治学》（1960）、罗斯托的《经济成长的阶段》（1960）、列维的《现代化和社会结构》（1966）、布莱克的《现代化的动力》（1966）、亨

① 布莱克：《现代化的动力》，第 14 页。

② 欧阳楠、叶青、吴述尧：《1900～2010 年现代化研究的文献计量学分析》，《理论与现代化》2003 年第 3 期。

③ 罗荣渠：《西方现代化史学思潮的来龙去脉》，《历史研究》1987 年第 1 期。

廷顿的《变动社会中的政治秩序》（1968）、艾森斯塔特的《现代化：抗拒与变迁》等。在经典现代化研究阶段，产生了六大分支和六大学派，六大分支分别是：社会现代化理论、经济现代化理论、政治现代化理论、人的现代化理论、文化现代化理论和比较现代化理论；六大学派分别是：结构功能学派、过程学派、行为学派、实证学派、综合学派（历史学派）和未来学派。第二次浪潮是 20 世纪 70 ~ 80 年代的后现代化研究，主要是对经典现代化理论的批评和发展，以及后现代主义理论的兴起。第三次浪潮是 20 世纪 80 ~ 90 年代的新现代化研究，主要包括生态现代化理论、再现代化理论、第二次现代化理论。[①] 也有学者提出现代化研究四个时期说，即潮起潮落时期（19 世纪中叶至 20 世纪初）、重新崛起时期（20 世纪初至 20 世纪五六十年代）、批判反思时期（20 世纪 70 年代）、继续发展时期（20 世纪 80 年代至今）。[②]

在现代化研究具体内容方面，现代化的发展阶段、内容、特点和标准是学者们研究的重点。关于现代化的发展阶段，罗斯托按照经济发展指标将其划分为五个阶段，即传统社会阶段、为起飞创造前提的阶段、起飞阶段、成熟阶段、大众消费阶段；帕森斯从世界历史角度把现代化发展划分为三个阶段：第一阶段以欧洲西北角为主导，第二阶段以欧洲东北角的急速工业化为主导，第三阶段的主导者是美国的民主革命和工业革命；布莱克则将现代化发展划分为现代性的挑战、现代化领导的稳固、经济与社会的转型、社会整合四个阶段。[③] 我国学者孙立平将全球性现代化进程划分为四个阶段：第一个阶段是西欧现代化的发端，第二个阶段是 18 世纪中

① 何传启：《世界现代化研究的三次浪潮》，《中国科学院院刊》2003 年第 3 期。
② 严书翰：《关于现代化研究的历史、现状和几点思考》，《理论前沿》1995 年第 6 期。
③ 周毅：《现代化理论的六大学派及其特点》，《当代世界与社会主义》2003 年第 2 期。

后期的现代化浪潮，第三个阶段是开始于19世纪中后期的现代化，第四个阶段是第二次世界大战后的现代化浪潮。[①] 罗荣渠教授则将现代化进程划分为三次大浪潮：第一次现代化大浪潮由工业革命推动，时间是18世纪后期到19世纪中叶（大约为1780～1860年）；第二次现代化浪潮是现代化由欧洲向其他地区扩散，“西化”和“欧化”是其鲜明特点，时间是19世纪下半叶到20世纪初；第三次现代化浪潮出现在20世纪下半叶，与第二次工业革命相伴随。罗荣渠认为，现代化进程的总趋势是波浪式地跳跃推进，而不是直线式的；现代化的根本动力是工业生产力，即经济力；现代化进程呈梯级升进秩序；现代化向世界各地的扩展，引发世界整体结构的转换；现代化在经历初始启动阶段后，随着经济的持续增长，会在政治、社会、文化、社会生活的方方面面发生适应性变化。[②]

关于现代化的内容，我国学者孙立平概括归纳为六个方面，即以工业化为核心的经济现代化，以效率和民主为标志的政治现代化、城市化，以阶层制为起点的组织管理的现代化，社会结构的现代化，文化和人的现代化，生活方式的现代化。[③] 也有学者认为现代化的内容包括五个方面，即经济现代化、政治现代化、文化现代化、社会结构现代化、人的现代化。[④]

现代化是从传统社会向现代社会变迁的一个过程，一个社会从传统社会向现代社会转变过程的特征是众多学者研究关注的核心问题。美国学者勒纳认为，现代化是“一个具有鲜明特征的进程”[⑤]。综合大多数学者的

① 孙立平：《全球性现代化进程的阶段性及其特征》，《社会学研究》1991年第1期。
② 罗荣渠：《论现代化的世界进程》，《中国社会科学》1990年第5期。
③ 孙立平：《社会现代化内容刍议》，《马克思主义研究》1989年第1期。
④ 包心鉴：《简论社会现代化》，《江汉论坛》1989年第4期。
⑤ 周积明：《现代化概念构架三论》，《湖北大学学报（哲学社会科学版）》1995年第3期。

研究，现代化过程大致具有如下九个方面的特征，即现代化是革命的过程、现代化是复杂的过程、现代化是系统的过程、现代化是全球的过程、现代化是长期的过程、现代化是有阶段的过程、现代化是同质化的过程、现代化是不可逆转的过程、现代化是有进步的过程。①

什么样的社会才能够称得上是现代化社会？现代化社会的标准是什么？这是研究现代化的学者们关注的一个核心问题。在这个问题上，经典现代化理论家做出了不同的回答。如帕森斯以人的行为模式的五个变项（感情投注—感情无涉、自我取向—集体取向、普遍主义—特殊主义、成就—先赋、特定—弥散）为划分依据，对传统社会和现代化社会进行了区分。② 1960 年在日本举行了“箱根会议”，来自世界各国的学者围绕“现代化”这一议题进行了大规模跨学科讨论，最后为现代化确立了八条标准，即人口城市化和整个社会不断上升的城市向心趋势，工业化和商业化，社会成员大范围的相互交流以及这些成员对经济和政治事务的广泛参与，公民社会发展及社会流动加快，世俗化、广泛地普及文化和知识，大众传播系统发达，社会科层制度发达，国家之间的相互影响日益增长。③香港学者金耀基提出了现代化的六条标准，即工业化、城市化、普遍参与、世俗化、社会结构高度分化、普遍的成就取向。④ 台湾有学者提出了 12 个方面的标准，即民主化、法制化、工业化、都市化、均富化、福利化、社会阶层流动化、宗教世俗化、教育普及化、知识科学化、信息传播

---

① 西里尔、E. 布莱克编《比较现代化》，第 44 ~ 47 页；谢立中：《现代化理论的过去与现在》，《社会科学研究》1998 年第 1 期。

② 丁学良：《“现代化理论” 的渊源和概念构架》，《中国社会科学》1988 年第 1 期。

③ 罗荣渠：《西方现代化史学思潮的来龙去脉》，《历史研究》1987 年第 1 期。

④ 金耀基：《从传统到现代》，中国人民大学出版社，1999，第 98 ~ 103 页。

化、人口控制化。[①] 国内学者在英格尔斯有关现代化研究的基础上，提出了包括人均 GDP、非农产业总值占 GDP 的比重、第三产业占 GDP 的比重、城市人口占总人口的比重、非农就业人口占就业人口的比重、大学生占 20 ~24 岁年龄人口的比重、人口净增长率、平均预期寿命、平均多少人有一名医生、成人识字率等在内的 10 个衡量社会现代化程度的指标。[②]

现代化研究的另一个重要方面就是关于现代化模式道路的探讨。根据现代化发生时间的先后，美国著名的现代化研究学者将现代化发展模式分为"内源发展者"（indiqenous developers）和"后来者"（late-comers），前者主要指其现代化发展是在自己内部基础上演化而来的国家，这些国家的现代化是一个逐步积累的过程，英国、美国、法国是内源发展者的代表；后者主要是指其他的现代化的后来者。[③] 我国学者罗荣渠教授将现代化发展模式分为内生型现代化和外源型现代化，内生型现代化是一个自发的、自下而上的、渐进变革的过程，其经济、政治、社会由传统向现代的转变过程是缓慢的，变革引起的矛盾也渐次展开；外源型现代化则是在自身内部因素不足的条件下，在国际环境影响下，社会受外部冲击而引起的政治变革进而推动经济变革的过程，是一种自上而下的过程。[④] 其他的划分还有：根据各国卷入现代化浪潮的时序，划分为追赶型现代化和强制型现代化两种，以及根据社会制度划分为资本主义、社会主义和混合式三种。[⑤]

在国内现代化研究中，有关中国早期现代化成为一个研究的重要领

---

① 杨国枢：《现代化的心理适应》，台北巨流图书公司，1978，第 24 页。

② 谢立中：《实证、诠释与话语：以现代化研究为例》，《社会》2008 年第 3 期。

③ 孙立平：《"后发型现代化" 研究述评》，《国外社会科学》1990 年第 11 期。

④ 童志锋：《20 世纪 90 年代以来国内现代化研究综述》，《高校社科信息》2002 年第 5 期。

⑤ 薛岱：《我国关于现代化研究综述》，《高校社科信息》1999 年第 4 期。

域。按照我国现代化研究学者罗荣渠教授的观点，中国实际上是引领现代化研究风气之先的。“实际上中国从自己的实践中提出现代化的概念和观点，早于西方的现代化理论约20年。”[①] 有学者甚至提出：“对近代以来中国的衰败、民族危机和种种复兴努力所作的初步探讨，可以看做现代化研究的起始阶段。”[②] 也有学者认为，从广义角度看，中国早期现代化包括现代化的预备阶段与启动阶段，涵盖1840～1911年这一历史时段；从狭义上看，专指从洋务运动到辛亥革命50年间的这一段。[③] 关于中国早期的现代化研究，学者们主要围绕早期现代化的概念及内涵、中国早期现代化的启动时间、中国早期现代化进程的阶段及特点、中国早期现代化进程延误的原因等进行了探讨。[④]

## 三　教育现代化研究

教育现代化是由现代化衍生出的一个时代问题，随着人类社会现代化进程而不断发展和演进。伴随教育的重要性在现代社会中越来越凸显，实现教育现代化已成为世界各国的共同目标。

关于教育现代化概念的内涵，正如同全球化概念和现代化概念一样，不同学者的界定是不同的。目前国内比较有影响、有代表性的有这么几种观点：一种是著名教育学家顾明远教授的观点，他认为，“教育现代化是一个历史发展过程，它是社会现代化的一个组成部分，在

① 罗荣渠：《从“西化”到现代化》，《人民日报》1989年2月21日。
② 林被甸、董正华：《现代化研究在中国的兴起与发展》，《历史研究》1998年第5期。
③ 周积明：《中国现代化的分期与早期现代化的涵义》，《江汉论坛》1994年第11期。
④ 陈会芹、于作敏：《中国早期现代化研究述评》，《烟台师范学院学报（哲学社会科学版）》2004年第1期。

不同的历史时期表现出不同的特征”[1]。“教育现代化是指传统教育向现代教育转化的过程，是赶超世界先进教育水平的过程。所谓转化，并非把传统教育抛弃掉，在空中楼阁的基础上去构建一个现代教育，而是通过对传统教育的选择、改造、继承和发展来实现的。”[2] 一种是冯增俊教授的观点，他认为教育现代化主要有两层含义：从广义上讲，“指产业革命以来人类教育从以适应小农经济和传统宗法社会的封建的旧教育转向以适应科技工业化民主社会的新教育的历史过程，是大工业运动和科技革命的产物，是一种一切有关现代教育改革和发展的总称。这是一种历史性比较教育意义上的教育现代化”。从狭义上讲，“指后进国家通过改革传统教育，推动教育发展，使之赶上先进国家教育水平的历史进程。这是一种国际性比较教育意义上的教育现代化”。[3]朱旭东、蒋贞蕾也从广义和狭义两种角度界定教育现代化：“从广义上讲，教育现代化是指从18世纪后半期自西方工业革命以来由现代生产力的发展所导致的传统教育向现代教育转化的一个世界性的发展进程，或者说是一种教育获得现代性的全球发展总趋势，其主要特征是以现代工业、科学和技术革命为推动力，教育与经济、政治、文化、思想各个领域紧密结合，教育在国家的支持下走向世俗化、普及化、大众化，使教育成为基本人权之一。狭义的教育现代化主要指第三世界经济落后国家采取适合自己的途径，通过有计划的教育改造和学习世界先进国家，以获得‘西方中心主义’的所谓‘教育现代性’的过程；这种教育现代化是缩

---

① 顾明远：《现代教育的时代特征》，《北京师范大学学报（社会科学版）》1996年第5期。

② 顾明远：《实现教育现代化的宏伟蓝图——学习贯彻〈国家中长期教育改革和发展规划纲要〉》，《北京师范大学学报（社会科学版）》2010年第5期。

③ 冯增俊：《比较教育学与教育现代化》，《华南师范大学学报（社会科学版）》1996年第5期。

小与发达国家教育现代性差距的过程。”①一种是谈松华研究员的观点，他认为应从时间和价值两个维度进行界定：“教育现代化是一个国家教育适应现代社会发展要求所达到的一种较高水平的状态，是传统教育在现代社会的现实转化，是包括教育生产力、教育制度体系、教育思想观念在内的教育形态的整体转换运动，也可以说是包括教育思想观念、教育制度、教育内容、教育方法等要素在内的教育系统全面进步的过程，教育现代化的实质和核心是人的素质现代化。”② 一种是褚宏启教授的观点，他认为，“教育现代化是指与教育形态的变迁相伴的教育现代性不断增长的历史过程”，其中教育形态主要指教育结构分化和教育功能增生、改变的过程，教育现代性则主要是现代教育特征的集中反映。③ 我国还有的学者从人的发展角度提出，教育现代化就是教育“现代性”的实现，这种教育“现代性”是一种时代精神的体现，是一种教育的情怀、理想和终极追求，如“教育要使所有的人得到充分、自由的发展”。④ 台湾学者黄政杰认为，所谓教育现代化，从字面来看，是指让教育从传统迈向现代，从而与现代社会同步之义。教育现代化隐藏的假定是教育不够现代，它是老旧的，是需要更新的。由于现代化社会的特质是自由化、民主化、多元化、人本化、科技化、本土化、国际化及未来化，因此，教育现代化应当以这些特质作为努力的方向。台湾另一位学者杨国踢认为，教育现代化乃是配合国家社会的需要，产生许多新的措施，使教育事

---

① 朱旭东、蒋贞蕾：《国家发展与教育发展模式探讨——教育现代化的视角》，《比较教育研究》2001 年第 1 期。

② 谈松华、王建：《教育现代化区域发展模式研究》，北京师范大学出版社，2011，第 24 ~ 25 页。

③ 褚宏启：《教育现代化的性质与分析框架》，《高等师范教育研究》1998 年第 3 期。

④ 周稽裘：《教育现代化：一个特定历史时期的描述》，教育科学出版社，2009，第10 页。

业在国家建设的过程中，发挥积极的触媒作用，进而加速推动国家的进步与社会的发展。[①]归纳起来讲，国内对教育现代化概念的界定大致可分为这么几大类：一种就是从内容角度加以界定，主要有六因素说、三层次说、四层次说；一种是从特征角度加以界定；一种是从形态变迁角度加以界定。[②] 也有学者归纳认为，可分为如下三大类：一是从内容角度界定，一是从功能角度界定，一是从形态变迁角度界定。[③]

总之，教育现代化本身的综合性、开放性、动态性使得对教育现代化概念内涵的界定一直存在见仁见智的现象。本研究是在全球化背景下探讨广东教育现代化，因此，结合自身研究的特点和需要，笔者将教育现代化界定为：适应全球化背景下区域经济科技文化发展，在借鉴吸收国内外先进经验的基础上，建构起结构功能合理、门类齐全的现代国民教育体系和终身教育体系，推动着传统教育向现代教育转变的历史过程。

对于世界教育现代化的起点和发展阶段，学者们也有不同的看法。关于西方教育现代化的起点，主要有如下几种看法，一种是冯增俊教授的观点，认为起始于工业革命[④]；一种是朱旭东的观点，认为教育现代化的起始点应定在民族国家建立的前提上[⑤]；一种是李立国的观点，认为教育现代化的历史起点不是工业化，而是国民教育制度的建立[⑥]；一种是项贤明的观点，认为以班级授课制为基础的现代学校教育的产生是教育现代化起

① 周稽裘：《教育现代化：一个特定历史时期的描述》，第 10 页。
② 胡卫、唐晓杰：《中国教育现代化进程研究》，教育科学出版社，2010，第 13～14 页。
③ 王利珉、朱佳生：《对教育现代化及其标准的探讨》，《上海高教研究》1998 年第 8 期。
④ 冯增俊：《比较教育学与教育现代化》，《华南师范大学学报（社会科学版）》1996 年第 5 期。
⑤ 朱旭东：《西方早期教育现代化的比较研究》，《清华大学教育研究》1999 年第 2 期。
⑥ 李立国：《探寻教育现代化的历史源头——兼论工业化不是教育现代化的起点》，《清华大学教育研究》2003 年第 2 期。

始的标志[①]；一种是褚宏启的观点，认为世界教育现代化进程是多起点的[②]。关于世界教育现代化的发展阶段，冯增俊教授认为，产生于 17 世纪欧洲工业革命的世界教育现代化运动，其基本进程可划分为三个阶段：第一阶段是 17 ~ 18 世纪，这个时期以英国、法国为代表，主要解决的是要不要教育现代化的问题，奠定了现代教育发展的前提；第二阶段是19 ~ 20 世纪 30 年代，这个时期以德国、美国为代表，主要解决如何推进教育现代化的问题，教育现代化彻底冲破了旧教育的防线；第三阶段是第二次世界大战后，新的科技革命提出了全新的教育要求，这一阶段主要解决应当推行什么样的教育现代化，即实现什么标准的教育现代化的问题。[③] 刘朝晖、扈中平认为，作为一个运动和过程的教育现代化，它经历了一个漫长的发展过程，可以划分为三个阶段，即教育现代化的孕育阶段，这一阶段大致处于 15 世纪到 19 世纪，教育开始真正成为“培养人”的事业，而人文学科的设置挤掉了神学在大学中的垄断地位，一些国家教育开始普及，教育走向平民化、大众化，自然科学和技术的发展为教育的现代化注入了起飞的原动力；20 世纪初至 50 年代为教育现代化的形成和发展阶段，在这个阶段，教育具有了全民性，初等教育得到普及，教育更多地强调要促进学生个人自由发展，新的教学思想和教学实践给教育带来了新气象和活力，师生之间民主、平等、友好的关系开始形成；20 世纪 50 年代末至 90 年代是教育现代化的成熟与完善阶段，在这个阶段，教学内容日益重视自然科学及现代化，科学教育与人文教育逐渐融

① 项贤明：《比较视野中的教育现代化进程》，《比较教育研究》2007 年第 12 期。

② 褚宏启：《教育现代化的起点和过程》，《教育科学》1998 年第 4 期。

③ 冯增俊：《试论我国教育现代化的基本任务及主要特征》，《中国教育学刊》1995 年第 4 期。

合，教学方法与教学手段日益现代化，在受教育权力、师生关系、学校管理等方面日益民主化。[①] 季苹认为，西方教育现代化经历了开创、反思一、反思二、确立四个时期。19 世纪末到 20 世纪 30 年代是开创时期，这一时期在欧美很多国家开展了轰轰烈烈的新教育运动，出现了实验主义、自由主义、实用主义三大教育思想；20 世纪 30 年代到 60 年代是反思一时期，新传统派对新教育运动中的自由观、实用观进行了批判；20 世纪 60～80 年代是反思二时期，这一时期整个社会对教育极度失望，教育处于危机之中，针对功能主义出现了新马克思主义教育理论；20 世纪 70 年代至今为确立时期，这一时期在理论与实践结合的基础上，以政府主导建立起西方现代教育体制。[②] 褚宏启认为，从教育现代性发展角度，可以把教育现代化划分为三个阶段，即过渡阶段、变革阶段、高度教育现代化阶段。[③]

关于教育现代化的类型或形态，冯增俊教授认为，按照教育现代化的本质特征及作用机理，可以将其分为四种类型：第一种是世界教育现代化，主要是从世界教育历史发展的宏观视角来审视教育现代化；第二种是国家教育现代化，也叫区域教育现代化，主要是从国家或区域的教育发展角度来考察教育现代化问题；第三种是早发内生型教育现代化，主要是指世界上最早并主要依靠内部因素来逐步推动的教育现代化；第四种是后发外生型教育现代化，是与早发内生型相对而言的，主要是指发生时间较迟并借鉴早发国家经验而推动的教育现代化。[④] 此外，冯增俊教授还从教育

① 刘朝晖、扈中平：《对西方教育现代化历程的回顾与思考》，《比较教育研究》1998 年第 5 期。

② 季苹：《西方教育现代化历程及思考》，《教育科学研究》1997 年第 1 期。

③ 褚宏启：《教育现代化的起点与过程》，《教育科学》1998 年第 4 期。

④ 冯增俊：《论教育现代化的基本概念》，《教育研究》1999 年第 3 期。

模式变革角度，将教育现代化的演进划分为四次历史性转型：第一次是从圣坛走向教坛的转型，第二次是从学究走向功效的转型，第三次是从精英走向普及的转型，第四次是从求功名走向求创新的转型。① 朱旭东、蒋贞蕾认为教育现代化的形态从不同角度可以划分为如下几类：第一类是从发生学角度，即内源性与外源性将教育现代化划分为“内源性教育现代化”和“外源性教育现代化”两种；第二类是从教育现代化推动力角度，将教育现代化划分为“从上至下的教育现代化”和“从下至上的教育现代化”两种；第三类是从教育管理体制角度，将教育现代化划分为“中央集权的教育现代化”和“地方分权的教育现代化”两种；第四类是从教育现代化进展角度，将教育现代化划分为“转型期社会教育现代化”与“稳态社会教育现代化”两种。② 还有学者认为，世界教育现代化进程中有四种典型的教育现代化模式，分别是内生型教育现代化模式、应激追赶型教育现代化模式、植入型教育现代化模式、内生追赶型教育现代化模式。③

关于教育现代化的性质，褚宏启认为，教育现代化作为社会现代化的一个构成部分，具有依附性，“不能离开社会主要构成要素的现代化去谈教育现代化问题，因为教育的许多根本问题如教育目的、管理体制、学校结构、课程内容、教育条件（经费、师资）等皆非教育本身所能决定，也非教育本身所能解决”④。

---

① 冯增俊：《论教育现代化的演进》，《教育研究》2002 年第 12 期。

② 朱旭东、蒋贞蕾：《国家发展与教育发展模式探讨——教育现代化的视角》，《比较教育研究》2001 年第 1 期。

③ 郭永华：《论具有中国特色的内生追赶型教育现代化模式》，《当代教育科学》2005 年第 10 期。

④ 褚宏启：《教育现代化的性质与分析框架》，《高等师范教育研究》1998 年第 3 期；褚宏启：《教育现代化的路径》，北京师范大学出版社，2000，第 9 ~ 11 页。

关于教育现代化的特征，顾明远教授认为，工业社会教育现代化具有三大特征，即受教育者的广泛性和平等性，学校教育制度化、体系化，学校教育的生产性和社会性；而随着工业社会向信息社会迈进，教育现代化还具有如下几个特征：教育民主化、教育个性化、教育终身化、教育国际化。[①] 后来，他又将教育现代化进一步归纳总结为几大特征：第一，受教育者的广泛性和平等性；第二，教育的终身性和全时空性；第三，教育的生产性和社会性；第四，教育的个性性和创造性；第五，教育的多样性和差异性；第六，教育的变革性和创新性；第七，教育的国际性和开放性；第八，教育的科学性和法制性。[②] 朱旭东认为，从世界教育现代化普遍性角度看，主要有以下几个特征：第一，教育的法制化和民主化；第二，教育的国家化；第三，教育结构的完善化；第四，教育方法的技术化；第五，教育的终身化；第六，教育的国际化和全球化。[③] 冯增俊教授认为，教育现代化作为一种历史进程，其特征表现为：教育现代化是改革进程，是复杂的系统进程，是全球进程，是整体演进进程，是长期进程，是不可逆进程，是进步进程，是适切化进程，是循环递进进程。从历史实践看，教育现代化不是西方化，也并非本土化，而是一个民族教育成长的历程。从教育现代化运动趋势看，生产性将日趋强劲，革命性将愈显突出，发展性将更受重视，综合性将更趋重要，国际性将日益加强。[④] 其他一些学者关于教育现代化特征的看法还有：朱怡青认为主要包括：普及性和民主化、科学性和信息化、多样性和终身化、开放性和国际化、超前性和素质

---

① 顾明远：《现代教育的时代特征》，《北京师范大学学报（社会科学版）》1996 年第 5 期。

② 顾明远：《教育现代化的基本特征及实施策略》，《人民教育》2007 年第 Z2 期。

③ 朱旭东：《教育现代化的几个理论问题初探》，《比较教育研究》1998 年第 2 期。

④ 冯增俊：《论教育现代化的基本概念》，《教育研究》1999 年第 3 期。

化等几个方面[①]；段作章认为主要包括：教育普及化、教育均衡化、教育国际化、教育终身化[②]；苏强认为教育现代化的特征主要包括：公平性、终身性、普及性、国际性、生产性[③]；刘尧认为教育现代化的特征包括：历史性、动态性、阶段性、差异性、相对性五个方面[④]。关于中国教育现代化的基本特征，尹宗利认为，主要包括时间的后起性、理论的科学性、目标的系统性、动力的内源性、发展的可持续性五个方面[⑤]；冯增俊教授认为主要有五方面的特征：在巨大压力下强行启动，强烈的示范作用影响，实施政府行为主导、由上而下的教育策略，坚持全面出击与分阶段推进相结合的方针，以获取经济最大发展为办教育的最高原则和最终目的[⑥]；叶文梓认为应包括如下三个方面的特征：终身性、解放人自身、有中国特色[⑦]。

关于教育现代化的内容，顾明远教授认为，教育现代化的内容很广泛，包括教育思想的现代化、教育制度的现代化、教育内容的现代化、教育设备和手段的现代化、教育方法的现代化、教育管理的现代化等，其中教育思想是主导，教育内容是核心，教育制度、设备、方法、管理是保证。[⑧] 冯增俊认为，教育现代化涉及教育的方方面面，不仅包括教育观

---

① 朱怡青：《教育现代化的基本特征与发展趋势》，《教育学（人大复印报刊资料）》1998 年第 3 期。

② 段作章：《关于教育现代化的理论思考》，《煤炭高等教育》1997 年第 2 期。

③ 苏强：《国际背景下的中国教育现代化》，《河南广播电视大学学报》2008 年第 4 期。

④ 刘尧：《对教育现代化若干问题的思考》，《上海教育科研》1999 年第 5 期。

⑤ 尹宗利：《试论中国教育现代化的基本特征》，《南京师大学报（社会科学版）》2009 年第 6 期。

⑥ 冯增俊：《试论我国教育现代化的基本任务及主要特征》，《中国教育学刊》1995 年第 4 期。

⑦ 叶文梓：《教育现代化的前提条件、基本特征和行动原则》，《教育导刊》2001 年第 13 期。

⑧ 顾明远：《关于教育现代化的几个问题》，《中国教育学刊》1997 年第 3 期。

念、教育制度、教育条件，还包括教育管理体制、教育结构和教育内容等。[①] 邬志辉认为，教育现代化的内容由表及里包括三个层面，即物质层面、制度层面、精神层面，具体来讲就是教育目标现代化、教育思想现代化、教育内容现代化、师资队伍现代化、教育方法现代化、教育手段现代化、教育管理现代化及教育条件现代化。[②] 段作章认为教育现代化主要包括五个方面，即教育观念的现代化、教育内容的现代化、办学条件的现代化、教师队伍的现代化、教育管理的现代化。[③] 田秋华认为，教育现代化内容主要包括这么几个方面：教育观念现代化，建立现代的教育制度，采取现代教育手段，实施现代教育内容。[④] 褚宏启则认为，教育发展的社会背景、教育管理体制、教育结构、课程与教学方法、教育条件是衡量一个国家教育现代化程度高低的最主要的因素。[⑤]

在国内教育现代化研究中，从比较教育学角度研究借鉴国际发达国家的教育现代化经验成为一个重要研究领域，其中，美国、日本、德国、英国等国家成为研究的重点。相关文献综述表明，30 年来中国对美国教育研究呈加速发展趋势，其中 1978 ~ 1984 年为对美国教育研究的起步时期，1985 ~ 1993 年是对美国教育研究的稳步发展时期，1994 ~ 2008 年是对美国教育研究的大发展时期，研究的内容则涉及基础教育改革、基础教育课程改革、高等教育改革与发展、高等教育大众化、研究型大学与世界一流大学等诸多方面。[⑥] 王晓阳通过对美国教育现代化进行研究，认为美国教

① 冯增俊：《论教育现代化的基本概念》，《教育研究》1999 年第 3 期。
② 邬志辉：《推行教育现代化的三个理论前提》，《教育理论与实践》1998 年第 6 期。
③ 段作章：《关于教育现代化的理论思考》，《煤炭高等教育》1997 年第 2 期。
④ 田秋华：《关于教育现代化的几点理论思考》，《教育导刊》1999 年第 6 期。
⑤ 褚宏启：《教育现代化的性质与分析框架》，《高等师范教育研究》1998 年第 3 期。
⑥ 叶赋桂：《中国的美国教育研究三十年》，《比较教育研究》2010 年第 7 期。

育现代化有十个方面的经验值得我们学习和借鉴。① 李祖超对日本教育现代化的研究表明，日本教育现代化的成功经验主要表现为：政府与全社会高度重视教育；实施教育立国战略；重视对教育的经费投入；将发展教育与发展经济紧密结合起来；重视教育立法，为教育快速健康发展创造条件；大力支持私立教育，实现教育大规模迅速扩张；吸收东西方文化精华，注重教育的对外开放；重视职业教育，强调产学合作教育，注重学生的技能培养。② 胡劲松则对20世纪上半叶德国教育现代化进程进行了详细分析。③ 另外，德国的“双元制”职业教育模式也成为国内教育现代化研究的重点内容之一。④ 还有学者对英国的渐进发展、日本的“和魂洋技”、印度的倒金字塔跨越式发展以及美国的民族精神内在不竭动力四种国家教育现代化模式进行了探讨。⑤

教育现代化指标是教育现代化研究中另外一个热点问题。从国际上看，衡量教育现代化的指标体系比较有影响的主要有三种：一种是联合国教科文组织的教育现代化指标体系，其指标体系框架主要包括五个方面，即教育供给、教育需求、入学和参与、教育内部效率、教育产出；一种是世界银行的《世界发展报告》的教育现代化衡量指标体系，主要包括教育投入、受教育机会、教育效率、教育成果、性别与教育五部分；一种是

---

① 王晓阳：《美国教育现代化的历史经验及其启示》，《教育发展研究》2008年第23期。

② 李祖超：《日本的教育现代化之路及其对中国的启示》，《清华大学教育研究》2004年第3期。

③ 胡劲松：《20世纪上半叶的德国教育现代化进程》，《华南师范大学学报（社会科学版）》2005年第3期。

④ 卢常源：《德国的“双元制”职业教育模式探微》，《继续教育研究》2007年第6期；陈晓娜、赵建玲：《德国“双元制”特色及其对我国成人高等职业教育的启示》，《河北大学成人教育学院学报》2010年第4期。

⑤ 周亚棣、贺武华：《我国教育现代化之路：四个典型国家模式的启示》，《河北大学成人教育学院学报》2010年第4期。

经济合作与发展组织（OECD）的教育现代化指标体系，该指标体系以教育评估中CIPP模式中的背景、输入、过程与输出为框架，包括教育背景、成本、资源与学校过程、教育结果等维度。[①] 谈松华、袁本涛从定性和定量两个方面构建了教育现代化的衡量指标体系，其中定性指标主要有教育制度、教育思想、教育管理、师资等几个方面；定量指标包括识字率、平均教育年限、中等教育毛入学率、高等教育毛入学率、10万人口中高校在校生规模、公共教育经费占GDP的比重、人均公共教育经费等方面。[②] 潘苏东、李健宁从理论角度探讨了教育现代化指标体系设置的目标和原则及应注意的问题。[③] 李健宁、潘苏东则将教育现代化系统与压力—状态—响应框架模型结合起来，提出了自己的教育现代化指标体系框架。[④] 叶平、王蕊则建构了一个两维指标体系，用以分析区域教育现代化特征。[⑤] 王利琨、朱佳生则建构了一个三维结构的基础教育现代化指标体系。[⑥] 还有学者对高等教育现代化指标进行了研究。[⑦]

自1983年邓小平为北京景山学校题词“教育要面向现代化，面向世界，面向未来”后，教育现代化就成为国家的一项重要战略任务。1993年，中共中央、国务院颁发的《中国教育改革和发展纲要》提出：“经过几十年的努力，建立起比较成熟和完善的社会主义教育体系，实现教育的

① 徐玲：《国际教育指标体系的分析与思考》，《教育科学》2004年第2期。

② 谈松华、袁本涛：《教育现代化衡量指标问题的探讨》，《清华大学教育研究》2001年第1期。

③ 潘苏东、李健宁：《对构建我国教育现代化指标体系若干理论问题的探讨》，《徐州师范大学学报（哲学社会科学版）》2004年第2期。

④ 李健宁、潘苏东：《关于教育现代化指标体系设置的构想》，《现代大学教育》2001年第1期。

⑤ 叶平、王蕊：《中国教育现代化区域聚类与特征分析》，《教育研究》2003年第7期。

⑥ 王利琨、朱佳生：《对教育现代化及其标准的探讨》，《上海高教研究》1998年第8期。

⑦ 《上海高等教育现代化框架及其指标的展望》，《中国高教评估》2007年第3期。

现代化。”到了新世纪，党的十六大报告提出了“全面建设小康社会，加快推进社会主义现代化”的目标，并进一步指出“教育在现代化建设中具有先导性全局性作用”。[①] 2010 年，《国家中长期教育改革和发展规划纲要（2010～2020 年）》正式颁布实施，提出了我国教育现代化的总体战略、六大发展任务、六大体制改革以及四大保障措施，规划了未来 20 年我国教育现代化的蓝图，是新时期教育现代化的行动纲领。[②] 在中央教育现代化战略指引下，各地也纷纷提出了自己的教育现代化战略，如北京、上海、广东、江苏等都提出了教育现代化的战略目标和实施策略。在此背景下，区域教育现代化问题也成为教育现代化研究的焦点。谈松华研究员从我国不同区域教育发展模式的角度探讨了教育现代化问题，并从系统论、结构—功能论、耗散结构论、政府与市场的制度分析、教育研究决策与实践的关系等角度分析了区域教育现代化发展模式及其形成机制。[③] 朱文学认为教育现代化具有区域性特征，主要表现为教育现代化内涵的区域相对性、教育现代化影响要素的区域制约性、教育现代化发展水平与特色的区域差异性、教育现代化实践的区域整体性。教育现代化区域先行是我国教育现代化发展的现实特点，其基本内容主要包括：确立区域教育现代化先进理念、制定区域教育现代化发展目标、建构区域教育现代化发展策略、深化区域教育现代化实践创新。[④]

中国教育现代化历程也是教育现代化研究的重点内容之一。王兆详

① 瞿葆奎主编《教育基本理论之研究（1978～1995）》，福建教育出版社，1998，第 927 页。

② 胡瑞文：《我国基本实现教育现代化的行动纲领——〈国家中长期教育改革和发展规划纲要（2010～2020 年）〉解读》，《西安欧亚学院学报》2010 年第 4 期。

③ 谈松华：《教育现代化的区域发展模式及其机制》，《教育发展研究》2006 年第 13 期。

④ 朱文学：《教育现代化的区域特征与区域先行》，《江苏教育研究》2011 年第 13 期。

认为，中国100多年教育现代化历程可以划分为四个阶段：第一阶段是超越传统，提出学习西方教育的“教育救国”理念，主要体现为洋务教育和新政教育；第二阶段是在吸收国外教育经验的基础上，在民主与科学理念下走教育中国化的道路；第三阶段是社会主义建设时期“教育革命”的政治化运动，教育在曲折中发展；第四阶段是改革开放时期，在科教兴国理念指引下中国教育改革不断深化。[①] 冯增俊认为在世界教育现代化由传统教育向现代教育转化的历史过程中，要突破旧教育，推进教育现代化时期、实现标准教育现代化时期必须经历三大历史性发展阶段。[②] 与社会现代化进程相随，中国教育现代化历经一个半世纪，也要经历这三个阶段，解决三大问题：第一个50年解决要不要改革的问题，发布了第一个学制（1903年）；第二个50年解决怎么推行教育现代化的问题，建立起社会主义的教育制度；第三个50年要解决建设什么样的现代化的问题，这个问题目前还在探索着。[③]王永斌、王兆璟对改革开放30多年中国教育科学研究进行了分析，他们认为，改革开放30多年来，中国教育现代化研究可以划分为四个时期：拨乱反正、恢复重建时期（1978～1982年），“三个面向”、开放借鉴时期（1983～1991年），强化反思、关注元理论时期（1992～2000年），转型发展、理论与实践同建共构时期（2001年至今）。[④]

---

① 王兆详：《从“教育救国”到“科教兴国”——中国教育现代化的历史探索》，《天津大学学报（社会科学版）》2005年第5期。

② 冯增俊主编《中国教育现代化之路——“亚洲四小龙”珠江三角洲教育发展经验的时代启示》，广东教育出版社，1996，第312～316页。

③ 冯增俊：《教育现代化与面向21世纪的高等职业技术教育》，《嘉应大学学报（社会科学版）》1996年第3期。

④ 王永斌、王兆璟：《教育科学研究30年：一个知识社会学的考察》，《东北师范大学学报（哲学社会科学版）》2011年第1期。

## 四　广东教育现代化研究

改革开放后，广东教育现代化研究从20世纪80年代中期掀起，2009年，广东教育学会教育现代化专业委员会正式成立①，进一步推动了广东省的教育现代化研究。目前，广东省这方面的研究主要有三类重要成果。

一是教育现代化战略发展规划。改革开放后，广东的教育现代化运动发源于珠江三角洲，广东省就着手珠江三角洲教育发展战略研究，《珠江三角洲教育发展战略论》② 一书集中概括了“七五”期间广东珠江三角洲教育发展战略研究情况。20世纪90年代兴起了推进教育现代化的浪潮，1994年广东省委省政府作出了《关于教育改革和发展的决定》，提出了建设教育强省的决定，1999年广东省教育厅颁布了《珠江三角洲教育现代化规划》，随后又颁布了与之配套的《珠江三角洲县（市、区）基本实现教育现代化标准》《珠江三角洲乡镇基本实现教育现代化标准》《珠江三角洲中小学基本实现现代化标准》，使广东省，特别是珠江三角洲的教育现代化落到实处。2004年广东省委省政府颁布的《广东省教育现代化建设纲要（2004～2020）》和2010年颁布的《广东省中长期教育发展规划纲要》，推动了全省教育现代化运动的深入发展。陈伟在《省域教育现代化战略的政策分析》一文中对广东改革开放30年来从“教育强省”向“教育现代化”的战略调整及政策措施进行了详细分析。③

---

① 张万峰、何燕君、苏燕、李庆：《广东教育现代化的历史使命和未来走向——广东教育学会教育现代化专业委员会成立大会暨首届中国教育现代化论坛综述》，《教育导刊》2009年8月号上半月。

② 徐名滴、周国贤主编《珠江三角洲教育发展战略论》，广东高等教育出版社，1992。

③ 陈伟：《省域教育现代化战略的政策分析——以1978～2008年的广东为例》，《复旦教育论坛》2008年第2期。

二是广东教育现代化理论研究。20世纪八九十年代，特别是90年代，伴随着广东特别是珠江三角洲的改革开放和工业化的迅速发展，广东掀起了第一波广东教育现代化研究，先后举办了三次大型研讨会。例如，1996年，“第三届珠江三角洲教育实践与中国教育现代化学术研讨会”在东莞召开，研讨会对珠江三角洲地区教育现代化问题进行了探讨①；1999年，广东省教育学会和广东省陶行知研究会在广州市举办了“广东教育现代化学术研讨会”，对教育现代化的内涵、推进教育现代化的对策、现代化教育模式与现代化学校的建设等问题进行了探讨②，其他两次研讨会也着重研究了教育现代化与广东经济社会发展的互动关系，“亚洲四小龙”的崛起和教育现代化的经验，广东和珠三角教育的改革发展研究等。另外，还出版了“珠江三角洲教育现代化研究丛书”③，这对广东教育现代化的研究和实践起到了很好的推动作用，这套丛书包括了珠三角各城市对教育现代化研究的实践和理论探索。此外，还发表了一系列重要学术论文，如颜泽贤、冯增俊的《珠江三角洲的教育现代化》④，冯增俊的《广东教育现代化策略探析》⑤《珠江三角洲教育实践与当代教育现代化运动》⑥《珠江三角洲教育现代化的基本经验及展望》⑦，韦禾的《珠江三角

① 王学风：《珠江三角洲教育实践与中国教育现代化学术研讨会综述》，《高教探索》1997年第1期。

② 伍柳亭、钟以俊：《广东教育现代化学术研讨会综述》，《中国教育学刊》1999年第4期。

③ “珠江三角洲教育现代化研究丛书”由冯增俊、朱仲南主编，广东教育出版社1993年出版。其中《南山教育与南山人——区域教育现代化的构思与实践》为南海出版公司出版。此外，还有冯增俊的《珠江三角洲教育实践与中国教育现代化》（《第二届珠江三角洲教育国际学术研讨会论文》，1994年12月12～14日，佛山市教育局），黄家驹、颜泽贤、冯增俊的《改革大潮中的珠江三角洲教育》（广东高等教育出版社，1994）。

④ 颜泽贤、冯增俊：《珠江三角洲的教育现代化》，《学术研究》1998年第3期。

⑤ 冯增俊：《广东教育现代化策略探析》，《教育导刊》2007年第7期。

⑥ 冯增俊：《珠江三角洲教育实践与当代教育现代化运动》，《现代教育论丛》1997年第3期。

⑦ 冯增俊：《珠江三角洲教育现代化的基本经验及展望》，《现代教育论丛》1998年第3期。

洲教育现代化研究综述》[①] 等，较好地深化了广东教育现代化理论及实践。进入 21 世纪后，随着广东经济结构调整和产业升级换代，同时教育部把广东作为教育现代化试点省份之一，广东兴起第二波教育现代化研究的浪潮。这段时期研究的突出重点是关于推进高等教育的大众化和高等教育如何适应广东经济社会的发展。比较有影响的学术著作和论文有：陈昌贵、谢练高的《走进国际化——中外教育交流与合作研究》[②]，卢晓中、潘懋元的《现代高等教育发展研究》[③]，黄葳的《引领社会发展：全球网络化时代大学》[④]，张耀荣的《广东人口结构、高等教育规模与教育现代化相关分析》[⑤]，董泽芳、黄裕钊的《广东省高等教育区域化发展现状研究》[⑥]，耿玉莲、刘贵全的《广东高等教育加快发展要解决的几个问题》[⑦]，黄紫华的《关于广东率先实现教育现代化实践中高等教育改革发展的策略探讨》[⑧]，蔡火娣、韩兆洲的《广东高等教育发展和经济增长的关系研究》[⑨]，卢建红的《制度创新：广东省高等教育现代化的关键》[⑩]，等等。

---

① 韦禾：《珠江三角洲教育现代化研究综述》，《教育研究》1996 年第 6 期。

② 陈昌贵、谢练高：《走进国际化——中外教育交流与合作研究》，广东教育出版社，2010。

③ 卢晓中、潘懋元：《现代高等教育发展研究》，中国海洋大学出版社，2001。

④ 黄葳：《引领社会发展：全球网络化时代大学》，《高教探索》2007 年第 1 期。

⑤ 张耀荣：《广东人口结构、高等教育规模与教育现代化相关分析》，《中国高教研究》2006 年第 4 期。

⑥ 董泽芳、黄裕钊：《广东省高等教育区域化发展现状研究》，《中国地质大学学报（社会科学版）》2005 年第 1 期。

⑦ 耿玉莲、刘贵全：《广东高等教育加快发展要解决的几个问题》，《理工高等教育研究》2004 年第 4 期。

⑧ 黄紫华：《关于广东率先实现教育现代化实践中高等教育改革发展的策略探讨》，《现代教育论丛》2005 年第 2 期。

⑨ 蔡火娣、韩兆洲：《广东高等教育发展和经济增长的关系研究》，《统计教育》2009 年第 5 期。

⑩ 卢建红：《制度创新：广东省高等教育现代化的关键》，《韶关学院学报（自然科学版）》2006 年第 3 期。

三是开展一系列实践性课题研究成果。1992 年，广东省委宣传部下达了重大课题“珠江三角洲教育实践与建立有中国特色社会主义教育体系研究”；1993 年及 1996 年，冯增俊教授先后承担了教育部及全国教育科学规划课题“韩、台、港、新加坡、珠江三角洲教育发展经验与建设有中国特色的社会主义教育体系”及“珠江三角洲、台湾、香港、澳门教育发展综合比较研究”，这三大课题对推动广东教育现代化研究有重要意义。1997 年，广东省教育厅主持国家项目“珠江三角洲教育现代化研究”，掀起以全面提高教育质量，建设教育强镇、强区、强市的教育现代化运动，启动了教育强镇、强区、强市评估，其中深圳市南山区于 2002 年第一个通过省的“教育强区”验收评估，到 2008 年再次第一个通过省的推进教育现代化先进区验收评估，标志着广东教育现代化的新发展。2003 年，广东省教育厅、财政厅、省社会科学院联合进行《深化改革，开放创新，做大做强广东高等教育》的课题研究，为广东 21 世纪初扩大高等教育，推进高等教育的大众化提供了理论依据。2008 年广东省社会科学规划办下达“广东教育改革开放 30 年发展研究”，出版了钟明华、冯增俊等著的《中国教育现代化的伟大实践——广东教育发展 30 年》①，全面总结了广东推进教育现代化的经验和启示。2009 年，中山大学教育现代化研究中心承担的广东省政府重大决策咨询招标课题“广东教育现代化模式研究”，进一步探讨广东教育现代化整体推进上的问题和对策，为广东教育配合和推动广东进入知识经济发展阶段作出新贡献。

① 钟明华、冯增俊：《中国教育现代化的伟大实践——广东教育发展 30 年》，广东人民出版社，2008。

由以上综述可见，随着教育现代化运动的深入，积极研究有助于把握教育现代化的进程，更好地发挥教育的作用。广东教育现代化以其发动早，目标明确，推动力大而著称，影响国内外。因此，在以往研究的基础上，在走向大国的框架下，探讨广东在全球化进程中推进教育现代化的基本路径，是具有非常重要的意义的。

## 五　文献述评

综上所述，对教育现代化的研究总体状况如下。

第一，改革开放30多年来，教育现代化问题一直是国内教育界关注的焦点。而从研究情况来看，在教育现代化研究过程中，现代化理论范式一直是主导和主流的范式，即基本上是从现代化理论视角或现代化理论范式去探讨教育现代化问题。而从全球化理论视角或范式探讨、研究教育现代化还处于起步阶段，需要学术界进一步努力。

第二，在新形势、新阶段，全球化范式是研究教育现代化问题的一个重要范式。从历史发展角度考察，全球化进程是一个准备、启动、发展和初步形成的社会历史进程。全球化与现代化是同步发展、互相促进、交互作用、互相推动的过程。从本质上说，全球化是现代化的必然结果，是现代性扩张的反应。正因为如此，有些学者将全球化称为第二次现代化。[①] 可以说，随着全球化的发展，全球化理论将日益成为一个超越并取代现代化并用来描述人类历史发展进程的新理论模型。

第三，广东区域教育现代化需要在继承的基础上创新。区域教育

① 张世鹏:《什么是全球化?》,《欧洲》2000年第1期。

问题是当下中国教育改革的核心问题。[①] 改革开放以来，国内学者对广东区域教育现代化进行了一系列有价值的研究，已经奠定了很好的基础。但在新的发展形势下，对广东区域教育现代化问题的研究需要在继承以往成果的基础上进行创新。而教育创新主要包括六种方式：推行一种新制度、新体系或新教育模式，采用一种新教育观念或新理论，开发新的教育形式和教育领域，发现并应用新的教育组织方式和管理方法，发现或推行新的教学方法或技术手段，建立一种新的教育投入体系。[②] 本研究将以全球化理论为基础，力图对广东教育现代化进行创新性分析。

## 第四节　研究思路

本书研究的主要思路是：文献调研→阶段分析→实证研究→结论与政策建议（图 1－1）。通过运用文献研究法、比较教育专题研究，对全球化、现代化与教育现代化的内涵进行界定，探讨在全球化下教育现代化的基本理论，并通过对美国、英国、日本、中国香港等国家和地区教育现代化发展的个案研究，比较探讨全球化下教育现代化的改革发展及其基本特征、基本内容。据此对广东经济社会转型和变革中教育现代化问题进行一系列分析探讨，试图通过历史发展的逻辑形式，把宏观研究和微观研究结合起来，理论探讨与制定具体教育发展策略结合起来，在把握全球经济一体化的整体脉搏的前提下，具体地研究广东经

① 刘贵华、王小飞、祝新宇：《论区域教育综合改革模式》，《教育研究》2009 年第12 期。

② 冯增俊：《论教育创新与民族创新精神》，《教育研究》2001 年第 11 期。

济社会发展中教育现代化的各种问题，以便为基本实现广东教育现代化决策提供有益的参考。同时在研究中，注意避免微观研究面窄的问题，试图丰富教育现代化研究的理论与方法，以期为我国区域教育现代化的发展提供参考。

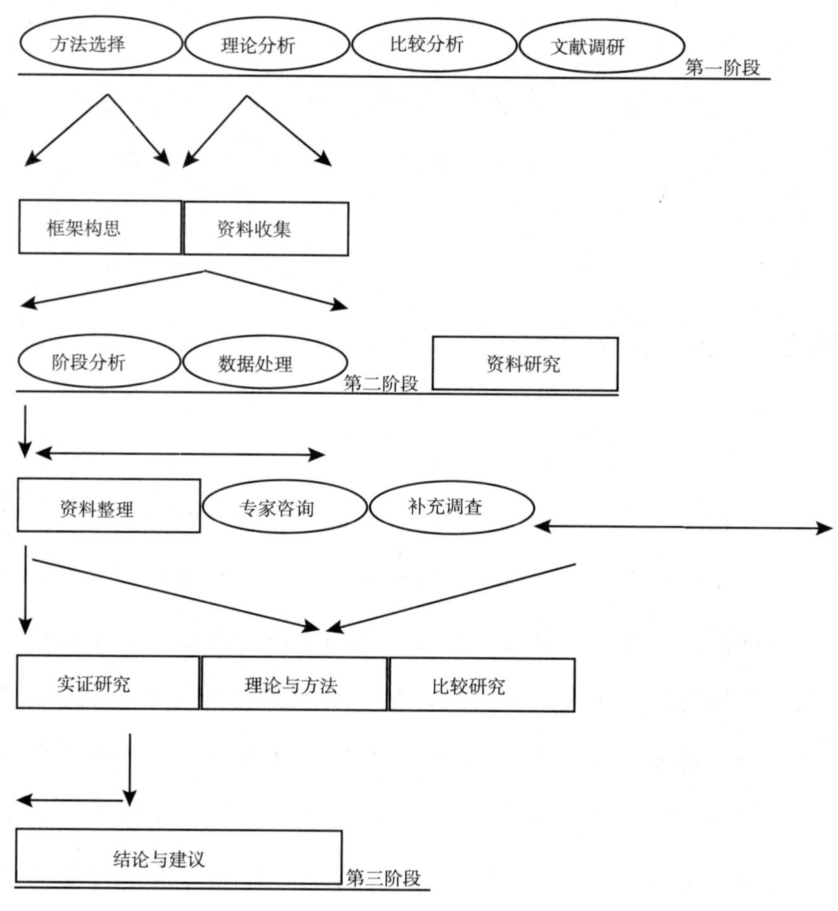


**图 1-1 研究路径图**

## 第五节　研究方法

区域教育具有整体性、现场性，以及相对的独立性和差异性等特征，可以通过田野研究、比较研究、跨学科研究等方法对其进行研究。[①] 本研究综合运用战略规划、区域经济学、教育管理学、比较教育学等多种学科的分析方法和手段，采取多角度、多层次的研究思路，实行理论研究与实证分析相结合、定性分析与定量分析相结合、综合研究与专题研究相结合。具体采用的方法有以下几种。

**1. 文献分析**

本研究广泛收集了国内外相关文献资料，尤其是对全球化理论、现代化理论、世界各国和地区教育现代化研究、国内教育现代化研究的相关成果进行了系统阅读和分析归纳。

**2. 田野调查**

2006~2012 年，笔者对广东省各级各类教育进行了系统的实地考察调研。其中，在广东省教育厅、广东省 16 个市（县）教育局分别召开了 20 场座谈会，在 25 所中小学、10 所高等学校召开了 9 场专题座谈会，另外还对上述学校的校长进行了典型的个案访谈。

**3. 统计分析**

本研究从广东省统计局、广东省教育厅系统收集了历年广东经济社会发展，以及各级各类教育发展的数据资料，并在此基础上进行相关统计分

---

① 华京生、华国栋：《区域教育研究的意义、特征和路径》，《教育研究》2009 年第 2 期。

析。本研究中的数据除做特别说明外，均来自广东省统计局、广东省教育厅。

**4. 比较分析**

在全球化时代，比较分析对于教育研究具有重要意义。正如美国印第安纳大学荣格教授所言："简直就没有其他的方法能够达成对教育中的发展变化进行解释，而不只是进行描述。"[①] 国内也有学者明确提出，全球化时代对教育的研究必须要有全球视野、区域视野和本土视野。[②] 基于这种认识，本研究从比较研究角度对国内外一系列区域教育现代化发展进行了比较分析，包括对欧美发达国家和地区教育现代化的比较分析，以及对国内发达地区教育现代化的比较分析。

---

① 项贤明：《比较视野中的教育全球化》，《比较教育研究》2007 年第 12 期。

② 张德伟：《全球化背景下区域教育研究的提倡及其基本问题》，《外国教育研究》2010 年第 2 期。

# 第二章　全球化与教育现代化理论界说

全球化与教育现代化是一个什么样的关系？这是从全球化视角研究教育现代化问题必须回答的一个基本理论问题。也就是说，要从理论上讲清楚全球化与教育现代化的内在机理关系。正如有学者所言，目前西方学者大多只是将全球化与教育作为相互联系的两个方面来探讨，要么探讨全球化背景下的教育问题，要么探讨教育对全球化的作用。[①] 本研究认为，这二者恰好是当前分析全球化与教育现代化的两种切入视角，也是本书展开相关分析的理论基石。在前一种视角下，全球化是教育变革的一种新的外在力量，是分析教育现代化的一种重要视角；在后一种视角下，教育在全球化的推动下自身全球化了。[②]

---

① 项贤明：《教育全球化全景透视：维度、影响与张力》，《北京师范大学学报（社会科学版）》2008 年第 1 期。

② 朱旭东：《“教育全球化”的意识形态批判》，《教育发展研究》2005 年第 18 期。

## 第一节　全球化理论与教育全球化思想

按照米歇尔·福柯的观点，社会科学本质上是一种“话语体系”[①]，从这种意义上讲，全球化理论就是有关全球化的一种话语系统。正因为如此，有学者提出，全球化不仅是一个客观的历史进程，还是一种话语体系和知识谱系。[②] 作为一种话语体系和知识谱系的全球化理论，为我们提供了认识教育现代化的思维分析工具。借用冯向东教授关于研究范式与研究视角的观点[③]，笔者认为，全球化作为方法论视角，具有跨学科的包容性特征，全球化理论具备了观察、分析、解释教育现代化问题的话语系统功能。

### 一　全球化基本理论

正如戴维·赫尔德等人所言，“全球化理论不是一种理论，而是一个理论群，其中包含多种理论”[④]。从目前国内外研究来看，全球化理论主要有如下几种。

#### 1. 世界体系理论

伊曼纽尔·沃勒斯坦（Immanuel Wallerstein）于 1974 年出版了《现代世界体系：资本主义农业和 16 世纪欧洲世界经济的源起》一书，该书可以

---

① 邓正来：《全球化与中国社会科学的“知识转型”——在常熟理工学院“东吴讲堂”上的讲演》，《东吴学术》2011 年第 1 期。

② 杨雪冬：《全球化：已知的与未知的》，《史学理论研究》2005 年第 1 期。

③ 冯向东：《高等教育研究中的“范式”与“视角”辨析》，《北京大学教育评论》2006 年第 3 期。

④ 戴维·赫尔德等：《全球大变革——全球化时代的政治、经济与文化》，杨雪冬等译，社会科学文献出版社，2001，第 3 页。

说是全球化理论的里程碑式的著作，它采用一体化学科的研究方法，以现代世界体系代替民族国家作为分析单位，开了从全球角度对世界性现象进行整体性分析的先河，具有方法论创新意义。① 沃勒斯坦认为，世界体系是一个社会体系，这个体系有不同的界线、结构体、群体、法律条例以及相互依存性，并具有生物体的特征，即有其生命周期，对一个体系必须从整体或总体上进行观察，因为总体决定了局部。当代世界体系是一个包含了经济、政治和社会文化三个层面的整体。② 沃勒斯坦的世界体系理论的核心概念是：核心（core）、边缘（periphery）、半边缘（semiperiphery），并据此提出了自己的世界体系结构模型。他认为，世界资本主义的发展是作为一个世界性的体系出现的，是由核心、边缘和半边缘这三个组成部分联结而成的一个整体结构。世界体系的发展存在着历史周期性，即核心、边缘和半边缘这三者都会随时间发展而发生上升或下降的结构性变动。③

**2. 依附理论**

依附理论是在批判现代化理论的基础上发展而来的。现代化理论在研究发展中国家的发展问题时认为，发展中国家自身的经济、政治和文化状况是决定其能否实现发展的主要因素。而依附理论认为，国际经济体系固有的不平等和歧视性质，使北方发达国家位于体系的核心，南方不发达国家处于边缘。④ 可以说，依附理论是从全球体系、全球视野角度分析和解释欠发达国家落后原因的一种理论。依附理论有众多的理论流派：一是早

---

① 江华：《超越社会科学的传统范式——解读沃勒斯坦的世界体系理论》，《文史哲》2008 年第 2 期。

② 杨宜树、陈琰：《关于世界体系的政治经济学——伊曼纽·华勒斯坦的世界体系理论综述》，《世界经济文汇》1992 年第 3 期。

③ 顾云深：《沃勒斯坦与“世界体系理论”》，《复旦学报（社会科学版）》1989 年第 6 期。

④ 赵怀普：《关于现代化理论和依附理论的比较分析》，《燕山大学学报（哲学社会科学版）》2002 年第 1 期。

期依附理论，主要包括中心—外围理论和二元结构主义理论，这两派理论研究的是跨国公司扩张与拉美国家大规模工业化开始之前的依附现象；二是马克思主义依附理论，主要包括新依附理论、超级剥削理论、边缘化理论、依附性发展理论、依附性资本主义理论，这些流派的理论主要是在批判吸收早期依附理论研究成果的基础上，运用马克思主义的方法研究依附现象；三是结构主义依附理论，主要包括结构异化理论、收入分配理论、对外依附理论、支配—从属关系理论、拉美经委会的不发达理论，这些理论流派主要是在马克思主义依附理论的批评及内部结构主义者自我批评的推动下发展起来的；四是新近发展的依附理论，主要包括跨国资本主义理论、后民族资本主义理论、外围资本主义危机理论等。[①]

**3. 全球体系理论**

全球体系理论是由英国学者莱斯利·斯克莱尔提出的，他于1991年出版了《全球体系社会学》一书，提出要用全球体系代替民族国家。他在中国的一次演讲中说："全球化观念的中心特征在于：当代的许多问题都无法在民族国家的层次上，即从国际（国家间）关系的角度给予恰当的说明，而必须超越民族国家界限，从全球（跨国）过程的角度去加以研究。"[②] 斯克莱尔的全球体系理论主要建立在跨国实践（transnational practices）这个核心概念之上。所谓跨国实践，是指"在特定的制度背景下人们的行动所产生的影响，是由非国家行为主体所从事的并跨越国家疆界的实践"[③]，"这是那种跨越国家边界的实践，而且并不一定发端于作为行为者的国家。从

① 袁兴昌：《对依附理论的再认识——依附理论的主要组成部分及基本思想》（上中下），《拉丁美洲研究》1990年第5、6期，1991年第2期。

② 莱斯利·斯克莱尔：《全球化社会学的基础》，《社会学研究》1994年第2期。

③ Sklair, *Sociology of Global System*, Harvester/Whentsheaf, 1991, p. 52.

分析的层次上看，跨国实践在三个领域内发生：经济的、政治的和文化意识形态领域”。[①] 斯克莱尔用全球体系来表示跨国实践的总体，而跨国公司（经济跨国实践）、跨国资产阶级（政治跨国实践）、消费主义文化—意识形态（文化意识形态领域跨国实践）构成了其基本的概念架构，三者相互作用，共同形成了全球体系。在全球跨国实践中，“跨国公司参与东道国政治，宣传消费主义；跨国资本家阶级直接服务于跨国公司，其生活方式是消费主义扩展的主要典型”。“消费主义是推动资本主义发动机运转的燃料，驾驶员是跨国资本家阶级，车辆本身是强大的跨国公司”。[②]

**4. 文化全球化理论**

文化全球化理论是从文化视角探讨全球化的一种理论，其与世界体系模式、全球化体系模式一道，被斯克莱尔称为三种竞相媲美的全球化理论与研究模式。[③] 罗兰·罗伯逊是文化全球化理论的主要代表之一，其 1992 年出版的《全球化》一书是他全球化思想的集中阐述。他认为，全球化不仅仅是经济问题、政治问题、社会问题，更是文化问题，因此，对全球化需要从文化系统的视角进行研究和探讨，即将全球领域作为一个整体，当作一个由多元社会构成的全球文化系统进行观察和分析。[④] 罗伯逊的全球化分析框架主要由四个“参照点”（reference points）组成，即民族国家、民族社会、个人和人类。他认为，应该抛弃“国家中心论”，把“民族社会”（nation-society）作为分析全球人类情景的一个总的参照点。[⑤]

① 莱斯利·斯克莱尔：《全球化社会学的基础》，《社会学研究》1994 年第 2 期。

② 杨雪冬：《重新校正人类的位置：西方全球化理论的简要评介》，《马克思主义与现实》1997 年第 2 期。

③ 莱斯利·斯克莱尔：《全球化社会学的基础》，《社会学研究》1994 年第 2 期。

④ 文军：《90 年代西方社会学视域中的全球化理论评析》，《开放时代》1999 年第 5 期。

⑤ 杨雪冬：《罗伯逊绘制的全球化演进轨迹》，《马克思主义与现实》1997 年第 1 期。

### 5. 全球化变革论

全球化变革论以英国学者戴维·赫尔德为代表，其著作《全球大变革——全球化时代的政治、经济与文化》一书可以说是他全球化思想的集中反映。赫尔德认为，围绕着什么是全球化、当代全球化代表了一种什么状况、全球化与国家权力关系、全球化对政治的影响等诸问题的争论存在着三大派别：极端全球主义者、怀疑论者以及变革论者。极端全球主义者认为：全球化标志着一个新时代的到来，经济权力和政治权力正在被非国家化并且被分散，民族国家正日益成为一种管理经济事务的临时组织形式，全球化体现了人类行为框架的根本性重构。怀疑论者则认为：全球化是一个神话，经济活动正在经历着一场意义深远的“区域化”，世界经济正在向着三个主要金融和贸易集团——欧洲、亚洲太平洋地区以及北美洲——的方向发展。变革论者认为：全球化是推动社会政治以及经济快速变革的中心力量，这些变革正在重新塑造着现代世界和世界秩序。全球范围内的政府和社会必须调整自己来适应这样一个世界，全球化没有带来国家的终结，反而推动了各种调整战略的出现，而且在某些方面推动了更加积极的国家的出现。赫尔德认为，这三大派别争论的根源在于他们对全球化的定义、原因、分期、影响以及发展轨迹等五个方面的问题存在分歧。基于对三大派别的分析，赫尔德提出了自己的全球化分析框架，即必须从全球相互联系的广度、强度、速度和影响四个角度进行分析。① 赫尔德根据这些分析角度，建构了全球化分析的八个关键维度：全球网络的广度、全球相互联系的强度、全球流动的速度、全球相互联系的影响、全球化的

① 戴维·赫尔德：《全球大变革——三种全球化理论的分析与比较》，《马克思主义与现实》2000 年第 1 期。

基础设施、全球网络和权力实施的制度化、全球分层化的模式、全球互动的主导模式。在此基础上，他建立了一种全球化分类学，把全球化分为四种类型：密集的全球化、分散的全球化、扩张的全球化、稀疏的全球化。[①]

世界历史发展进程说明，全球化的发展已经是一个不争的事实。我们可以看到，全球化是世界通过跨国公司不断增加的国际贸易、生产与金融的相互国际化，特别是20世纪八九十年代以来，由持续增加和普及的计算机、光纤、网络化等全球电传系统促进的商业、文化品相互国际化等，而迅速地整合为一个经济空间的过程。这个过程影响到现代社会生活，形成各个层面相互依存、彼此关联的现象。此种依存、关联的现象就产生了一种全球同一步调及空间的“邻近感”。原有相互编织的墙被推倒，各国、各地区变得愈来愈相互联系和相互影响。如在之前的综述中笔者给全球化下的定义：全球化是现代科技革命和市场经济的世界化主要推动的一个多维度的复杂过程，它影响到世界各国、各区域的社会生活的所有领域，使全球成为一个紧密联系的复合网络。全球化由于打破了国家和区域壁垒，使得先进的科学技术、资本和人才在全球迅速流动，它给世界经济尤其是发展中国家的持续增长和发展提供了前所未有的机会。它不仅大大影响了经济，而且它是一种更宽、更深、更复杂的现象，它为全球的人才流动、工作分工、知识传播和各国的文化娱乐交流提供了崭新的舞台。但是，全球化也是一把双刃剑，它在推动世界繁荣进步的同时，也为人类带来许多问题，如全球化下经济结构的调整使一些发展中国家和地区贫富差距拉大，失业人数增加；金融全球流动既是

---

① 李刚：《论戴维·赫尔德的全球化理论分析框架》，《南阳师范学院学报（社会科学版）》2009年第2期。

全球经济增长的力量源泉，又是不稳定的潜在因素，使金融危机发生的频率增加；全球的紧密联系也使资源制约、环境危险、恐怖活动加速蔓延。全球化使我们生活的每一个范畴——经济、科技、社会、文化、教育等——都在加速改变，我们的思维方式不能仅停留在过去，必须树立世界眼光和全球视野。面临全球化趋势，唯有勇敢地迎接，快速反应，兴利除弊，才能在激烈的国际竞争中立足和取得成功。

## 二　教育全球化思想

国内学者邬志辉将教育全球化思想称为教育全球化范式，认为教育全球化范式与教育现代化范式是关于教育发展的两种主要思潮。他认为，“教育全球化理论是运用全球共时或空间框架分析教育现代性和教育现代化的理论，教育现代化理论是运用国家（尤其是发展中国家）历史或时间框架分析教育现代性和教育现代化的理论。前者的范畴是‘中心与边缘’，后者的范畴是‘传统与现代’”①。本研究认为，教育全球化思想是全球化理论在教育领域的运用和发展，就是如何按照全球化的时空观重新审视一些教育基本问题。具体来讲，教育全球化思想主要是围绕以下这些核心问题展开的：一是全球化进程对国民教育制度的自主权产生了什么影响，它在何种程度上改变了相关的教育政策和教育实践？二是全球化是怎样通过教育改革措施和教育活动来改变教育制度的？三是全球化对世界各国、各地区和不同人群的教育公平产生了什么影响？②

综合来看，目前教育全球化思想主要有如下几种。

① 邬志辉：《从教育现代化到教育全球化——全球化背景下中国教育发展面临的挑战研究》，博士后流动站研究报告，华东师范大学，2001，第 1 ~ 10 页。

② 蒋衡、朱旭东：《当代西方教育与全球化理论研究评析》，《比较教育研究》2010 年第 6 期。

**1. 新自由主义和新保守主义教育全球化思想**

经济全球化是教育全球化的重要推动力之一，而新自由主义是经济全球化的主导思想。新自由主义在全球化进程中极力倡导市场化、私有化，放松政府管制，全球化进程中这种新自由主义思想也影响到教育全球化，即主张把市场这只看不见的手引入教育领域，认为市场竞争能够提高学校教学水平、提高效率和减少学校成本，将市场化、私有化、放权、解制、选择、竞争、质量等观念引入教育政策改革。① 新自由主义思想认为，学生是教育消费者，是学校教育的服务对象和培育目标，因此，主张以市场机制运营学校，将教育等同于商品由学生自主选择，即强调“消费者选择”。新自由主义思想还将教育与经济密切联系起来，主张全球教育发展要以满足全球化对技能劳动者日益增长的需要为目标，要通过提高教育标准、严格考试要求、培养学生就业来应对全球化条件下的经济竞争。而新保守主义则强调，在全球化进程中，国家要加强对教育的控制，其政策主张包括：国家课程、国家考试、高学术标准、传统教育和爱国主义教育等。总之，新自由主义和新保守主义教育全球化思想认为，经济全球化、政府职能的变化将影响到全球的教育体制和教育政策，西方的教育体制将是现代的、最佳的模式，全球教育最终将日益向这一模式靠近并趋同。②

**2. 后现代主义教育思想**

后现代主义是全球化时代一种重要的理论思潮，是对在现代化及现代性批判反思基础上发展出的各种理论学说的统称。后现代主义者的基本理论立场是：强调反思与批判现代性；主张多视角、多元化的思维，反对单

① 朱旭东：《“教育全球化”的意识形态批判》，《教育发展研究》2005 年第 18 期。

② 蒋衡、朱旭东：《当代西方教育与全球化理论研究评析》，《比较教育研究》2010 年第 6 期。

一思维；反对理性主义，强调非理性思维；反对普遍性，强调不确定性和差异性；反对人类中心主义和主客二分，倡导人与自然交融，推崇对话。[①] 后现代主义理论思想在教育研究领域的运用导致了教育思想的“后现代主义转向”[②]。受后现代主义理论思潮的影响，“后现代主义教育思想强调多元、崇尚差异、主张开放、重视平等、推崇创造、否定中心和等级，去掉本质和必然，否定绝对真理的合法性”[③]。在教育目的观、课程观、师生观、教育观等方面，后现代主义教育思想提出了一系列与现代化教育思想不同的看法，例如，在课程观方面，主张对旧的课程观进行重建，要求以不断创新的话语消解权威话语的影响，主张改善课堂关系，营造一种关爱、分享、赋权、和谐的课堂气氛，反对传授具有普遍意义的“真理”。[④] 总的来讲，后现代主义教育思想具有如下几个方面的特征：第一，反对权威和去中心化；第二，主张教育多元化和差异性；第三，强调合作与交流；第四，鼓励自我意识和创造性；第五，强调平等关系。[⑤]

**3. 多元文化主义教育思想**

多元文化主义作为一种教育思想和方法，经历了一个由民族国家多元文化教育向全球多元文化教育的转变。[⑥] 20 世纪 60 年代以来，伴随全球化进程的发展，不同民族的移民纷纷涌入美国、欧洲、加拿大、澳大利亚等发达国家，为适应多元社会发展，多元文化教育作为一种理念、一场教育

---

① 孙小军：《略论后现代主义教育》，《焦作师范高等专科学校学报》2006 年第 4 期。

② 孙茂华、董晓波：《西方教育思想“后现代主义转向”的解读》，《黑龙江高教研究》2009 年第 7 期。

③ 韩立福：《浅论后现代主义教育观》，《新课程研究（教育管理）》2007 年第 2 期。

④ 董海霞：《简论后现代主义教育观》，《长春大学学报》2006 年第 6 期。

⑤ 孙小军：《略论后现代主义教育》，《焦作师范高等专科学校学报》2006 年第 4 期。

⑥ 姚冬琳、李国：《民族多元至全球多元：美国多元文化教育的转向》，《教育学术月刊》2011 年第 11 期。

改革运动、一个过程，试图建构一个满足各族群文化并存的“异文化教育”模式。[①] 多元文化教育作为全球化背景下教育变革的重要内容，试图达到如下目标：一是提升不同文化的价值功能；二是关注人权并尊重那些与自己不同的人；三是尊重人类对生活方式的选择权；四是增进社会正义和所有人的机会平等；五是促进团体间权利的平等分配。[②] 正如美国学者贝内特所言：“在全球化的时代背景下，多元文化教育应当致力于在一个彼此依存的世界体系中培植起一种体现着多元文化主义的思想观念与实践活动。”[③] 文化多元主义教育思想注重培养学生对全球多元文化的认同及相关知识和技能的培养。“多元文化教育致力于发展学生的全球性认同、知识、态度与技能是非常重要的。这有助于他们在处理和解决全球性事务中成为灵活高效的人。”[④]

**4. 全球教育思想**

全球教育思想（global education），也被称为国际理解教育思想（education for international understanding）[⑤]、世界公民教育思想（education for world citizenship）[⑥]。从宏观角度讲，全球教育是应对全球化发展而提

① 杨渊：《西方多元文化教育理论发展之历时研究》，《国外理论动态》2010 年第 9 期。

② 万明钢：《论多元文化教育的发展与面临的困境》，《西北师大学报（社会科学版）》2007 年第 1 期。

③ Christine I. Bennett, *Comprehensive Multicultural Education: Theory and Practice*, Allyn and Bacon, 1999, p. 11.

④ James A. Banks, *Cultural Diversity and Education: Foundations, Curriculum and Teaching*, Allyn and Bacon, 2001, p. 57.

⑤ 国际理解教育是一种以全球化背景为视角，以促进国际理解与和平为目的，以教育资源和信息、人员跨国交流为主要途径，以国际学校和全球教育组织为依托，以全球问题和人们普遍关注的教育问题为主题，以跨文化为主要特征的现代比较教育理论。参见楚琳《全球化背景下美国国际理解教育改革策略的新发展》，《外国教育研究》2009 年第10 期。

⑥ 世界公民教育是由联合国教科文组织提出的，其目的是要开展全球社会的教育，缔造一个与联合国宪章精神相一致的全球公民社会，努力塑造具有世界视野、知识和能力，同时愿意承担在全球社会的公民责任的个人。参见姜元涛《全球化背景下的世界公民教育探析》，《思想理论教育》2010 年第 14 期。

出的一种教育理念，它要求教育观念、目标、内容、方法等教育系统进行全面整体的变革；从微观角度讲，全球教育是通过学校课程的变革，在课程中全面贯彻和渗透全球意识的教育。具体来讲，全球教育包括三个层次：第一个层次是全球知识的教育，第二个层次是全球思维方式的培养，第三个层次是全球意识和全球化素质的培养。[①] 全球教育的本质要素包括：全球视野意识教育、全球问题教育、全球依存教育和跨文化交流教育。[②] 目前，全球教育的主要途径和方法是：课程改革、教师培训及学校领导重视。[③] 例如，在开展国际理解教育方面，一些国家采取的主要措施包括：针对国际的职业生涯进行学术训练，发展形式多样的语言教学，实施国际教育服务计划，重视在教育工作者之间发展国际理解教育，促进出国留学、加强国际和地区教育研究，应对国际服务行业的多义性等。[④]

除了上述教育全球化思想外，一些学者还提出了辩证认识全球化的批判教育理论，该理论认为，全球范围内教育变革存在一定程度的趋同，但也批判分析全球化。他们认为，全球化是工业资本主义的产物，教育成为将统治阶级的意识形态合法化、维持不公平现象的工具，因此，主张教给学生真正的知识，特别是给社会弱势群体以更多的知识，以改变现有的社会不公平现象。[⑤] 此外，还有国外学者将依附理论以及世界体系理论运用到教育研究领域，提出了教育依附理论和教育世界体系理论[⑥]。例如，美国学者阿特巴

---

① 翟艳芳：《全球教育的理念与实践》，博士学位论文，华中科技大学，2010，第 3 ~4 页。

② 彭江、廖礼彬：《论全球教育的本质要素》，《外国语文》2011 年第 2 期。

③ 肖川：《美国全球教育若干问题简述》，《比较教育研究》2000 年第 S1 期。

④ 楚琳：《全球化背景下美国国际理解教育改革策略的新发展》，《外国教育研究》2009 年第 10 期。

⑤ 蒋衡、朱旭东：《当代西方教育与全球化理论研究评析》，《比较教育研究》2010 年第 6 期。

⑥ 邬志辉：《从教育现代化到教育全球化——全球化背景下中国教育发展面临的挑战研究》，第 3 ~5 页。

赫的高等教育依附理论就基于依附理论分析框架，以“中心”与“边缘”、“发达”与“不发达”、“工业化国家”与“第三世界国家”等核心概念来探讨全球化背景下世界高等教育发展的关系。①

## 第二节　人力资本理论与教育全球化

如果说全球化理论在影响着人们看待教育的各种问题，那么，另一方面，教育也成为推动全球化的重要力量，成为人们应对全球化挑战的重要手段和工具。正如美国学者斯卓姆奎斯特所言，“教育已成为推动全球化的重镇”，“教育作为在一个全球化了的世界中获得成功的手段如今也被赋予了很大的重要性”。② 教育之所以在全球化进程中处于重要地位，这与教育的经济功能密切相关。而教育的经济功能在全球化时代之所以如此突出，这与人力资本理论革命的贡献是分不开的。人力资本理论揭示了教育对经济发展的重要作用，认为教育能够提高劳动者的素质，从而促进劳动生产率的提高；教育能够优化人力资源配置，从而适应经济结构的调整；教育能够提高管理者的决策水平和管理水平，从而提高经济效益；教育能够促进高科技的发展，从而促进经济的增长。③

乔尔·斯普林认为：在教育全球化进程中，人力资本理论是主导全球的教育理念，一些政府间组织，如联合国、世界银行、经济合作与发展组

---

① 周朝成：《阿特巴赫高等教育依附理论解释框架的分析——兼析其高等教育全球化的观点》，《黑龙江高教研究》2007 年第 12 期。

② Stromquist N P., *Education in a Globalized World: The Connectivity of Economic Power, Technology and Knowledge*, Oxford: Rowman & Littlefield Publishers, Inc., 2002.

③ 严建国：《人力资本理论下的教育与经济发展的关系浅析》，《科教导刊》2011 年第 6 期。

织（OECD）等在推动教育全球化时，都把开发人力资本、促进经济发展作为共同的话语体系。[①]“目前世界上主流趋势是发展一种培养适应全球化年轻人的教育体系。这种教育体系的重点是发展年轻人应对和适应经济全球化要求的能力，核心是构建人力资本理念。”[②] 因此，人力资本理论对教育全球化的影响不容忽视。

人力资本理论作为一种理论形成于20世纪上半叶。美国哈佛大学教授沃尔什（S. R. Walsh）于1935年发表了《人力的资本》，最先提出了人力资本的概念。但是该理论体系的真正形成是在五六十年代。战后，德国和日本在战争的废墟上迅速恢复发展，美国从20年代到50年代经济持续增长，许多经济学家从传统的经济学理论上无法解释这些现象，美国著名经济学家、芝加哥大学教授舒尔茨据此进行的研究对人力资本理论的形成起了重大作用。1960年，他以美国经济学会会长的身份在年会上发表《人力资本投资》的主题演讲，以崭新的观点、严密的论证解答了美国经济增长难题而震惊经济学界，从而引发世界性的对人力资本的研究。舒尔茨因此获得诺贝尔经济学奖。此外，当代美国经济学家贝克尔（G. S. Becker）和丹尼森（E. Denison）也对人力资本理论的形成和发展起了很大作用。

舒尔茨认为，人力资本主要指凝聚在劳动者本身的知识、技术及其所表现出来的劳动能力。而作为资本就应有投资，他把人力资本投资分为：（1）医疗和保健；（2）在职培训，包括商社组织的旧式学徒制；（3）正规的学校教育；（4）非商社的成人教育；（5）个人和家庭的迁移。在这里，

① 乔尔·斯普林：《论教育全球化》，《清华大学教育研究》2010年第6期。

② 克莱因·索迪安：《全球化背景下教育的特征及其发展前景》，《比较教育研究》2009年第5期。

舒尔茨非常强调教育对人力资本形成的重大作用，他所列的五个部分中，有三个部分就与教育直接关联。他强调指出，教育远不是一种消费活动，相反，政府和私人有意识地将其作为投资，为的是获得一种具有生产能力的潜力，它蕴藏于人体内，会在将来作出贡献。“我主张把教育看作是一项投资，将其结果看作是资本的一种形式。”舒尔茨的人力资本理论阐明，只从物质条件如土地、资金等方面已不能解释生产力提高的全部原因，人力资本是社会进步的决定性因素，一国人力资本存量越大，人力资源质量越高，其国内的人均产出或劳动的生产率就越高，舒尔茨的分析有力地证明了人力资本在经济增长中的决定作用。美国著名经济学家丹尼森通过对 1929 ~ 1957 年间经济增长源泉精细的计算，得出教育在这一时期国民收入中的贡献率为 35%，用实证分析为舒尔茨提出的人力资本理论提供了最为有力的证据和补充。他的研究成果使世界各国都认识到教育投资的重要性。

20 世纪 80 年代，继舒尔茨、贝克尔、丹尼森等经济学家之后，罗默尔、卢卡斯等经济学家把数学函数引入经济增长理论之中研究战后特别是六七十年代世界经济增长现状，在创立的“新增长”理论中，把人力资本纳入了经济增长模型中，从而使人力资本的研究更加具体化和数量化，丰富和发展了人力资本理论。罗默尔提出的新经济增长理论，充分重视知识的作用，将技术进步完全内生化，他提出生产要素有四种：资本、非技术劳动、人力资本（可按教育水平衡量）、新思想（按专利权数衡量）。这一研究进一步强化了人力资本和知识的作用。在罗默尔的经济增长模型中，知识不仅自身具有递增的效应——外溢的作用，而且能够渗透于资本和劳动力等生产要素中，使资本和劳动力等生产要素也产生递增效益，从而使整个经济规模收益递增。卢卡斯则把舒尔茨的人力资本概念引入他的经济增长模型，强调了劳动者脱离生产，从正规的或非正规的学校教育中所积累的人力资本对经济增长的作用。

21 世纪以来，人类进入知识经济和全球化时代，由于高科技技术特别是信息技术的广泛运用，世界各国和地区更加重视科技和教育推动经济社会发展的作用，为此人力资本理论在理论研究和实践中又获得新的发展。在理论上，由于对“知识外溢”的认识，有关人力资本理论的研究，加强了对专业化的人力资本的研究，由此也兴起了对加快教育投资、卫生投资、社会保障投资等方面的研究。另一方面在人力资本研究的基础上，兴起了对知识资本、智力资本、创新资本、创意资本等理论的研究，这些研究主要从分析知识、智力、创新资本结构的角度来解释人力资本，它们的主要贡献在于说明在知识经济和全球化条件下，如何认识和发挥知识和科技进步的伟大作用。这标志着人力资本理论的研究进入了一个新阶段。在实践上，从美国开始，世界各国及各地区兴起了对人力资源开发的研究和实施。所谓人力资源开发，就是通过对人力资源的投资、配置、管理等环节，使人力资源增值，成为经济社会可持续发展的根本动力。人力资源开发理论广泛应用于国家及地区、社会、企业，尤其是企业的广泛应用，大大促进了经济社会的发展。

综上所述，人力资本理论的内容及其发展，使我们深刻地认识到，人力资本理论虽然还带有庸俗经济学观点，计算方式还不尽合理，但是它突破了传统的经济理论只从自然资源、物质、资金等方面解释经济发展的根源，而以人力资本的理论方式反映知识、科技进步深刻作用于现代经济发展的客观规律，开拓了当代经济研究新领域。同时，它深刻地揭示了教育的经济价值和生产功能，确立了教育在当代经济和社会发展中所占有的极其重要的地位，使教育的作用获得巨大发挥。教育在全球化进程中的重要作用，正如 OECD

秘书长所言："在高度竞争的全球化经济中，知识、技能和懂得如何做，是提高生产力、发展经济和提升生活水平的关键因素……我们的测评显示，在平均教育年限的基础上每增加一年的教育时间，单位 GDP 就会提高 4 到 6 个百分点。可以从两方面解释这一结果：首先，教育增加了人力资本，使得劳动者更具生产效能。其次，教育提升了国家创新能力，而国家创新能力是发展经济、提升国际竞争力不可或缺的先决条件。"①

人力资本理论的贡献不仅在于计算出教育中的经济价值，更重要的是给人们提供了一种崭新的、科学的发展观，由此发动了震撼全世界的当代教育现代化运动，大大地推动了人类经济、社会的发展和文明的进步。1960 年，由美国亚洲研究会主持在日本的箱根市召开了世界第一次现代化研讨会，此次研讨会讨论了现代化问题，提出了关于现代化社会"八大标准"的理论，现代化社会"八大标准"之一是"全面推广文化知识以及随之而来的个人对其周围环境传播的世俗的和越来越科学化的倾向"。日本箱根会议引起了全球对现代化的广泛关注和研究。随着世界经济结构的调整，一场以欧美模式为标准的现代化运动在全世界掀起，包括 20 世纪 60 年代著名的世界教育现代化。最典型的是"亚洲四小龙"，韩国、新加坡和中国的台湾、香港，它们在引进欧美资金、技术加快工业化和现代经济发展的同时，大力推动教育现代化，包括普及义务教育，大力发展职业教育、高等教育，这些促进"亚洲四小龙"在 70 年代的起飞。70 年代世界经济危机爆发，世界经济进一步调整，现代化运动随着 80 年代世界经济的复苏而再次为人们所关注，新人力资本理

① OECD Directorate for Education, "UNESCO Ministerial Round Table on Education and Economic Development: Keynote Speech by Angel Gurria", OECD Secretary-General Paris, 19 October 2007, http://www.oecd.org/document/19/0,3343,en_2649_33723_1_1_1_1,00.html, 2007-11-13.

论以崭新的发展观再次唤起人们的热情。德国、日本战后经济迅速恢复并步入发达国家行列，“亚洲四小龙”起飞的事实，印证了人力资本理论的正确，教育再一次被确认为现代经济增长的基础。尤其是“亚洲四小龙”赶超先进西方国家的事实，充分显示出教育提供充分的人才储备是实现后进国家或地区赶超的重要条件，教育是引导现代经济增长的不可替代的投资。20 世纪 80 年代再次兴起教育现代化运动。这次教育现代化运动范围波及亚洲、非洲、拉丁美洲，在全球范围内出现后进国家或地区赶超西方发达国家的浪潮。“金砖四国”（即俄罗斯、中国、印度、巴西）崛起，成为走向现代化的代表性国家。尤其是中国自 1978 年实行改革开放政策以来，实施科教兴国，人才强国策略，大力实施人力资本投资，大力发展教育，用 30 年时间就走完了资本主义国家 100 年才走完的路程，在全国普及了义务教育，初步实现了大众化的高等教育，办起了全球最大的教育，从世界的边缘走到了世界的中心。21 世纪，知识经济和高科技促进世界经济迅速发展，给教育的发展提供了良好的条件，同时，电子信息技术和网络的发达，使各国尤其是发达国家教育的经验与教训在全球产生深刻影响，全球化大大加快并推进了教育现代化进程。但同时全球化背景下经济、社会的迅速发展也给人类带来诸如地球变暖、人口膨胀、相对贫困人口增加、不同文明之间相互冲突等问题，这些也都不可避免地对教育产生影响。在知识经济和全球化背景下，正在酝酿和兴起新一轮教育现代化浪潮，推动世界更加开放、文明和进步。

## 第三节　教育全球化趋势与特征

在全球化进程中，教育在全球化的推动下自身全球化了①，“当全球

① 朱旭东：《“教育全球化”的意识形态批判》，《教育发展研究》2005 年第 18 期。

化的一些方面成为教育变革的强大动力时，教育的其他方面也成为修正全球相互依存含义和方向的试金石”[①]。教育全球化可以看做是教育现代化在全球化新的历史发展阶段所表现出的新趋势和新特征。正是基于这种认识，对教育全球化趋势与特征进行分析，首先有必要从历史角度对世界教育现代化发展历程进行分析，因为教育全球化发展是建立在此基础之上的。

## 一　世界教育现代化的发展

世界教育现代化的发展，经历了四个较重要的发展阶段。

第一阶段为教育现代化的起源阶段。世界教育现代化起源于 18 世纪的大工业革命运动。伴随着 18 世纪至 19 世纪初以蒸汽机的运用为时代特征的大工业化运动，英国最先举办各种工厂学校及专门的技术学院，而后法国专科学校遍地开花，从而使英法成为经济强国。

第二阶段为 19 世纪中叶到 20 世纪 30 年代，以电动机应用为时代经济特征的教育现代化运动，集中表现为教育现代体系发展和初步完成阶段，此时中、高级科技教育迅速兴起，其中在德国建立了由柏林大学及工科大学和工业学校网组成的科技工业教育体系，使德国一跃而为世界强国。美国南北战争后实施“赠地学院法”，大力发展高等科技教育，首创工农学院，使美国的工业产值 30 年中增长了 4 倍，成为世界首富，其教育现代化之光仍泽及当代。

第三阶段为第二次世界大战以后新兴国家和第三世界发展中国家普及

① 彼德·D. 赫肖克、马克·梅森、约翰·N. 霍金斯主编《变革中的教育：全球化进程中亚太地区的领导力、创新和发展》，华东师范大学出版社，2009，第 3 页。

和发展教育，其标志是联合国教科文组织提出全球普及义务教育及消除青壮年文盲，教育现代化运动从欧洲转向北美特别是美国，再向世界范围推进。中国在这一时期普及了义务教育，迅速扩大了高等教育的规模，办起了世界上最大规模的教育，在全球崛起。

第四阶段为21世纪以来至今，适应电子信息技术等高科技发展，以创新教育体系为特征的教育现代化运动。20世纪末到21世纪以来，电子信息技术、生物科学技术等高科技的发展，深刻地改变了人类的生产方式、交往方式、思维方式，要求人人重新学会生存，改革教育方式、培养创新型人才，成为教育现代化运动的主旋律，掀起一波又一波的改革浪潮。教育现代化运动源于世界经济发展的需要，同时又有力地配合了世界经济的发展，促进了世界经济的发展。按现代化理论，第一次浪潮卷入的国家为“先行国”，称为早发内生型国家，如英国、法国以及意大利、俄国、西班牙等。第二批为“后来国”，第三批为“迟来国”，都属于后发外生型国家。但是，由于电子信息和网络化的发展，全球化时代的到来以及第四阶段教育现代化运动的特征要求，使早发内生型教育现代化国家逐步丧失了原先的发展特征。随着全球化运动的愈益深入发展，可以预言，世界各个地区的科学、社会、经济和文化的发展将日益同步和协调，教育也应不是例外。

教育现代化从宏观上来说是一个缓慢的历史进程，在这个进程中可能区分为不同的水平或阶段。它是现代化历史进程不可分割的一个组成部分，一旦起步其变化趋势总是向前。为了更好地理解这一历史进程的演进，我们可以根据教育现代化的发生发展以及运行方式把它划分为三种类型。

**1. 世界或人类教育现代化**

它主要是从人类教育历史发展的角度，指适应大工业化运动以来教育的现代化运动，这个过程经历了较漫长的阶段；适应知识经济时代或者说适应全球化时代的教育现代化运动，这个过程主要从21世纪开始，现在应为起步时期。在这里，教育现代化代表了自现代化开始以来所有教育变革和发展的进程，强调人类在历史发展中不断对传统及不合时宜的东西的抛弃革新从而创造新的教育的过程，这种进程是不会终结的，并将随人类社会的发展而更新发展。

**2. 区域或国家教育现代化**

它主要指特定区域或国家如何革新旧的落后教育使之达到先进水平的历史进程，如日本、韩国、新加坡等，但主要是以国家或地区为推行单位。这种教育现代化的目标就是赶上发达国家，把发达国家的教育作为现代化的实施目标。

**3. 按照发生的时间及形成对教育现代化所做的特定划分，可分为早发内生型教育现代化和后发外生型教育现代化**

早发内生型教育现代化是指18世纪前后开始推行的教育现代化运动。其特征是，在时间上发生较早，且以内在因素为推动力，具有自发性，在本国经济发展需要的压力下通过自身教育上的必要创新来启动教育现代化；具有渐进性，要经过漫长的自然演化的发展过程来实现教育与经济发展上的磨合，才能实现历史性的创新；具有自下至上的发展特征，教育改革和创新往往由低层的实验学校或某些教育家最先提出，经过反复尝试，最后逐渐达成共识，变成政府行为。后发外生型教育现代化与早发内生型教育现代化相对应，主要是指在时间上发生较迟且注重采取借鉴先进模式以努力实现赶超先进国家的教育现代化运动。在启动方式上，具有由于在外界巨大发展压力下通过政府行为强制行动的特征；在推动方式上，注重示范作用，通过大量借鉴移植国外先进教育模式和办学经验，实现跨越式的发展；在运作机制上，主要依靠政府主导，走由上及下的发展道路，等等。在知识经济时代，由于信息化的普及，横在世界各国之间的墙被推倒，全球逐步地平坦化。知识的爆炸及迅速传播，改变了过去一项新的科学技术要在全球传播，尤其从先进国家传播到落后国家需要几年甚至几十年的状态。全球化的这个特性，使得早发内生型教育现代化和后发外生型教育现代化两种模式发生很大变化。世界各国尤其是发达国家和一些主要新兴发展中国家争相实施“建设创新型国家”的战略，全球范围内的以高科技为核心的综合竞争更为激烈。在这种趋势下，后发外生型教育现代化国家不一定要按部就班或重走早发内生型教育现代化国家的路子，而可以既吸收先进国家和地区的经验，又发挥本国本地区的优势、特点实施跨越式发展，甚至引领世界教育发展潮流。进入 21 世纪，“金砖四国”迅速崛起，其现代化的迅猛发展令世人瞩目，就是一个明显的例子。

关于教育现代化的基本要素，结合各种不同观点，笔者认为主要包括如下几方面①。

第一，教育观念现代化。教育观念是指人们对教育的心态、价值、思想的观念体系，“教育观念现代化”是指随着社会的发展进步，人们的教育心态、价值、思想由传统形态向现代化形态的变化，主动适应教育现代化及社会现代化发展的过程。教育观念现代化具有重要意义和作用，近些年来理论界从不同角度阐明这个问题。20 世纪下半叶，联合国教科文组织等国际性组织通过《世界全民教育宣言》《教育——财富蕴藏其中》《里约环境与发展宣言》等重要文献，推动了世界各国教育改革和发展的浪潮风起云涌，一浪高过一浪。我国改革开放 30 多年来，教育的改革发

① 谈松华：《教育现代化的区域发展模式及其机制》，《教育发展研究》2006 年第 7 期。

展取得举世瞩目的成绩，这其中无不伴随着教育观念的变革。关于教育观念现代化包括哪些内容，李勤学认为教育观念现代化包括的内容主要有：树立终身教育思想和创新教育思想。[①] 张耀武、罗辉钧认为，在全球化背景下，中国教育观念现代化的基本价值取向既要与世界同步，又应不失自身特色，主要体现为：国际性与民族性相协调；平等与高质量的统一；科学世界的生活世界的回归；人与自然的和谐；个人与社会的融合；科学性与人文性的整合等。[②]

在全球化背景下，通信与交通方式的发展，加速了各国教育的交流和碰撞，从而加快了对传统教育进行扬弃和创新的速度。教育观念现代化是教育现代化的逻辑起点，转变教育观念是教育改革的先导。在教育观念转变的过程中，要有教育制度和运行机制以及社会制度和社会运行机制的支持等保障。值得注意的是，教育观念的转变和现代化是在人民群众丰富的教育改革和发展中逐渐形成的，不同的发展阶段，教育观念现代化的内容和重点不同，在同一阶段，不同区域教育观念现代化的内容和重点不同。全球化背景下的中国教育观念现代化，要充分继承中国传统文化中活的灵魂和吸收世界最优秀的文化成果，才能真正实现时代性与民族性的完美统一。

第二，教育内容现代化。教育内容现代化是指适应知识经济和全球化改革传统教育模式，创新教育课程、方法和手段，它体现了革命性、创新性、灵活性和个性化。课程设置现代化，即由学科内容本位向能本和人本转型，以构建适应于全球化时代的新课程体系。2000 年 5 月墨尔本国际

① 李勤学：《浅析教育现代化的四个要素》，《教育发展研究》2006 年第 7 期。

② 张耀武、罗辉钧：《全球化视野下中国教育观念现代化的价值取向》，《教育情报参考》2007 年第 7 期。

课程会议，提出了“全球化课程”（global curriculum）的新概念，其内涵是在全球化背景下构建本国课程体系，着眼于为本国培养具有国际竞争力的创新人才。[①] 在课程教学模式或方式上，从以教师为中心转到以学生为本，从注重灌输知识转到以注重学生的能力和全面素质的培养，不仅教给学生知识，更要教给学生学习的方法以及善于筛选知识和创新思维的能力。在教学手段上，广泛运用多媒体和信息技术，创新教学方法，极大地扩大了学生的视野，提高了教学效率。

第三，师资队伍现代化。师资队伍现代化是教育现代化的根本，要把塑造和培养高素质教师队伍放在重中之重的地位上，教师要有先进的教育理念和良好的敬业精神，有适应现代化教育所需的专业知识和教育创新能力，要有崇高的理念和广阔的胸襟，要积极探索培养高素质师资队伍的途径和方法，改革师范教育，在全社会营造尊师重教的优良传统和风气。

第四，教育管理的现代化。教育管理现代化是一个国家教育管理发展的较高水平的状态，是对传统教育管理的超越，是传统教育管理在现代社会的现实转化，是一种教育管理整体转换运动。教育管理现代化，必须坚持在现代教育理论、管理理论指导下，遵循现代教育的规律和管理规律，实施对教育的科学管理，它主要包括：（1）教育管理的民主化，包括教育管理者民主意识的增强、教育决策的民主性和民主管理机制的建立。（2）教育管理的法制化，它实质上就是用国家立法来规范各项教育管理活动，依法办教育，同时建立各种监督、督导、检查、仲裁机制，保证教育法规的贯彻落实。（3）教育管理装备和教学现代化，建立以现代信息技术为基础的新的教育管理体系，包括教育管理组织的网

---

① 潘涌：《论全球化开发中心国教育现代化》，《北京大学教育评论》2003 年第 10 期。

络化、教育管理内容的信息化以及教育管理手段的信息化等。（4）教育管理队伍的现代化，加强对教育管理队伍的培训，使之具备现代管理者应有的素质。

第五，教育装备现代化。实现以教育信息化技术为主的与之相适应的教育装备水平，包括教育的基本设施，科学实验的条件，教育教学的手段、方法都达到现代教育要求等。

## 二　全球化对教育现代化提出挑战

21 世纪，人类文明已进入了全球化时代。全球化已成为整个人类文明现代化的逻辑演绎和必然表现，它凭借当代日趋先进的科技所提供的通信设施与交往手段而加速着世界现代化的进程。

21 世纪以来，世界范围内迎来了知识经济时代。知识经济时代与工业化时代有许多不同的特点，工业社会的主要特点是：第一，工业化。即资本的集中和大企业的形成。第二，城市化。农村人口向城市聚集，城市聚集了 60% 以上的人口。第三，文明化。工业化的结果不仅带来了社会财富的增加，而且带来了社会制度的变革，愚昧和落后为科学和文明所替代。20 世纪末到 21 世纪初，以电子信息技术和网络在全世界的发展和普及为标志，全世界进入了知识经济时代。美国、英国、德国是最早进入知识经济社会的国家，知识经济社会的主要特点是：第一，信息化。信息成为重要资源，成为经济社会的驱动力。第二，知识化。知识成为最重要的资源，在知识基础上形成的高科技成为最重要的竞争力。第三，全球化。以计算机、微电子和通信技术为主的信息技术促进了全球“平坦化”，全球经济一体化并逐步影响到文化、教育、社会等各个领域。第四，创新化。人们的时间和生活观念总是倾向于未来，创新成为力量源泉和经济社会发展不竭的动力。知识经济与工业化时代对教育发展的要求是完全不同的，具体见表 2－1。

**表 2－1　工业化时代与知识经济时代教育发展比较***

| 传统经济时代 | 知识经济时代 | 传统经济时代 | 知识经济时代 |
|---|---|---|---|
| 量的扩充 | 质的提升 | 工具理性 | 沟通理性 |
| 追求平等 | 追求卓越 | 线性思维 | 直观思维 |
| 结果导向 | 过程导向 | 学科分立 | 学科整合 |
| 智育挂帅 | 全人发展 | 技术兴趣 | 解放兴趣 |
| 单一面向 | 多元面向 | | |

* 廖春文：《资讯时代全球化教育发展的吊诡与超越》，《比较教育研究》2002 年第 S1 期。

全球化对人类历史进程的影响是十分深刻的。全球化一方面加速了世界各国、各区域之间的相互联系和竞争，同时相互的依赖性也在加强。因此，它对现代教育模式和教育现代化进程的影响是巨大的，且推进作用正日益强化。正如迪恩·纽鲍尔所言："受全球化社会境脉的快速改变的挑战，教育变成了一个具有争论性的领域"，"复杂的全球化动态所产生的作用强烈地影响着教育实施的方式，直到教育改革成为全球化市场中交换的商品为止"。①

在全球化背景下，由于互联网的发展和个人电脑、手机等的普及，特别是乔布斯创造的 ipad、iphone 的简约方式，使全球成为一个"世界城"，在某种意义上世界变得"平"了，知识和教育、科学和技术在全球范围内迅速流动，发达国家和发展中国家处在同一发展平台上。新世纪，教育的国际性必将成为发展趋势，教育的合作交流不断增强，教育的国际竞争也在不断加强。例如，当今美国、英国、德国的任何一所名

① 迪恩·纽鲍尔：《全球化和教育：特征、动力与意义》，《教育研究》2009 年第 7 期。

牌大学都拥有来自世界各国的教师和学生。因特网上信息资源的全球共享也早已成为事实。因此，我们必须具有全球眼光和世界视野，加强教育的改革开放和交流，勇于和善于吸收、借鉴世界先进的教育思想、教育文化、教育经验和教育技术方法。日本和韩国这两个东方国家在20世纪六七十年代就实现了经济的起飞和社会的转型，它们是学习和借鉴国际先进教育思想与文化的典范，它们不仅学习和引进国际先进的教育技术和设备，而且也在“兰学”和“韩学”的基础上，学习和引进国际先进的教育思想、文化和方法。今天我们到这两个国家考察，深感这两个国家教育发展之先进和本国文化或者说是东方文化保持之好。香港是个弹丸之地，但是它所建立的香港大学、香港中文大学和香港科技大学在世界大学排名通常都在前50位，而北京大学和清华大学的排名都在它们之后。香港的经验就在于它善于立足于香港这个世界之窗，重视教育的国际交流与合作，重视引进国际优秀教育人才，学习和借鉴国际先进的教育制度、思想、方法和经验。在全球化的今天，哪个国家或地区闭关锁国、闭关锁教育，哪个国家或地区就必然落后。教育强则国家强，教育兴则国家兴，我们必须顺应和充分利用全球化所带来的机遇与挑战，进一步推进教育的开放交流，进一步推进教育的国际化，进一步推进教育的现代化，为我国在21世纪中叶进入世界先进民族之林打下坚实的基础。

在全球化背景下，由于处在信息技术迅猛发展和知识爆炸的时代，对人的科技素质和综合素质都提出了更高的要求，人们生活在这个时代，不仅要懂得所从事的职业的知识、技能，而且要懂得信息科技等技术手段，善于辨析良莠混杂和不断变化的信息，全球化呼唤培养具有技术素质、综合素质和创新能力的人才。由于信息技术的发展，现代教育方式或者说是教育模式也发生了很大的变化。过去传统的教育方式主要是教师授课的方式，教学内容及形式主要是教科书、黑板和粉笔等。今天的教育，除了传统方式之外，还有建立在“数字化”信息转换技术之上的多媒体和远程化教育方式。人们可以通过新型的教育手段获取更广泛、更有效、更崭新的教育资源、知识资源。例如，人们可以通过网络学习到北京大学甚至是哈佛大学的课程。同时，由于互联网的作用和移动信息科技的发展，人们可以突破时间和空间的限制进行学习，教师和教材以外的信息的教育功能日益扩大。全球化趋势下教育教学的这种变化，对改革传统教育模式提出了新要求。迪恩·纽鲍尔认为：在全球化背景下，教育要从知识传送的被动模式——从知道者到学习者，转向主动的知识参与模式——从学习者到学习者。[①]中国教育由于过去长期受封建教育制度特别是科举考试制度的影响，以及目前教育制度的弊端，应试教育倾向严重，学生在学校只有考取高分，才是好学生。社会和家长、学生鄙视职业技术，鄙视动手能力，这种状况与全球化下对高素质劳动者和人才的要求是相悖的。在全球化下，我们必须树立新的人才观、教育观，改革“应试教育”模式，创立生动活泼的“创新”教育模式。教师必须更新教育教学观念，学习和掌握现代教育手段和多媒体教育手段，勇于创新现代教育模式，摈弃传统的教师传播知识、学生被动接受的模式，教师在教学中应该充当向导者和调解人的角色。教师教给学生的不仅仅是知识，更重要的是要培养学生具有自主学习的能力，分析问题和解决问题的能力，

① 彼德·D. 赫肖克、马克·梅森、约翰·N. 霍金斯主编《变革中的教育：全球化进程中亚太地区的领导力、创新和发展》，第 43 页。

沟通的能力，具有创新的精神和创新的能力，总的来说就是将来走向社会以后的生存和发展的能力。

在全球化下，人类进入一个新的发展时代。这个时代的重要特征之一，就是各国各民族之间的经济和文化合作交流不断加强，人类携手共同面对和解决世界出现的经济、政治等各种问题。例如，世界各国联手解决环境污染和气候变暖问题；2008 年以来，世界各发达国家和发展中国家联手应对由美国次贷危机引发的世界金融危机。同时，由于各国文化贸易迅速发展、文化交流不断加强，世界文化同质性加强，共同推动人类文明的发展。面对着这样一个时代的变化，国家教育目的指向更加清晰，我们需要培养出既能根植本国本土文化，又具有国际视野的创新型、国际化人才。美国早在 1966 年就制定了《国际教育法》，之后《美国 2000 年教育目标法》又强调教育国际化，明确提出采用“面貌新，与众不同的方法使每个学生都能达到知识的世界级标准”。日本在 1987 年提出了要把日本青少年一代培养成为国际人的目标，主要就是立足面向现代化社会、面向 21 世纪培养具有强健体魄，具有国际视野和具有跨国交流能力，具有创造意识和创造能力的人才。实际上，早在 1959 年，日本就开始开展青少年的国际交流。日本政府设立基金，派青少年学生到国外留学或采取多种形式进行国际交流，不仅到欧美，还到亚洲、非洲、拉丁美洲等国家。同时，还通过减免学费等多种方式吸引各国青少年到日本留学、研修、访问，以增进青少年一代的国际交流。这是日本在 20 世纪八九十年代能领跑世界的重要原因之一。韩国在 21 世纪初崛起，这与韩国在 20 世纪 90 年代提出培养国际化人才密切相关。我国改革开放以后，尤其是加入 WTO 之后，融入世界经济的合作与竞争之中，中国成为世界经济投资的热土。经济社会和现代化的发展迫切需要大批国际化的人才。改革开放使中国兴起出国留学和国际交流的热潮，如2010年，我国就有90多万学生在海外留学进修和进行学术访问，有来自194个国家的26万学生在华学习，中外经济、教育、社会等领域的合作项目不计其数。如果不是改革开放，不是这种持续不断的国际交流与合作，中国不会有今天如此的发展局面。2010年，我国颁布的《国家中长期教育改革和发展规划纲要（2010～2020年）》明确指出：中国“坚持以开放促改革、促发展。开展多层次、宽领域的教育交流与合作，提高我国教育国际化水平”。必须“适应国家经济社会对外开放的要求，培养大批具有国际视野、通晓国际规则、能够参与国际事务与国际竞争的国际化人才”。根据《规划纲要》的精神和我国的实践，以及借鉴日本、韩国等国家的成功案例，本研究认为，现代教育培养国际化人才必须具备以下基本素质：具有宽广的胸怀和国际化的视野；熟悉和掌握本专业的知识，熟练掌握外语以及具有较强的运用和处理信息的能力；熟悉和掌握国际惯例；尊重和了解不同文化的差别并具有与之沟通的能力；具有创新的意识和创新的能力。

在全球化和知识经济时代，知识呈爆炸式发展，新知识、新技术、新思想、新理论层出不穷，学校教育只是打基础阶段，人们在这个时代和环境下生存、发展，必须不断学习、终身学习。同时计算机和互联网的迅速发展也为终身学习创造了条件，人们可以不受时间和空间的限制进行学习。终身学习的理念早于1994年在联合国教科文组织的支持下，在意大利罗马举行的“首届世界终身学习会议”上就提出了，可以说是世界教育发展史上的里程碑。在全球化下的今天推进教育现代化，必须不遗余力地推进终身学习社会和终身学习理念的发展。

全球化还使得以民族国家为基础的国家教育体系面临挑战，教育无国界的特征越来越明显。跨国教育要求国家交出部分教育决策权，国家主权和职能在被动和主动两种情况下向外部转移[①]，国家对教育控制弱化主要表现在两个方面：一是国家把教育权力交给了市场，二是国家把部分教育权力让渡给了国际性组织[②]。联合国教科文组织 2004 年发表的一份报告指出，在全球化背景下“国家不再是提供高等教育的唯一方面，学术界也不再垄断教育的决策权。这些挑战不仅关系到取得高等教育的机会、公平、资金筹措和质量问题，而且还涉及国家主权、文化多样性、贫困和可持续发展问题”。“跨国兴办高等教育和教育服务贸易的出现使教育进入市场范畴，这可能会严重影响到国家政府利用公共政策管理高等教育的能力”。[③] 正因为如此，有学者才发出了这样的疑问：在全球化背景下，教育到底是一项国家事业还是全球事业？[④]

综上所述，在全球化下教育现代化遇到前所未有的挑战和机遇。全球化极大地推动了中国传统教育向现代化教育的转变和发展，教育在经济社会和现代化发展的地位与作用日益彰显，它服务并引领经济社会潮流的发展。但是，我们也必须看到，正如国内外许多学者指出的那样，全球化对国家教育和民族文化带来冲击，有可能“传统教育所担负的传递共同价值的作用成为过去，全球化社会正处在多样化和碎片化的状态之中”，危机和陷阱也是存在的。这就要求我们正确认识和把握全球化的利与弊，只有正确理解和认识全球化，勇于融入全球化，兴利除弊，迅速适应新世界

---

① 刘文婕、杨明：《论教育全球化冲击的性质与特点》，《教育科学》2002 年第 6 期。

② 邬志辉：《教育全球化现象的多维审视》，《华东师范大学学报（教育科学版）》2003 年第 3 期。

③ 《全球化社会中的高等教育》，联合国教科文组织，2004，第 5 页。

④ 项贤明：《教育全球化全景透视：维度、影响与张力》，《北京师范大学学报（社会科学版）》2008 年第 1 期。

技术的发展，参加各种革新、创造、教育合作，创新教育，创建一种更能适应新世纪要求的、完善且充满生机的中国教育现代化体系，我们才能大大地推进教育现代化进程。

## 三　教育全球化趋势与特征

### 1. 教育全球化概念

关于教育全球化概念的内涵，目前是众说纷纭，有学者称之为“困难的定义与真实的体验”[①]。美国学者乔尔·斯普林认为：“教育全球化是指世界范围内的理念、发展进程和机构影响当地教育的政策与实践。”[②] 国外也有学者认为：教育全球化是一系列全球化进程对教育的影响，如人力资本理论、多元文化主义、政府间组织、非政府组织、跨国公司、信息技术交流等。[③] 国内一些学者也纷纷提出自己的看法，邬志辉认为：“教育全球化（globalisation of education）是在经济全球化背景下衍生的概念，是针对经济全球化趋势而采取的教育应对行动。”[④] 杨明认为：“教育全球化是一种社会存在，是人类社会的教育不断跨越空间障碍和制度、文化等社会障碍，在全球范围内实现充分沟通（物质和信息的）和达成更多共识和共同行动，同时不断深化现代化的过程。”[⑤] 李丽华认为：“教育全球化是全球所有区域间，为了实现教育行为的一体化，克服了

① 项贤明：《教育全球化全景透视：维度、影响与张力》，《北京师范大学学报（社会科学版）》2008 年第 1 期。

② 乔尔·斯普林：《论教育全球化》，《清华大学教育研究》2010 年第 6 期。

③ Roger Dale &Susan Robertson, “Editorial: Introduction”, in *Globalisation, Societies and Education* 11, 2003: pp. 3 – 11.

④ 邬志辉：《教育全球化：悖论与挑战》，《东北师大学报（哲学社会科学版）》2002 年第 2 期。

⑤ 杨明：《教育全球化对中国意味着什么》，《教育发展研究》2003 年第 2 期。

地界限制与差别的，相互联系、相互依存的教育活动的发展过程和现象系统。”[①] 顾佳峰认为：教育全球化是指“各国的教育交流与合作日益加强；相互借鉴其教育发展和改革经验的自觉性日益提高；各国相互承认学历和学位证书的趋势日益加强，并由此带来各国之间学历、学位教育水平大致衔接；各国都日益注意培养能使本国经济、科技与世界接轨的人才等”[②]。吴华认为：教育全球化是人类教育活动中的全球化现象，主要表现为教育资源的全球流动、全球性的教育现象和在全球范围内开展的教育活动。[③] 刘康宁认为，教育全球化是“世界各国教育高度渗透、高度融合，逐步形成世界教育整体的进程和趋势”[④]。纪多多认为，“教育全球化是教育所有区域间，为了实现教育行为的一体化，克服了地界限制与差别的，相互联系，相互依存的教育活动的发展过程和现象系统”[⑤]。

综合上述各家的观点，本研究认为，教育全球化是伴随全球化进程而出现的一种客观发展趋势，是教育现代化在新的发展阶段的一种表现形态，主要表现为全球教育联系的日益紧密、相互依赖性的加强，教育资源的全球性流动以及在全球范围内开展的教育活动。

**2. 教育全球化发展趋势**

教育全球化发展趋势主要表现在如下几个方面。

一是全球教育联系普遍增强，教育活动日益跨越了民族国家的界限。长期以来，现代教育体系均是以民族国家为界限和单位来组织和实施的，

---

① 李丽华：《21 世纪教育发展的一个基本态势——教育全球化》，《河北理工学院学报（社会科学版）》2002 年第 2 期。

② 顾佳峰：《教育全球化：对抗还是对策》，《外国教育研究》2006 年第 9 期。

③ 吴华：《“教育全球化” 与中国教育发展的全球战略》，《教育发展研究》2005 年第 18 期。

④ 刘康宁：《教育全球化——世界教育发展的新思考》，《昆明理工大学学报（社会科学版）》2001 年第 3 期。

⑤ 纪多多：《教育全球化的思考》，《成都中医药大学学报（教育科学版）》2003 年第1 期。

但是随着全球化进程的发展，各国教育人员的交流、跨国留学生人数的不断增加，跨越国界的教育合作项目，例如互派留学生、联合培养、国际学术交流、毕业文凭的国际互认等越来越多。以欧共体为例，自 1987 年《欧共体大学生流动行动计划》实施以来，有近 140 万名大学生在欧共体其他成员国学校完成学业，5 万名教师为其他成员国大学讲课。① 欧盟的伊拉斯谟计划在 1987～1988 年启动时只有 3244 名学生参与交流，而到 2003～2004 年参加交流的学生超过 13.5 万，十几年间增长了 40 多倍，总共有 100 多万学生参与了交换活动。② 在发达国家和地区，有许多高校都是在全球范围内招聘教师的。有许多教育项目都是跨越国界实施的，著名的如国际文凭项目，该项目由国际学校协会组织实施，其目标是鼓励国际学校之间的合作，倡导国际理解和对不同文化的尊重，内容包括了从小学到大学预科的一系列教育，截止到 2010 年，全球共有国际文凭学校 3012 所，授予开设国际文凭项目的总数为 3661 个。目前，中国有国际文凭学校 93 所（其中内地 54 所，港澳台 39 所）。③ 另外，在全球化背景下，推进学科衔接以及职业技术教育的国际衔接也成为一种趋势，联合国教科文组织（UNESCO）和经济合作与发展组织（OECD）正在提出跨国教育的国际准则，已经制定出了跨国高等教育的指南。④

二是全球教育服务贸易蓬勃发展。在全球化进程中，教育服务日益成为世界服务贸易组成的一部分。根据 WTO《服务贸易总协定》（GATS）

① 罗媛松、唐仕军：《教育全球化的影响及对策》，《经济与社会发展》2003 年第 10 期。

② 施晓光、郑砚秋：《欧盟“伊拉斯谟计划”及意义》，《大学（研究与评价）》2007 年第 Z1 期。

③ 金京泽、张蕾：《教育全球化：国际文凭项目的回顾与展望》，《全球教育展望》2010 年第 11 期。

④ 黄慧心：《全球化教育对中国教育发展的影响与启示》，《复旦教育论坛》2005 年第 2 期。

的规定，除了由各国政府彻底资助的教育活动外，凡收取学费、带有商业性的教育活动，均属于教育服务贸易范围。教育服务贸易主要有四种方式：一是跨境交付，如通过网络教育、函授教育等形式提供教育服务；二是境外消费，如出国留学和培训；三是商业存在，如在他国境内设立办学机构或合作办学；四是自然人流动，如一国教师到另一国教育机构任教。当前，全球教育服务贸易呈现出五个方面的特点：一是高等教育服务贸易成为全球教育服务贸易的主要内容；二是境外消费，即出国留学和培训是全球教育服务贸易的主要方式；三是跨境交付，即远程教育的服务方式发展潜力巨大；四是各国政府均采取优惠政策大力鼓励本国教育服务的出口；五是各国对教育服务市场的开放程度不一。① 相关研究表明，从 20 世纪 90 年代以来，全球教育服务贸易总量呈现增长趋势，美国、英国、德国、法国、澳大利亚是全球教育服务贸易五大输出国。②

三是教育资源的全球流动和竞争。教育资源全球流动主要是指学生、教师、课程、教材、资金、项目，甚至是观念和制度等教育要素在全球范围内跨国流动。留学生是教育资源全球性流动与竞争最突出的表现。在全球化进程中，去国外留学呈现出全球性的增长态势。联合国教科文组织的统计数据显示，2007 年全球在外国接受高等教育的留学生总数接近 300 万，是 1975 年的 3.75 倍；澳大利亚 IPD 提出的报告认为，到 2025 年全球接受高等教育的外国留学生将达到 720 万；不列颠理事会发表的《2020 年愿景》预计国际高等教育需求将从 2003 年的

① 刘志国：《全球教育服务贸易的发展及特点》，《世界贸易组织动态与研究》2004 年第 1 期。

② 顾佳峰：《教育全球化：对抗还是对策》，《外国教育研究》2006 年第 9 期。

210 万增长到 2020 年的 580 万。[①] 与全球性学生资源跨国流动趋势不断扩大相应的是全球各国竞相争夺留学生资源。例如，美国自 1946 年的《富布赖特法案》开始，到 1966 年《国际教育法》，一直到奥巴马政府，都非常重视对国际教育市场的争夺，奥巴马政府在应对金融危机的刺激经济法案中将 1150 亿美元直接补助教育系统，还出台了一系列政策，如加大宣传力度、放宽留学签证、增强海外咨询中心等来吸引海外留学生。2008 年，日本政府提出了“30 万留学生接受计划”留学新政，计划到 2020 年吸收 30 万优秀外国人才到日本留学。[②] 英国则在 1999 年、2006 年分别提出了“首相行动第一期”“首相行动第二期”，以此努力争夺国外留学生资源。澳大利亚则通过简化签证程序、放宽工作许可条件、增加毕业后申请永久居留的机会、组建 IPD 教育集团等措施来吸引外国留学生。法国则组建了由教育、外交、文化、外贸部门组成的法国教育国际协作局，负责法国海外留学生的拓展工作。2004 年，新加坡提出了打造“全球校园”计划，力争在 2015 年吸引 20 万名海外学生和企业员工到新加坡接受教育或培训。[③] 新兴的教育技术手段成为全球教育资源争夺的重要武器，一些著名的远程教育系统已经实行全球教学，如美国的开放大学、法国的国家远程教育中心在世界各地有大量的外国学生注册学习。[④]

四是国际性、地区性教育组织成为推动教育全球化的重要力量。在全球化进程中，一些国际性、地区性的教育交流、合作和研究组织不断产生，例如，联合国教科文组织（UNESCO）、国际教育局

---

① 汪怿：《对我国参与全球留学生争夺的思考》，《教育发展研究》2011 年第 7 期。

② 殷小琴：《国外教育服务贸易多元化的发展趋势》，《教育评论》2009 年第 4 期。

③ 汪怿：《对我国参与全球留学生争夺的思考》，《教育发展研究》2011 年第 7 期。

④ 邵青山：《试析“教育全球化”》，《天水师范学院学报》2007 年第 6 期。

(IBE)、国际教育规划研究院（IIEP)、世界银行、OECD、欧盟、非洲科学教育规划署（SEPA)、东加勒比国家组织（OECO)、东南亚教育部长组织（SEAMED）等，它们都热衷于国际性教育问题研究和国际教育发展活动，是各种国际性教育合作与发展的重要推动者，在制定国际教育活动规范中发挥着重要作用。例如，早在1968年，世界银行就将发展教育作为其工作目标，宣称世界银行要为各国发展教育提供帮助和支持，2007年，世界银行在其官方文件中宣布，“世界银行是当今世界最大的教育资助机构”①。而由联合国教科文组织(UNESCO）发起的世界全民教育计划更可以说明这一点，该计划是由许多国际非政府机构共同推动的，除了包括UNESCO外，还包括国际教育局，国际教育规划研究院，UNESCO下属的终身学习研究所、教育信息技术研究院、统计研究所，拉美和加勒比海高等教育国际研究院，非洲能力建设国际研究院，欧洲高等教育中心，技术与职业教育国际研究中心等，这些国际性教育组织组成了“全民教育非政府组织集体协商”，它将数百个非政府、网络和联盟连接起来。②再比如，东加勒比国家组织从1990年开始共同制订了一项地区教育改革战略，涉及教学计划拟定和教师进修、学生评价、技术和职业教育及培训的改革、成人教育和继续教育、远程教育、部门资源管理和改革进程管理等12个重要方面。③

五是具有趋同性的全球性教育现象日益增多。随着世界各国教育交流

① 乔尔·斯普林：《论教育全球化》，《清华大学教育研究》2010年第6期。

② 乔尔·斯普林：《论教育全球化》，《清华大学教育研究》2010年第6期。

③ 邬志辉：《教育全球化：悖论与挑战》，《东北师大学报（哲学社会科学版）》2002年第2期。

的增加，国与国之间的教育影响日益增强，使得具有共性的教育样式逐渐得到普及和推广，成为全球通行的标准状态或趋势。[①] 标准化教育模式在全球得到传播[②]，例如，在全球越来越出现了一个世界各国相似的知识分类体系和学校课程体系，以及相似的学位体系和学位授予仪式。一些教育理念也在全球产生了普遍的影响，各国教育政策越来越受全球共同认可的教育理念的影响，如终身教育理念、学习型社会理念、全民教育理念等。全世界面临的共同的教育问题也越来越多，如环境教育、国际理解教育、艾滋病等健康问题教育、学校道德教育困境、青少年厌学问题等。[③] 全球教育制度性趋同现象也比较明显，最典型的代表是义务教育制度，目前已经在全球普及，其他学校制度也有许多相似性。[④] 正因为如此，有学者就认为："当我们回首20世纪国家内的教育发展时，我们必须赞成一个事实：教育主要的是一体化世界的事件的产物，其次才是国内事件产生的结果。"[⑤]

六是教育超越了学校教育范畴。在全球化进程中，教育的概念开始超出了与正规教育相关的物质场所，其内容包括了各种各样的教育形式、方法和学习类型。首先是成人教育得到了极大发展，其次是各种形式的非正规教育得到发展。[⑥] 全球化背景下，非正规教育对教育的影响，迪恩·纽鲍尔的一个观点很有说服力，他认为全球化进程中市场化无所不在，市场

---

① 刘莉珍、杨俊俊：《浅谈教育全球化的概念及其带来的挑战》，《高教论坛》2008年第2期。

② Juergen Schriewer：《教育全球化：进程与话语》，《比较教育研究》2002年第S1期。

③ 项贤明：《教育全球化全景透视：维度、影响与张力》，《北京师范大学学报（社会科学版）》2008年第1期。

④ 邵青山：《试析"教育全球化"》，《天水师范学院学报》2007年第6期。

⑤ S. E. 佛罗斯特：《西方教育的历史和哲学基础》，吴元训等译，华夏出版社，1987，第534页。

⑥ 郑确辉：《教育全球化发展的新动向概述》，《教育理论与实践》2004年第2期。

规范体系构成了一种强大的非正规教育系统，在这个非正规教育系统中，青少年时时刻刻受到它的影响。由于这个非正规教育系统受商业利益驱动，其自身能力很强，能够从最好的大学招最聪明的毕业生来发展自己的技术，从而对正规教育系统形成很大冲击和影响。[①] 非正规教育体系中的一个很重要方面是全球消费主义盛行，全球消费主义盛行背后的推手是学校教育、广告和媒体的联合行动。[②]

**3. 教育全球化的基本特征**

一是开放性。全球化背景下的教育是开放性教育，教育不再是局限于某一个民族国家的孤立的、封闭的社会现象，不同国家和地区的教育交往与交流越来越频繁，“制度化过程中的国际交流与合作大大增加”[③]，各国之间在教育信息、教育技术、人员交流、教育研究、教育规划、教育政策发展等方面的合作与交流空前增长。例如，一些教育评价模式、教师培训方式方法都会相互交流和学习借鉴，学生及教师的国际化程度不断提高。一些新兴教育技术，如全球远程教育使向全球受教育者提供教育服务成为可能，美国国家技术大学的教学卫星电视网已经扩展到北美、大洋洲、欧洲、亚洲等世界很多国家和地区。[④] 在全球化背景下，区域教育一体化、全球化是教育开放的一个重要表现。在欧盟，为了促进欧盟各国教育一体化，欧盟实施了一系列教育计划。例如，有 30 个欧洲国家参与了苏格拉底计划，35 个国家参与了教育品质的发展活动，45 个国家签署了《博洛尼亚宣言》，此外欧盟还启动了语言计划、伊拉斯谟计划、达·芬奇计

---

① 迪恩·纽鲍尔：《全球化和教育：特征、动力与意义》，《教育研究》2009 年第 7 期。

② 乔尔·斯普林：《论教育全球化》，《清华大学教育研究》2010 年第 6 期。

③ Juergen Schriewer：《教育全球化：进程与话语》，《比较教育研究》2002 年第 S1 期。

④ 邵青山：《试析“教育全球化”》，《天水师范学院学报》2007 年第 6 期。

划、欧洲学分转换体系等。[①] 教育开放性还表现在教育培养目标上，即培养世界性人才。日本有人率先提出了培养“国际人”应具备的10个基本条件：“积极肯干，但是不蛮干；人际关系融洽，不以自我为中心；兴趣广泛，知识丰富；外语出色，乐意结交外国人；行动迅速；能很快适应异国他乡；意志刚强，富有忍耐性；深谋远虑，不优柔寡断；安排、处理好家庭生活关系；身体健康，精神焕发。”[②]

二是动态性。教育全球化并不是一个完成了的过程（globalized），而是一个正在进行的过程（globalizing）。[③] 作为一个动态进程，正如有学者所言：教育全球化是一个包罗广阔、多层次、多阶段的历史过程，主要包括八个方面：教育全球化是教育的全球性变革过程；教育全球化是一个多维度过程；教育全球化是教育生活时空的巨变；教育全球化是指整个世界的教育联系日益紧密，各国之间、各地区之间的教育相互依存；教育全球化是指在全球教育、文化交流日益发展的情况下，世界各国之间的教育影响、合作、互动愈益加强，使得具有共性的教育样式逐渐普及推广，成为全球通行标准的状态或趋势；教育全球化是当代世界各种教育要素流动、融合并构成超国家的全球体系的过程；教育全球化进程是一个不断出现冲突的进程；教育全球化的核心是教育现代性的全面张扬。[④] 关于教育全球化发展的历史进程，吴华认为可以划分为三个阶段：第一阶段是在工业革命以前，教育全球化主要表现为要素流动；第二阶段从工业革命开始到二战结束，教育全球化主要表现为模式复制；第三阶段从20世纪50年代至今，教育全

① 和学新：《教育全球化进程中的教育开放战略》，《教育理论与实践》2007年第23期。
② 郑金洲：《全球化时代教育面临的挑战与变革路向》，《教师之友》2005年第2期。
③ 顾佳峰：《教育全球化：对抗还是对策》，《外国教育研究》2006年第9期。
④ 杨明：《教育全球化对中国意味着什么》，《教育发展研究》2003年第2期。

球化主要表现为资源共享。[①] 也有学者根据推动教育全球化进程的主体不同将其划分为“独白”的教育全球化和“对话”的教育全球化两个阶段[②]。

三是全球地方化。“全球化思考、本土化运作”（think globally，act locally）是教育全球化的一个基本行为准则。[③] 教育全球化这种属性可以用“教育的全球地方化”（educational globalization）或“教育的地方全球化”（educational localization）来表示，其中，“教育的全球地方化是指所有全球共同认可的教育思想、制度与方法都必须适应当地的教育环境，以体现地方的主体性”；“教育的地方全球化则指所有有建树的教育思想、制度和方法总是具有地缘性的，总是产生于特殊、具体的教育环境，总是由解决实际教育问题的人创造的，而后才具有一般性而被全球的‘他者’广为借鉴、学习和再创”。教育全球化这种矛盾性的辩证统一主要表现了在全球化背景下，教育具有普遍性与特殊性的统一、一体化与分裂化的统一、国际化与本土化的统一。[④] 也就是说，在全球化背景下，全球教育一方面呈现出一体化趋同的特征，但同时，各国、各地区、各民族教育的独特性也得到加强，是全球性和本土化的对立统一，它是世界—民族的或民族—世界的，或者是全球—在地的或在地—全球的。[⑤]

四是霸权性和不平等性。教育全球化作为一个多边互动的过程，其一个

① 吴华：《“教育全球化”与中国教育发展的全球战略》，《教育发展研究》2005 年第 9B 期。

② 李欣复、李长伟：《教育全球化：转型中的选择》，《内蒙古师范大学学报（教育科学版）》2001 年第 1 期。

③ 王春光、孙启林：《全球化与本土化视野下的比较教育研究范式的再思考》，《比较教育研究》2005 年第 3 期。

④ 邬志辉：《教育全球化：悖论与挑战》，《东北师大学报（哲学社会科学版）》2002 年第 2 期。

⑤ 冯建军：《全球思考，在地行动——全球化时代的多元文化教育》，《当代教育与文化》2010 年第 3 期。

重要特征就是体现了霸权性和不平等性。[①] 教育全球化的霸权性主要体现为西方文化霸权对非西方文化的“差异的权力”的否定，西方国家在教育全球化进程中的支配地位与第三世界国家的不利地位差异十分明显。对于第三世界国家来说，教育全球化意味着更多地引进西方发达国家的教育经验和模式，“在现实的教育全球化过程中，我们看到的仍然是第三世界国家教育的更加西化、非西方的文化传统从主流教育中的迅速消失、第三世界国家的人才流失和西方文化主导下的世界趋同等现实的后殖民过程”，“教育全球化仍然是西方中心主义的发展模式，以及这种模式对全球普适性的寻求”。[②] 教育全球化的不平等性主要体现在世界体系中“中心国”与“边缘国”存在巨大的“知识差距”，国际知识系统不平等现象非常严重；“中心国”的大学和知识中心处于全球学术系统的金字塔顶端，是知识的创造者，起领导作用，第三世界的“边缘国”大学基本上是知识的传播者，是知识的“消费者”。[③]

## 第四节　小结

全球化与教育现代化的理论关系是本章分析的重点。本研究认为，全球化与教育现代化内在的机理关系主要表现在两个方面：一个是全球化作为一种理论视角，提供了分析教育现代化基本问题的方法论；一个是全球化作为一种重要的背景变量，分析教育在全球化背景下自身的全球化。

---

① 邬志辉：《教育全球化：悖论与挑战》，《东北师大学报（哲学社会科学版）》2002 年第 2 期。

② 项贤明：《教育全球化的后殖民特征》，《教育理论与实践》2000 年第 12 期。

③ 杨明：《教育全球化对中国意味着什么》，《教育发展研究》2003 年第 2 期。

目前，全球化理论主要包括世界体系理论、依附理论、全球体系理论、文化全球化理论、全球化变革论五种。全球化理论作为一种话语体系和知识谱系，具备观察、分析、解释教育现代化的功能，是认识教育现代化的思维分析工具。作为方法论视角，全球化理论对教育领域产生了一系列深刻影响，在全球化理论视角下，教育学者按照全球化时空观对一些基本教育问题进行了深入探讨，形成了几种全球化思想，这些全球化思想主要包括：新自由主义和新保守主义教育全球化思想、后现代主义教育思想、多元文化主义教育思想、全球教育思想四种。

在全球化进程中，教育是推动全球化的重要手段和工具。而教育之所以在全球化进程中具有如此重要的地位，是与人力资本理论革命的贡献分不开的。人力资本理论揭示了教育的重要经济功能。而在全球化进程中，人力资本理论成为主导全球的教育理念，世界各国以及一些国际性组织都把开发人力资本、促进经济发展作为共同的话语体系。

正是在上述两个方面的作用下，教育全球化成为一个普遍的趋势。本研究认为，教育全球化是伴随全球化进程而出现的一种客观发展趋势，是教育现代化在新的发展阶段的一种表现形态，主要表现为全球教育联系日益紧密、相互依赖性的加强、教育资源的全球性流动以及在全球范围内开展的教育活动。

当前，教育全球化的发展趋势主要表现为：全球教育联系普遍增强，教育活动日益跨越了民族国家的界限；全球教育服务贸易蓬勃发展；教育资源的全球流动和竞争；国际性、地区性教育组织成为推动教育全球化的重要力量；具有趋同性的全球性教育现象日益增多；教育超越了学校教育范畴。教育全球化的基本特征主要表现为：开放性、动态性、全球地方化、霸权性和不平等性。

# 第三章 全球化背景下国际教育现代化的经验

20 世纪至今，许多国家和地区包括一些发达国家、发展中国家和地区积极应对全球化浪潮，立足本地积极探索和实践教育现代化的途径与办法，积累了许多可资借鉴的做法和经验。广东是改革开放的先行地区、科学发展的示范区域，适应 21 世纪经济社会发展的要求推进教育现代化，不仅要学习借鉴国内先进地区推进教育现代化的经验，也要学习借鉴国际先进国家和地区推进教育现代化的经验，“他山之石，可以攻玉”。本章正是立足于日益迅猛发展的全球化趋势和广东经济社会自身发展的需求，对全球范围内若干个发达国家和地区教育现代化发展的主要模式进行比较研究与理性分析，以期为广东教育现代化的路径选择提供一些理论参照；借鉴若干发达国家和地区教育现代化发展经验，合理思考和选择广东教育现代化的路径，以避免或少走弯路。

## 第一节 美国教育现代化的历程及特点

美国从独立建国至今，不过两百余年的历史，但是 20 世纪以来，特别是第二次世界大战之后一跃而成为世界上经济实力最强的国家。究其重要原因之一，是美国高度重视教育，把教育放在优先发展的位置，在继承欧洲优秀教育传统的基础上，从本国实际出发，不断进行教育创新，把教育和科技、经济紧密结合，教育不仅适应经济社会的发展，而且引领经济社会发展潮流。美国雄厚的经济基础为美国的教育现代化发展提供了坚实的物质保障。

## 一　美国教育现代化的历程

美国建国前的殖民地时期，许多英国清教徒移居北美新大陆，为了使子女接受宗教教育和识字而兴办学校，各种宗教教派也大力兴办自己的学校。这一时期美国的教育主要是移植欧洲的教育模式，尤其是英国的教育模式。美国独立后，教育开始从移植逐渐转向与实际结合，加快了教育现代化的进程。19 世纪 20 年代开始，美国各州掀起了一场跨越教派和贫富差距，主张所有儿童上同样学校的“公立学校运动”。1852 年，马萨诸塞州颁布了首部《义务教育法律》，同时征收地方教育税支持普及义务教育，各州纷纷效仿，到 1929 年，美国基本实现了小学教育的普及。1909 年，初级中学运动开展，1918 年美国教育协会中等教育改造委员会提交《中等教育的基本原则》报告，该报告被称为美国中学教育史上的里程碑，中学逐渐分成初中和高中两个阶段。到 1951 年，14 岁至 17 岁人口高中入学率已达到 85.2%，基本普及了高中教育。

1862 年，联邦政府通过《莫雷尔法案》，法案要求联邦政府根据各州在国会议员的人数，每名拨给 3 万英亩的土地，由各州凭出售或经营土地的收入，设置农业和工业科目的学院。这就是美国著名的“赠地学院”。《莫雷尔法案》的颁布，极大地推动了美国州立大学的发展和现代化。美国早期高等教育机构主要是东部一些州私立的文理学院，例如1636年成立的哈佛学院、1701年成立的大学学院（即后来的耶鲁大学）等。1776年，独立建国以后，南部一些州开始用税收办高等院校，由此出现州立大学。《莫雷尔法案》颁布后，美国从南到北各个州都成立了州立大学，通过高等院校培养的工农业发展所需要的各类人才迅速增加，远远超过了欧洲的英、法、德等资本主义国家。《莫雷尔法案》及其后续法案的颁布实施和赠地学院的大量涌现，也促进了美国高等职业技术教育的发展，为内战后的经济腾飞提供了有力的人力和智力支持，但却缺少了培养中等和初级技术及熟练工人的职业教育结构。1917年，美国国会通过了《史密斯—休斯法案》，法案要求联邦政府提供资助，鼓励高中开设职业课程，使职业课程成为综合高中课程的基本组成部分。《史密斯—休斯法案》促进了美国中等职业技术教育的大发展，为中等职业技术教育的发展提供了牢固的基础，同时促进了中等教育结构的改革，综合中学成为美国普通中学的基本模式。

1957年，苏联人造卫星的上天，引起美国朝野震惊，各界人士纷纷呼吁美国要加强科学技术教育，而科学技术落后是教育落后所致，因此必须大力发展教育。1958年9月2日，美国总统艾森豪威尔亲自批准颁布了《国防教育法》，其重要内容是：加强普通学校的自然科学、数学和现代外语的教学；强调“天才教育”；坚持职业技术教育；对各级学校给予大量的教育经费援助，充实学校的科学教育设备，提高科学教师水平；设置国防奖学金，帮助天才青年接受中等和高等教育。《国防教育法》的颁布，对美国教育产生了深远影响。美国大量增加教育投入，大力加强科学技术教育，培养世界一流科技人才。二战后的六七十年代，美国人民为争取民主与平等，包括教育的民主与平等，进行不懈斗争，如60年代美国黑人为争取种族平等举行了声势浩大的运动，1964年加利福尼亚大学等爆发了如火如荼的学生运动，此后波及全国大、中学生，美国政府为此也提出了各种法案和政策解决问题与冲突。在少数民族民众教育上，美国联邦政府相继通过政策法案和拨出巨款废除隔离学校，支持黑人、白人合校，提出文化多元主义。在贫困青少年教育上，联邦政府分别颁布了《经济机会法》和《中小学教育法》，拨出巨款作为贫困大学生的贷款和补助家境贫困的中小学生。在对残疾人员的教育上，联邦政府也立法拨款，实施合适的特殊教育。美国在推进教育民主化的道路上取得突破性发展。在高等教育的发展上，美国联邦政府也通过了多个法案，如 1963 年的《高等教育设施法》、1965 年的《高等教育法》、1968 年的《高等教育法修正案》，促进了美国高等教育的迅速发展。受民主化和科学化两种因素的影响以及学生运动的冲击，高等教育必须容纳广大想入大学的学生。到 1970 年，18 ~22 岁人口大学毛入学率已提高到了约 49.4%。

20 世纪 80 年代，由于高科技和全球化的扩展，日本和欧洲等国经济迅速发展，国际经济竞争加剧。针对 70 年代美国企业被日本收购的现象，1983 年美国高质量教育委员会发表了《国家处于危险之中：教育改革势在必行》的重要报告，它提出国家要在工业、商业、科技等领域保持领先地位，必须致力于教育制度改革的建议。之后 1989 年，美国科学促进协会公布了一份关于科学、数学和技术知识目标的研究报告——《2061 计划：为了全体美国人的科学》，这份报告以改革美国学生的科学、数学、知识教育为核心，以增强青少年儿童解决问题的能力为目标，发动全民参与教育改革。各州都相继掀起教育改革热潮，并取得了一定的成效。20 世纪末 21 世纪初，随着信息技术、光纤网络的发展，知识经济社会和全球化社会到来，美国联邦政府更加重视加强科技和发展教育，各届政府都把提高教育，特别是教育创新作为国家发展的重要战略。1994 年，克林顿总统就职宣誓后不久就签署了《2000年教育目标法》，实施全民精英计划。克林顿在第二任期内提出了美国教育未来发展的三大目标和十大行动纲领。三大目标是：每个8岁的儿童必须能读书；每个12岁的少年必须懂计算机；每个18岁的青年能进大学学习，每个成人能获得终身受教育的机会。为此提出了十大行动纲领：（1）制定国家教育标准；（2）一流的教师；（3）帮助儿童读书；（4）早期教育；（5）给予家长择校的权力；（6）校园文明；（7）更新校舍；（8）普及大学；（9）继续教育；（10）校园网络[①]。其核心内容就是培养一代信息科技时代的创新型人才。2002年，小布什总统签署了美国教育改革新政策——《不让一个儿童落后法》，把培养面向21世纪的具有较高创新能力及全面素质的劳动力作为美国中小学教育改革的中心任务，再次重申在信息和全球化时代的新水平上"提高教育质量，促进教育平等"，使每一个儿童都能适应新时代的要求，健康成长。自21世纪以来，美国教育改革取得显著成效，学生的学业成就得到很大提高，2007年美国国情咨文指出，近5年来9岁儿童在阅读上取得的进步，是过去28年的总和。美国高等教育继续保持世界领先地位，每年吸引世界各国的人才到美国留学，成为美国政治、经济和科学领域的重要力量。奥巴马执政恰逢世界金融危机，2009年2月17日，《美国复苏与再投资法案》签署并正式生效，依该法案将有1416亿美元投向教育界，这一方面是抗击金融危机的需要，同时也是美国建设21世纪高素质教育的需要。美国联邦政府以空前的巨额资金投入教育。2009年3月10日，美国总统奥巴马在拉美裔全美商会公开讲话，解释美国政府的教育投资，阐述新一届政府实施教育改革的主要内容：一是加强儿童的早期教

① 谷贤林：《90年代的美国基础教育改革》，《教学与管理》2001年第1期。

育，每年斥资 100 亿美元开展 0 ~ 5 岁儿童教育计划，为所有这些适龄儿童提供优质早期教育和护理，建立并普及面向全体儿童的非赢利幼儿园，接收 3 ~ 4 岁的儿童。二是设立面向 21 世纪所要求的课程和学业评估标准，提高教育效率，为学生提供最好的基础教育。三是加强教师的培训、招聘和奖励，实行教师绩效工资，投资 10 亿美元建立教师指导项目。四是提升美国学校的创新，建立更多的特许学校。五是为美国人提供高质量的高等教育，投资 250 亿美元重点解决因学费引起的高校公平入学问题，在 2020 年前，使美国成为世界上拥有最多高校毕业生的国家。

## 二　美国教育现代化的特点

第一，把教育发展放在重要战略地位上，目标是建立世界一流教育。在教育现代化的进程中，美国联邦政府及各州愈加重视教育的地位和作用。二战后，苏联卫星上天，美国总统亲自批准颁布《国防教育法》，把发展教育作为提高科技和国家安全的重要保障。20 世纪末以来，随着全球化和发展中国家的崛起，美国为了保持其领先地位，各届总统上台后都把振兴教育作为头等大事。老布什上台后以“教育总统”自称，1991 年签发了《美国 2000 年教育战略》这一具有历史意义的纲领性教育文件。克林顿上任后签署了《美国 2000 年教育目标法》，推进了教育改革的力度和深度。2002 年，小布什总统签署教育改革方案《不让一个儿童落后法》；2009 年，奥巴马签署法案向教育投入 1416 亿美元，最终目标是以教育发展和质量提升促进美国在世界的领先发展，从而建立世界一流的教育制度和培养一流的学生，使美国在 21 世纪能继续走在世界的前列。美国是个以个人为中心的国家，不仅政府部门重视教育，社会各届人士都十分关注和重视教育，全民教育意识强。美国数次的教育改革、教育报告、调查研究等都受到了公民的关注和广泛参与，联邦及各州政府通过各种渠道听取社会各界的意见，使得教育改革不断深化，适应经济社会和人的全面发展的需要。

第二，确保教育的公正平等，将公正平等作为教育现代化的根本。美国的第一部法律就提出了把自由、平等、公正作为立国之本。自 20 世纪 60 年代以来，美国在争取教育权力的平等、公平上，群众运动风起云涌，促进了美国公立教育及公立学校的发展，使美国在二三十年间就在普及高中教育的基础上，实现了高等教育的大众化。20 世纪末 21 世纪初，全球化的发展和西欧、日本、中国等国的日益强大，使美国面临前所未有的挑战，强烈的危机意识使美国重视提高教育质量和高水平人才的培养。面向新世纪，美国的教育公平、平等观，不仅体现在要保证教育机会的均等上，而且体现在要保证提供最好的教育，让每个孩子处在同一起跑线上。2001 年 1 月，美国总统布什发表了题为《不让一个儿童落后》（No Child Left Behind）的教育改革计划，勾画了新世纪美国教育改革与发展的蓝图，阐述了新时期美国公立学校的地位及对其的要求，公立学校应该不分地区、家庭背景、肤色，发展学生心智，培养学生的品格、历史使命和责任，加强初等和中等教育，提高中小学的办学质量。克林顿和小布什政府都继续了这一改革计划，并采取了多种措施和途径。到 2009 年奥巴马上台后，不仅提出了要为美国学生提供最好的基础教育，而且要为美国人提供高质量的高等教育，并投资 250 亿美元重点解决因学费引起的高校公平入学问题。

第三，坚持教育适应经济和社会发展需要，深入改革创新，培养创新型人才。美国教育是在学习借鉴欧洲教育的基础上发展起来的，但是它没有停留在欧洲的传统上，而是根据本国的实际进行改革创新、独树一帜。

最重要的法宝就是：坚持教育适应经济和社会发展需要，深入改革创新，培养创新型人才。

17 世纪美洲殖民地的中学主要是移植英国的拉丁文法中学，教学内容与实际生活相脱节，18 世纪中叶，美国教育家富兰克林创办了第一所文实中学，兼顾升学与就业双重目标。由于文实中学自由主义与实用主义的倾向适应了 18 世纪新兴资产阶级的需要和实业经济的发展，所以各地纷纷仿效建立。文实中学的产生，标志着美国中等教育的重要改革，反映出美国教育开始向符合自己实际需要的方向发展。20 世纪初，美国著名教育家杜威把实用主义哲学和美国教育相结合，提出了“教育即生活”“学校即社会”的著名论断，倡导儿童教育要“在做中学”“在活动中学”，创立了与欧洲传统教育思想相异的现代教育思想流派，对美国教育和世界各国教育产生了深刻的影响。杜威教育思想的精髓就是鼓励教育的探究和创新，促进学生的发展。美国重视创新人才培养的教育思想，在第二次世界大战后表现得更加突出。50 年代苏联卫星上天后，美国颁布《国防教育法》，致力于培养一批为国家实现世界霸主作贡献的科技精英。1983 年，美国高质量教育委员会发表《国家处于危险之中：教育改革势在必行》的告全美人民书，而后又启动了《2061 计划：为了全体美国人的科学》，发动全民参与教育改革，其核心内涵就是要转变教育上严重制约创新人才培养的问题，造就新一代高素质国民。随着 90 年代信息化和全球化的到来，克林顿签署《2000 年教育目标法》，2002 年小布什签署《不让一个儿童落后法》，出台一系列教育改革举措，其根本目标就是要培养面向 21 世纪信息科技时代，具有较高创新能力和全面素质的新一代人才。

美国培养创新人才的基本特点主要表现在四个方面：其一，创建适合各类人才培养的统一性和多样性相结合的教育体系。为了使每个学生都能获得他所应获得的发展，美国不断改革完善教育体系，构建四通八达的人才培养立交桥。美国教育体系中不仅有数量庞大的公立学校，更有大量特色各异的私立学校，为不同需要的人提供更多更好的选择。20 世纪末的十几年里，美国为了通过竞争提高学校教育质量，加强了市场化办学，联邦政府批准建立了许多特许学校，还颁发“教育券”，作为家长择校的一种凭证，为他们自己的孩子选择合适的学校。在这里要特别提到美国的综合高中，学生在综合高中不仅可以学到高中应有的基础知识，而且可以根据自己的实际选择学习职业技术课程，到毕业时，可以选择考取普通大学，或者选择考取社区学院、职业技术学院。美国的高等教育数量多、层次多、形式多、类型多，也是互融互通的。学生高中毕业后可以上两年制大学（主要是社区学院）、四年制大学或者综合大学，也可以进入职业培训机构。在社区学院等两年制大学毕业后，如果成绩允许，可以继续进入四年制大学或者综合大学学习。其二，重视基础教育的改革和发展，努力造就培育创新人才的土壤。面向 21 世纪，美国联邦政府高度重视基础教育的改革和发展，每位总统都做出基础教育改革和发展的部署。总的来说，其目标就是要整体提高中小学校的教育质量，以适应培养创新人才的需要。其主要的措施或途径有：（1）加强阅读和数学及信息技术的学习，提高学习成绩及水平，并定期进行阅读和数学学习评估等。（2）改革和设置中小学课程体系，重视学生学习现代经济、社会、科技的相关知识，重视创新性思维能力的培养。如中学的课程一般分为学术性课程，如英语、社会科学、理科和人文等；非学术性课程，如卫生、体育、家政、音乐等。此外，还根据时政需要开设如环境教育、反药物滥用教育、守法教育等。美国中学从 9 年级开始采用学分制，除开设主修课外，还开设选修课。选修课内容的设置由州教育局和学区规定，学校选定。所开设的选修课都是根据学校的特色和学生的实际所设定的，且技能性很强，以初步使学生具有一技之长，并培养学生的动手能力、实践能力和服务精神、职业精神。(3) 缩小班级规模，推行小班教学。在20世纪80年代美国部分州开展小班教学实验的基础上，美国教育部制定了小班教学的相关法规，全面启动“缩小班级规模计划”。缩小班级规模，更有利于教师管理班级，实施“因材施教”，有利于调动学生学习的积极性，提高学生的学习成绩。其三，建构现代化大学教育制度，推动创新人才大量涌现。美国是世界上公认名牌大学最多、著名学者专家最集中、诺贝尔奖获得者最多的国家。美国创新人才辈出，这与美国建构现代化大学密切相关：(1) 构建了四通八达、互融互通的人才培养立交桥，实现了高等教育的普及，目前适龄人口上大学的比率已达80%以上。(2) 实施了知识传授、科学研究和社会服务相结合的教育制度。20世纪初，威斯康星大学校长查尔斯·范海斯提出“威斯康星思想”，即大学不仅要进行教学和科学研究，而且要“忠实地为社会服务”，创立了大学为社会服务的第三职能。威斯康星思想及其卓越的办学成就受到世人称赞，迅速为美国各州大学效仿。威斯康星思想及其办学实践不仅发挥了大学为社会服务的职能，促进了美国的社会和经济发展，而且改变了象牙塔式的传统大学的封闭状态，拉近了大学与社会的距离，教育更贴近经济和社会，有利于创新人才的培养。(3) 遵循高等教育的发展规律，坚持“学术自由、教授治校、科研至上”的原则，创造创新、良好的学习环境。大学普遍采用选课制和学分制，鼓励教师创造性地教学，把更多的时间留给学生自学。实验、讨论、独立作业、学术活动等安排得比较充分，注重培养学生的独立思考和创造性解决各种问题的能力。高校将创新列为学生发展的核心能力，采取各种有效措施，如设置各种相关的创新课程、计划及研究中心等，通过多层次、多渠道的方式培养创新型人才。（4）联邦政府高度重视科技创新，不断加大对高校尤其是著名高校创新人才培养的投入力度。美国成立了著名的国家科学促进协会，每年都拨出资金大力推动科技和科技教育的发展。这种创新立国的理念和实践，对造就像哈佛这样一批世界著名的大学和著名教授、专家起了很大的作用。其四，面向全体，注重培养创新人才的教育教学方法。在保证人人教育机会均等的理念下，美国基础教育面向全体学生，要使每个学生都获得全面的发展，因此它的重点放在普及教育上，而非选拔性教育。根据这个教育目标和中小学学生的特点，美国中小学重视创设适当宽松的学习环境，让学生都能在一种轻松愉快的学习氛围中获得全面发展。在美国小学低年级（1～3 年级），学生没有学业记录，3 年级直到大学的各种考试从来不公布分数，每个学生只知道自己的成绩，不知道他人的成绩。高中教学采取选修制以及将一门主修课分为几个不同水平等措施，使每个学生都可以根据自己的基础和学习能力选择合适的课程来学习。对于那些有特殊天分的学生，学校也创造机会，让他们得到充分的发展。如在小学 3 年级开始开设“优质班”等。美国中小学通过各种途径，使每个孩子都能得到不同程度的发展，让学生在一种轻松愉快的氛围中学习，使每一个人对自己的未来都充满着希望，注重培养学生独立思考和解决实际问题的能力，从小培养孩子的自主、独立和具有创造性的能力。美国教育重视教学过程和学生的参与性，通过启发式、问题教学法、分组讨论法等，激发学生学习的兴趣和对问题进行探究的能力。重视实践教学，经常让学生动手、动口，例如做课题、演讲、做手工、办画展、举行音乐会等。教师从不照本宣科，每个学生都要经常作报告，从选题、撰写，到演讲，全部独立完成。教师教给学生的不仅是知识，更重要的是教会学生学习的方法、独立思考的能力、发现问题和运用知识解决问题的能力。美国教育也重视考试，同时重视对学生平时学业成绩以及智力、能力的考察。学校和教师给学生更多的是鼓励、勉励和鞭策。

第四，实施地方分权管理和多元化的办学方向。美国是个联邦制国家，实行联邦和地方分权而治的体制。在教育上，实施地方分权管理，主要表现在：（1）联邦、州和地方分权，各司其职。联邦通过立法、拨款等来控制和影响教育的发展方向；各州可以制定和颁布教育的法律法规，制定本州的法案，由本州的教育部门和地方学区的教育董事会负责实施；地方学区则有更多的具体管理教育和学校的权力，如负责执行州的法规政策，制定具体的办学方针和教育目标，进行经费预算和管理，雇请人员，选派学区教育长官等。尽管近几年来美国教育管理权力重心上移，但是地方分权的管理体制仍然是基本的管理体制。（2）在联邦和州两级，立法部门、执行部门和司法部门实行分权领导。议会通过立法和拨款来规定教育的发展方向、速度和重点，执行部门负责教育的运行和具体管理，而司法部门有权解释法律，通过判例来参与教育重大问题的决策。①（3）在学区一级，教育权与普通行政权相分离，学区不受地方政府的领导，多数学区的范围和地方行政区域并无关系，而是按照学生入学地区划分，直接对州一级教育行政机构负责。

实施多元化的办学方向。美国是最早创立公立学校的国家，公立学校很发达，从幼儿园到大学都有公立学校，其中从幼儿园到高中实行免费义务教育。联邦教育经费总投入约占 GDP 的 7%，约占教育总经费的 75%。美国在办好公立学校的同时，积极鼓励社会团体、企业、私人办学，如美

① 顾明远：《民族文化传统与教育现代化》，北京师范大学出版社，1998，第 164 页。

国的哈佛大学、斯坦福大学、耶鲁大学等世界著名大学，都是私立大学。美国的私立中小学，大多数都是精英学校。美国有许多著名的社会团体、基金会、民间教育组织，如卡内基、福特、洛克菲勒等以雄厚的资金资助学校承担特定的教学和科研任务，组织各种教育和教学实验与改革，传播先进教育理念、经验，对政府提出政策建议，推动教育事业向前发展。美国的学制也是多样的，例如，初等教育、中等教育在美国一共是12年，这是统一的，但允许六三三制、六六制、八四制、四四四制、五三四制并存，以适应各个州和不同学区的实际需求。在高等教育方面，美国不仅有四年制的综合性大学、文理学院、独立专业学院，而且有遍布各州的两年制社区学院、职业学院，以及各种各样的职业技术培训机构，多数大学对学生没有严格的年龄限制，以满足经济社会发展以及不同层次人员的需求。美国的招生考试也是多样的，既有统一的招生考试，也有学校的自主考试，形式多种多样。

第五，实施教育国际化战略，招揽世界各国优秀人才。美国是个移民国家，推行教育国际化，一方面是由于移民国家一般具有开放性、兼容性的特点，另一方面更是经济社会发展使然。一是立足本国实际，学习借鉴各国先进经验，博采众长。例如向德国学习，创立了注重科研的约翰·霍普金斯大学，使美国与欧洲在学术发展保持同步的基础上，又开创了现代研究生制度。又如自20世纪末以来，美国学习借鉴各国的经验，改革中小学课程体系和考试制度，以率先建立面向21世纪的现代化课程体系。二是实施教育对外开放，招揽各国年轻精英。早在二战前后，美国为了实现其科技强国、经济强国的目的，一方面向各国招揽大量高科技人才，包括德国数百名犹太裔科学家，另一方面开始大量输出教育，吸引各国年轻精英到美国留学，并留在美国工作。这是美国高科技领先世界各国的重要原因。目前，美国是世界上最大的留学目的地国家，中国2009年到美国留学的学生就有9.8万人，占出国留学人员总数的14%。三是积极鼓励本国学生出国学习。国际教育研究所在《2008年门户开放报告》中的统计数据显示，近年来美国学生留学海外的学生数持续攀升，留学海外学生的目的地主要是欧洲和拉丁美洲，研究型大学派出学生数量较多且比例较高。美国加强海外留学，一方面是面向21世纪的挑战，培养具有世界眼光和竞争能力的本土毕业生，另一方面是从国家安全需要的考虑出发。"9·11"恐怖袭击事件发生后，美国联邦机构需要培养大批具有外语语言应用能力和精通各国文化政治的人才，但这往往难以找到合适的人选，这种状况势必对美国的国家安全造成威胁。通过派遣大量学生到海外学习就能有效改变这种状况。美国的教育国际交流正逐步从"单向"向"双向"发展。

## 第二节　英国教育现代化的历程及特点

英国是最早进行资产阶级革命的国家，20世纪初，英国产业革命基本完成时，英国的经济发展和军事力量居世界首位。英国作为现代化的先行者，文化等方面的长期积累为英国教育的现代化奠定了坚实的基础，也使其教育现代化发展进程很早就表现出务实的精神。在英国，直到19世纪末，教育一直是教会和家庭的职责，其学校教育体系也主要是由教会以及其他各类社会团体主导的。在早期教育现代化进程中，英国政府主要扮演了一个协调者和适度干预者的角色。第一次世界大战，特别是第二次世界大战后，英国经济的衰落使教育中的矛盾日渐突出，英国政府看到了德国、美国、日本等国重视教育，广泛实施国民教育所取得的显著成果，开始从国家的角度加强对教育的领导，对教育实施改革，完善国民教育体系，加大对教育的投入。由此，英国教育有了巨大的发展和变革，加速了教育的现代化。但是，由于受精英文化、保守主义、自由主义传统的影响，英国教育在现代化的过程中传统的色彩仍然相当浓重。英国教育现代化是渐进性发展的，呈现出传统和现代相互妥协，继承和改革兼容的主要特色。继承和改革兼容并蓄地渐次推进的英国教育现代化对整个世界都有深远的影响。

## 一　英国教育现代化的历程

在封建社会，英国教育有两个鲜明的特征：一是教育为贵族服务。只有封建贵族、高级僧侣及其他上层社会家庭男女才有受教育的权力。二是浓厚的宗教色彩。英国教育起源于宗教。当初天主教附设在教堂的学习场所收留贫民儿童学习，主要学习《圣经》条文，传播宗教知识。英国国教建立之后，逐渐产生了一些简陋的贫民儿童教区学校。1699 年和 1701 年国教先后成立了基督教知识促进会、国外福音宣传教会，他们为宣传教义，设立了许多教会学校、贫民学校、慈善学校。随之社会上的一些慈善团体、民间机构和个人也效仿办学。英国已具有了初等学校教育的形式，为走向现代教育建立了良好的基础。直到今天，在英国和英联邦，这种社会慈善机构、教会、社会团体和私人等多元办学的传统仍然得到重视和保留。这一阶段的中等教育（主要是公学和语法学校）和高等教育（主要是古典大学）主要由贵族垄断，教育的主要目的是培养有教养有绅士风度的贵族。

工业革命的发展和人口的膨胀促进了国家干预和管理教育，逐步建立起公共教育制度。工业革命带来工业的大发展，对劳动者的素质提出了更高的要求。同时经济的繁荣带来人口的迅速增加，19 世纪以来英国人口增长率持续保持在每 10 年上升在 10% 以上。在这种情况下，原来以教会和慈善机构为主办教育已大大不能适应经济社会发展的要求，许多有识之士提出了建立公共教育制度的要求。1870 年，英国国会通过了著名的由当时下议院议员、枢密院副院长兼教育署长福斯特提出的《初等教育法》，确定了全国划分学区，由经过选举产生的“学务委员会”来负责监督本学区的教育工作，国家继续拨款补助教育，并在缺少学校的地区设置公立学校，民办学校可以获得中央政府教育拨款的资助等。法案没有规定免费的义务教育，直到 1918 年才完全实现免费的义务初等教育。《初等教育法案》是英国历史上第一个教育法，它建立了公共的初等教育制度，奠定了整个英国教育制度的基础。1902 年，英国议会通过了首相巴尔福提出的教育法案——《1902 年教育法》。该法废除了原来的地方教育委员会和督促就学委员会，由郡议会和郡级市设立地方教育局，管理初、中等教育，形成了以地方教育局为主体，议会、教育委员会相结合的教育行政领导体制。该法还确定了地方教育局有权兴办和资助中等学校、中等专业学校和职业学校，并提供地方税款，初步建立了收费的公共中等教育体系，大大促进了英国中等教育的发展。1944 年，保守党人士巴特勒向议会提交了教育议案，获得顺利通过，这就是著名的《1944 年教育法》，又称《巴特勒法》。法案明确了中央和地方教育行政管理机构的职责和关系，完善了中央、地方合作型的教育行政管理体制，使基础教育得到有序有效的发展。特别重要的是，法案提出了人人都要受教育的先进理念，废止了相互不衔接的贵贱分明的初等、中等教育，建立了小学到初中 10 年免费义务教育制度，确立了从初等教育、中等教育，一直到继续教育的连续的公共教育体系，奠定了英国现代教育制度的基础，这在英国历史上是一次空前的大进步，它带来了英格兰和威尔士教育的大发展。

第二次世界大战后，英国经济的衰落，美国、日本、德国等国经济的崛起，使英国政府开始反思其教育的发展，认为科技教育，特别是职业教育的滞后是其重要原因。从1945年到20世纪末，英国大力发展和改革科技教育、高等教育、职业教育，使教育逐步适应经济和社会发展的要求。1961年，英国政府对“卫星冲击”发表了《扩大技术教育机会》的白皮书，对义务教育后青少年的技术教育提出了十项计划，以加强中等教育与继续教育的联系，充实地方专科学校培养中初级技术人员的课程。改革中学结构，早在1945年开始实行的中学阶段严格分为文法中学、现代中学和技术中学三类学校的组织形式开始解体，1965年，当时的工党政府要求所有地方教育局按照综合中学方式组织本地区的中学，开始了综合中学运动。所谓综合中学，是使公立中学提供丰富而全面的课程，使在学术课程的基础上，技术课程、职业课程在同一学校内并存，以适应不同能力学生的需要。据1982年的统计，英格兰综合中学学生已达公立中学全体学生的90.1%。到1966年，各地相继成立了30多所多科技术学院，大力发展高等教育。1961年，委托罗宾斯委员会研究高等教育问题，1963年《罗宾斯报告》建议把10所高级技术学院改为大学，并得到实施；1964年正式成立全国学位授予委员会；1965年教育和科学大臣、哲学家C. A. R. 克罗斯兰提出实行高等教育的双重制，由自治的大学和不属于大学性质的公立高等学校两部分组成。至1973年止，共创立30所多科技术学院。1948～1967年，英格兰的大学数量几乎增长了两倍，大学生人数增长了3倍以上。1991年，英国政府发布了《高等教育：新的框架》，将大学、多科技术学院和其他高等院校纳入了一个统一的资助机构——高等教育委员会，并把学位授予权下放到主要学院，允许规模较大的多科技术学院改称大学。基础教育在基本完善公共教育体系的基础上，不断调整改革，特别是对中学结构进行改革，注重在内涵和质量上的提高。

20 世纪 90 年代以来，随着知识经济和全球化的到来，国际综合竞争力的竞争日益加剧，英国政府着眼于全英国人整体素质的提高，更加重视教育的改革和发展。1997 年英国工党执政后接连发表白皮书、绿皮书，强调要为所有人提供均等的教育机会并提高教育标准。1998 年，面对新世纪，英国教育就业部发表了《学习的时代》，认为未来是一个学习的时代，在这样一个时代，学习机会应向所有人、在其人生的任何阶段、以多种方式提供，而不仅仅意味着在学校、学院或大学学习。绿皮书宣布了两项主要计划：工业大学和个人学习账号。到 20 世纪末，苏格兰和英格兰青年人接受全日制高等教育的人数已达到 45% 左右。21 世纪初，英国政府延长义务教育时间从 9 年到 12 年，并在努力提高基础教育质量的同时，加强职业教育，鼓励青少年参加职业教育，以确保英国人能够适应日新月异的技术和工作方式的挑战。为适应知识经济和全球化时代，2010 年英国首相布朗在“学习和技术世界论坛开幕式”上宣布：教育将成为英国在 21 世纪增长幅度最大的产业之一。英国政府决定投资 3 亿英镑，为英国全国 27 万低收入家庭提供免费的笔记本电脑和宽带接入服务，到 2010 年英国所有中小学学生都能上网学习。英国目前教育和教育技术的出口值约为每年 280 亿英镑，位列世界前列。

## 二　英国教育现代化的特点

第一，英国教育现代化呈现渐进式，并具有阶段性的特点。英国的教育现代化如同它的社会现代化一样，是通过从教育自身不断发展出有利于现代化的因素而实现的，它是世界历史上典型的“内发型教育现代化”

国家。从英国教育现代化的历程看，英国到 1870 年才开始统一国民教育制度，而从 1870 年《初等教育法》的颁布，到《1944 年教育法》的颁布，英国国民教育制度的建立用了 70 余年时间。甚至直到 1988 年教育法，英国才开始实行“全国统一课程”。经历了差不多一个世纪，英国才真正形成了一个从幼儿教育、初等教育到高等教育的完整的教育系统。英国教育改革发展呈现连续性、稳定性。英国的教育传统对英国历次的教育改革都产生了深远的影响。在每一次教育改革中都能够看到英国教育传统的印迹，而每一次的教育改革又都在一定程度上形成了新的传统，呈现出一种历史的延续性。在英国教育发展特别是国民教育普及上，呈现出了很强的阶段性。1870 年后国家开始普及初等教育；20 世纪初由于经济发展的要求，英国着手普及中等教育，并于《1944 年教育法》的颁布真正确立了三轨制的中等教育系统；而高等教育的普及则是 20 世纪 70 年代以后的事。英国教育的这种渐进性和阶段性，使得英国教育的发展与改革具有非常大的稳健性，英国政府、议会及社会上下对教育的改革发展可以有较充分的讨论和研究，能比较好地处理教育发展过程中传统与创新、继承与发展的关系，不会因为发展过程中存在种种矛盾和冲突而导致教育现代化进程的停顿或逆转。事实上，英国教育的改革是稳健的且持续不断的，其成效在短期内不明显，而在长期内是显著的，国民教育普及之后巩固程度更高。但是，英国教育的这种渐进性、稳定性，具有守成渐进的特点，与改革力度较大的国家相比显得迟钝、落后，使得英国教育现代化的发展具有保守性。英国是工业革命的发源地，是最早发展的资本主义国家，曾号称“日不落帝国”，但在第二次世界大战之后，英国的经济社会发展明显落后于美国、日本、德国，其中一个重要原因是英国的教育改革发展明显滞后于英国的经济社会发展，英国的教育现代化在很长一段时间内裹足不前。应该说英国的这种状况到了20世纪末，有了很大改变。

第二，重视严谨的立法和执法。英国是一个法治的国家，英国教育现代化的历史就是一部严格教育立法和教育执法的历史。在英国的教育现代化进程中，每一次教育改革的成功总是以一部法律或法规为确立的标准，继而得以推广和实施。从1870年的《初等教育法》，到《1944年教育法》，再到1988年的《教育法》，奠定了英国教育现代化发展的方向：普及初等教育，改革中等教育，完善高等教育，提高教育质量等。英国的教育立法和决策是非常严谨的，对于某项重要的教育立法或决策，政府首先组织专门委员会进行实际调查，提出并发表专题报告，广泛征求社会各界意见，有些还在一定范围内试验，然后才提交议会进行立法，并使各阶层、各团体的利益要求能得到充分的、公开的表达。例如在英国教育发展历史上具有里程碑意义的《1944年教育法》，就是经过了1926年的哈多报告，1938年的斯宾斯报告，奠定了基础。1943年保守党人士巴特勒向议会提交了一份题为《教育改造》的白皮书，经过人们广泛的讨论后作为教育议案向议会提出，由于有前述两个报告的基础，进步的民主观已深入人心，该议案（也就是著名的《1944年教育法》）得以顺利通过。英国的教育法案一旦通过，就可以切实得到法律的保障。

第三，英国政府加大经费投入，增加学习机会，保证社会公平。英国在1870年颁布《初等教育法》，开始建立公共教育体系以来，特别是一战以后，注重强调增加学习机会，坚持教育公平。一是普及免费义务教育。1870年颁布的《初等教育法》，提出了建立初等教育制度，但并没有规定免费的或义务的初等教育，1891年政府出台了《免费初等教育法》，才开始实施免费的初等教育，直到1918年公立初等学校才实现了对5～12岁儿童的免费教育，真正实现了普及全民的初等教育。在第一次世界大战前夕，工党提出了“人人受中等教育”的口号，兴起了“人人受中等教育”的运动。1944 年通过的教育法，将义务教育又延长到 15 岁，有条件的地区延长到 16 岁。20 世纪 80 年代以后着力发展和普及高等教育。二是政府制定了一系列中长期教育改革计划，如在经费投入和政策支持上鼓励和帮助后进学校改革和摆脱困境，逐年减少薄弱学校的数量。在 2000 年，投入 8500 万英镑满足特殊教育需求的学生，2005 年建立了 1500 所特殊学校。三是逐年增加优质学校的数量，以帮助每一个学生成功，尤其是对少数民族学生、低成就学生、问题学生提供特别帮助，实现教育公平。例如，2009 年英国教育大臣埃德·鲍尔斯公布了《你的孩子，你的学校，我们的未来：构建 21 世纪学校体系》的白皮书，提出了由能实施成功管理的学校或教育机构托管较差的学校，建立起学校联盟或连锁的计划。四是政府制定青年支持服务计划，加强对青年进行素质培养和职业指导，帮助他们获得提升未来生活和工作的技能、知识和品质。

第四，构建政府和社会并重、多元发展的教育体系。英国一直以来都秉承着“以最小的政府管理最大的社会”的理念，对教育实行宽松管理，让教育能够自由发展。1870 年以后，特别是 20 世纪末以来，国家不断加强公立国民教育体系的建设，加大教育经费的投入，如 2003 年英国对教育经费的投入已经达到国民收入的 5.6%，高于美国和欧盟各国的平均水平。与此同时，英国仍然鼓励社会及各种组织积极创办各种私立大中小学校，包括精英学校。1988 年颁布教育法之后，这种趋势又进一步加强，中央政府拨款资助私立学校。直到现在，英国高等教育中第一流的大学仍然是历史悠久的、私立的牛津大学和剑桥大学，基础教育中的高中部分，最为引人注目也是十分重要的组成部分仍然是英国的公学。正是由于英国政府的这种教育政策，使得英国教育的发展呈现出一种多样化发展的趋势。

第五，提高教育标准，发展优质教育，培养高素质国民。英国是工业革命、现代科学的发祥地，但是经济及教育发展一度落后于其他发达国家。20世纪以来，英国政府总结经验教训，采取一系列改革措施发展教育，其中的重要措施除了发展公共教育外，就是在科学思想的指导下，推进教育改革，发展优质教育。英国政府高度重视基础教育，认为它是培养高素质英国人的基础。1997年颁布《追求卓越的学校教育》白皮书，目标是为所有人提供均等的教育机会和提高教育标准。自1988年实施国家课程之后，英国不断修正国家课程，以达到最佳效果。在初等教育阶段，强调把读写算技能置于战略核心地位。在中等教育阶段，主要致力于提高教学标准，为薄弱社区提供教学帮助和扶持；推出“专门特色中学”，目的在于帮助各公立中学，通过自行选择专门特色科目来建立自己的特色，以达到加强技能、提升水准的目标。在高等教育方面，2003年发布《高等教育的未来》白皮书，提出了英国面向未来的战略目标及其措施，包括促进一流的科学研究和教学、密切大学与企业的联系、扩大高等教育、实现入学机会均等和财政自由等六个方面，重点加大高校的科研力度。

## 第三节　日本教育现代化的历程及特点

日本从明治维新开始，用短短的100多年时间走完了西方300多年的发展历程，获得了巨大的经济社会发展成就。“文明开化，求知识于寰宇”，这是日本取得成功的经验。日本学习借鉴西方发达国家的经验，改革创新，通过三次重要的教育改革，大大推进了教育现代化进程，在借鉴中实现超越的日本教育现代化，其经验值得总结借鉴。

## 一　日本教育现代化的历程

日本早期现代化始于 1868 年明治维新。正如日本人自己所认为的那样："明治维新不仅是政治权力的转移，而且是日本发生的一次最伟大的社会变革。"这种变革主要表现在两个方面：一是政府迫于国外压力采纳了门户开放的政策，使日本加入到了国际社会；二是为了确保国家的独立，积极吸收借鉴西方先进国家的经济、社会、文化成就。日本除了全面引进西方的生产技术、社会制度以及法律法规外，在 17 世纪"兰学"的基础上全面学习西方教育制度。它通过制定《师范学校令》《小学校令》《中学校令》和《学位令》，以立法的形式规范了教育体系，形成了以小学为基础的连贯的学校系统，实现了"邑无不学之户，家无不学之人"。到第一次世界大战前夕，日本基本普及了小学 6 年义务教育。国民文化水平的提高大大推动了日本近代工农业生产的发展。

第二次世界大战结束后，日本作为战败国，生产力水平降到了低点。在联合国占领军总司令部的主导下，日本全面清除军国主义和极端国家主义在教育中的影响，大力普及民主主义思想，以美国教育为蓝本进行了历史上重大的第二次教育改革。从 1947 年到 1950 年，日本通过制定《教育基本法》《学校教育法》，颁布《学习指导纲要》等一系列教育法规，实施了以教育民主化为基本宗旨，以完善人格、尊重个性、实现教育机会均等为基本内容的全面教育改革，确立了教育民主化体制。经过战后 10 年的经济恢复，从 50 年代后期到 70 年代，日本经济进入持续高速发展阶段，社会人口骤然增加，日本把推进教育现代化、改善和开发人力资源作为基本国策，根据全国及区域发展的需求调整教育结构，大力普及九年义务教育，积极发展高中教育和高等教育，满足日益增长的国民教育需求，改革和完善现代化教育体系。这一时期，日本基本普及了九年义务教育，高中教育迅速发展，同龄人口中大学生入学率 1960 年达到 10.3%，1970 年达到 23.6%。教育成为经济社会发展的强大动力，70 年代，日本进入世界经济大国之列。

70 年代以后，随着世界性的能源危机和新技术革命的产生，日本经济也开始从劳动密集型产业向知识密集型产业转化。日本提出走“科技立国”的道路以及确立“政治大国”国际地位两条战略方针。1984 年，日本成立“临时教育审议会”，四次提出教育改革报告，开始了真正意义上的第三次教育改革。在终审报告中，第一次提出了关于面向 21 世纪日本教育的总体设想，即建立一套适应国际化、信息化的终身学习体系，“培养具有宽广的胸怀、强健的体魄、丰富的创造力和自由、自律具有公共精神的面向世界的日本人”。进入 20 世纪 80 年代后期，美国信息科技引领世界发展潮流，日本经济增长速度明显放缓，特别是在 90 年代中后期，受亚洲金融风暴的打击，日本经济出现了长时间的颓势和衰退。同时，社会发展面临着“少子高龄化”、学生厌学逃学、个人奋斗精神缺失等问题。作为当时世界第二经济大国的日本清楚地认识到，保持和提高日本国际竞争力，必须走科技创造、知识创新的道路，扫除以前日本靠模仿没有原创精神的面貌。因此，必须回应新的时代进行全面改革。为此，1997 年日本文部省又制定了全面的《教育改革计划》，并提出了教育改革的具体目标和时间表。2002 年，日本以文部科学大臣的名义颁布了题为《培养能开拓新时代的坚强日本人——摆脱划一走向自立和创造》的文件，强调要进一步从国际战略的高度来培养学生。与此相适应还制定了“彩虹计划”，提出 7 项优先发展策略具体实施。

从 20 世纪八九十年代的第三次教育改革到 21 世纪以来的改革探索，

将对21世纪日本的教育走向和经济社会发展产生深刻影响。在基础教育方面，减轻学生过重的课业负担，为学生创造宽松的学习和成长环境。改革课程和教学内容，增强学生动脑动手能力，建立面向21世纪的课程体系。尊重和发展学生的个性，加强“心灵教育”、传统文化教育，增强学校与社区的合作等。在高等教育方面，日本深感与欧美发达国家的差距，20世纪90年代以来，对高等教育进行大幅度的综合改革。推动国立大学法人化，提高其独立自主性。加大政府投入，扶持30所国立、公立、私立大学成为具有国际竞争力的最高水平的大学。创建产学相结合的环境，加速开发自主创新产业，面向21世纪培养独创性、复合性、国际性人才。在已实现高等教育大众化的基础上，加大研究生教育力度，加强国际教育交流，培养世界通用人才，改变日本在高层次人才培养方面落后于欧美国家的现状。

## 二　日本教育现代化的特点

第一，“和魂洋才”，善于学习借鉴西方发达国家先进的教育制度和经验，并保持本国的传统文化。早在100多年前的明治维新改革，日本就果断地推行“和魂洋才”的战略，全面学习西洋教育制度，普及了小学教育。第二次世界大战结束后，在整个经济基础陷于崩溃的情况下，日本又以美国教育为蓝本进行第二次教育改革，实行了九年制义务教育，对社会发展起到了巨大推动作用。国民生活水平的提高，又促使教育向高学历方向发展。日本在学习借鉴西方发达国家的先进教育制度和经验时，十分重视保护和保持本国本民族的优秀传统文化。“和魂洋才”的口号就充分体现了日本近代以来学习西方先进的教育制度和技术，而又保持东方道德和传统文化的指导思想。日本在整个义务教育阶段，道德教育作为一门课程，其目的在于培养学生具有日本人的礼仪、习惯、行为方式等。并且道德教育由学校、家庭和社会各个方面融会贯通地进行，从而提高全体国民的文化素质。同时，日本中小学也很重视民族传统的绘画、艺术、服饰等教育，要求学生认真学习掌握和发扬。

第二，发展均衡并且高质量的基础教育，夯实教育现代化的基础。在与世界各国教育的比较当中，日本教育最成功最突出的特点是“初等、中等教育实现了教育机会的均等并保证了较高的教育水平，是受到国际社会高度赞誉的少数成功典范”。世界上许多国家的教育学家都认为日本的教育效率很高，这与日本发展均衡并且高质量的基础教育密切相关。其基本经验：一是政府高度重视基础教育，在制度上作出安排。自从明治维新以来，日本政府一直坚持不懈地重视教育立法，根据不同时期对普及和提高基础教育提出法规要求。国家制定了义务教育学校基本办学条件标准，由国家和地方政府提供足够的经费。确保学校全面教育所需要的硬件设施，并强调实用讲究实效，不追求奢侈浪费。战后日本义务教育的经费大体占教育经费的 50%。二是为了学校的均衡和提高，法律上明确校长、教师定期交流。校长任期满 4 年，教师满 8 年，在县内要轮换。同时每个高中学校都有自身的定位，学校规模、配套设施、班额、教职工待遇在县域内相对平衡。无论是硬件还是软件，日本基础教育没有明显的城乡、地域差异。三是义务教育实行就近入学，学生高考也不由学校集中报名。

第三，坚持不懈地对学生进行健全人格、心灵的教育，促进学生健康成长。在全球经济竞争日益激烈的环境下，许多发达国家特别强调教育的目的是要提高国际竞争力，教育最基本、最重要的功能是取得必要的知识和技能，而忽视了教育在“全人”或者说在人格教育上的功能。而在日本则不同，无论是在明治维新，还是在二战后的教育改革，还是面临 21

世纪全球化的国际竞争，都重视从社会和时代的发展强调对学生健全人格的培养。二战后的 1947 年，日本颁布的著名的《教育基本法》，确立了日本战后教育的宗旨，其中“教育目的”部分特别强调“教育必须要以陶冶人格为目标，培养出和平国家和社会的建设者”。20 世纪八九十年代，随着国际化、信息化和知识经济时代的到来，日本与时俱进地提出了关于 21 世纪教育的总体设想，建立了一套适应国际化、信息化的终身学习体系，“培养具有宽广的胸怀、强健的体魄、丰富的创造力和自由、自律具有公共精神的面向世界的日本人”。进入 21 世纪，面对全球化激烈的国际竞争，和日本少子高龄化社会以及教育出现的种种问题，日本提出了要对学生进行“心灵教育”的概念，通过教育改革和采取种种措施，加强“心灵教育”的落实，增强德育的实效性，促进“生存能力”和“丰富人性”两大培养目标的实现。日本的“心灵教育”对于健全学生的人格，培养他们的社会责任感和公民道德发挥了积极作用。日本对学生进行健全人格的培养，主渠道还是通过各个学科的教学，以学生的全面发展为宗旨，结合学生身心发展不同阶段的特点，制定合理的课程体系，使在培养学生独立思考问题的能力、掌握知识内容的同时，完善个人的品行和心灵。其次，重视道德德育。虽然日本中小学的课程改革大幅度减少课时，但道德教育课时保持不变，每学年开设 35 课时。而且从青少年成长的规律出发，加强德育的实效性。小学低年级的培养目标是使学生适应学校生活，养成良好的学习态度和生活习惯；中年级注重培养学生的自立性和有节制的生活态度；高年级则强调培养学生作为集体和社会成员的自觉性和责任感；大学阶段强调培养学生作为社会人、国际人应有的自觉性和责任感。通过各种道德实践活动，实现道德知识向道德实践能力的内化。再次，加强学校、家庭、社会三者结合，积极发挥家庭、社会教育的作用。社会的各种文化设施如科学馆、博物馆、青少年活动中心、公民馆等免费向学生开放。

第四，重视教师队伍的建设，确保教师队伍的高质量。日本十分重视教师队伍的建设，把它看做是取得成功教育的关键。为了提高教师队伍质量，日本在二战后进行教育改革，实施开放性的教师培养制度，教师培养一律在高等学校中进行，同时实施严格的教师职业许可证制度。另外，政府通过制定政策要求在职教师提高素质水平。首先，十分重视开展在职教师的研修工作，规定刚上任的教师必须参加一年的研修；经过 10 年教师工作以后必须参加研修，目的在于进一步提高发展，补充不足。还规定每一位教师平时必须结合工作实际，参加有关的研修培训。教师的研修十分重视结合教育的实践进行，更新知识、注重教育能力和水平的提高。其次，鼓励教师继续教育，提高学历水平。20 世纪 90 年代末期，文部省决定“作为培养教育的一环，要为在职教师提供尽可能多地接受硕士课程教育的机会”。因此，在各国立大学里开设硕士课程，在日本教师中掀起了参加教育硕士课程学习的热潮，大大推动了教师继续教育的发展。在日本，教师被赋予重大的社会责任，是个令人羡慕而崇高的职业，许多优秀的大学毕业生都将教师作为自己追求的职业。日本的中小学教师属于公务员，享有较高的福利和待遇，要成为教师，除了要取得教师职业许可证外，还必须经过都道府县组织的教师录用考试。

## 第四节　香港教育现代化的历程及特点

香港是我国实行一国两制的特区。40 多年来，它从一个转口贸易的商埠发展为闻名世界的现代化金融商贸城市，被誉为“东方明珠”。香港教育与之相适应和紧密配合，获得有效改革和迅速发展，成为世界普及教育的先进地区之一，形成了既保留西方特别是英国教育制度，又富有中华民族特色的现代教育体系。广东毗邻香港，地理相近、人缘相通，因此研究香港教育有着特殊的意义。这里主要研究二战后教育与经济社会相适应和紧密配合的香港教育现代化的发展历程。

## 一 香港教育现代化的历程

20 世纪 50 年代初期，因受中国内地解放和美国侵朝战争爆发的影响，美国和许多国家对中国内地实行禁运，香港的转口贸易受到很大冲击，经济萧条，于是香港开始探索建立自己的工业经济体系，这段时期纺织、制衣、塑胶、玩具等加工工业迅速发展。到了 60 年代，随着一些新兴工业，如电子、橡胶、金属加工工业的兴起，金融、贸易、运输、建筑等第三产业也得到相应发展，城市面貌开始发生变化。随着工业经济的兴起和发展，香港政府开始重视教育。首先是普及小学教育，使每个儿童都有书读。其次是开始注重适应工商业特别是制造业发展的需要，发展职业技术教育，兴办工业中学和一些中等职业培训学校，培养工商业发展所需的初、中级人才。再次是，创办新大学，扩大入学机会。1963 年合并三所私立学院，创办了香港中文大学，创办了工业、商业教育学院，以加强高级人才培养。

20 世纪 70 年代到 80 年代，是香港经济腾飞的时期。香港不断从美国、日本和西欧发达国家引进先进的科学技术、新型的工业生产设备、现代化的生产和经营管理方法，工业生产逐步从过去的低档次、劳动密集型向高档次、技术密集型过渡。1978 年，中国内地实行改革开放，大大帮助了香港的发展，使香港经济进入了综合性的多元化并向国际化发展的新时期。这时期港英当局通过《1971 年教育法案》代替旧的《教育条例》，颁布了《未来十年内的中学教育》《高中及专上教育的发展》等白皮书，指导教育全面、飞跃发展。特别到1982年，邀请国际顾问团全面检讨香港教育并发表《香港教育透视——国际顾问团报告书》，加强了对教育的统筹和科学发展，大大推动了教育现代化的进程。1971年实现了小学免费教育，1978年又实现了初中免费教育。随着初中免费教育的实现，高中和大学预科教育也有了较大的发展，与此同时，职业技术教育（工业中学、职业先修学校等）和高等教育获得全面迅速的发展。1990年前后，香港适龄青年基本上可以在文法中学、工业中学、职业先修学校等各类中学读至高中毕业。1986年，为推动科技的兴起，香港开始增创高水平的香港科技大学，建立系统的科技教育体系，加大对科技人才的培养。高等教育的规模进一步扩大，理、工、商科专业招生人数大大增加。成立公开进修学院，大力发展成人教育。

20世纪90年代以来，香港经济社会迅速实现转型升级，一方面将低层次、劳动密集型产业向内地的珠三角等地转移，并向“资本密集型”和“技术密集型”方向发展，以生产优质高档产品和高科技产品为目标；另一方面大力发展商品流通和金融、保险、地产等第三产业，逐步成为世界著名的国际金融中心、国际贸易中心、国际航空中心、国际旅游中心。基于此，香港对区域人才提出了全新的要求，香港教育改革出现新的视野与趋势，主要表现在：一是树立新的教育理念。教育从以前更重视知识，转变为更重视态度和能力，培养学生自主学习、终身学习的能力。二是大力推进教育国际化。香港一直实施双语教育，学生英语水平较高。香港回归后，特区政府大力推进教育国际化政策，加强学校国际交流，吸引国际顶尖科研人员参与香港高等教育，促使高等教育在国际上保持先进的地位。三是实现高等教育大众化目标。在专业和课程设置方面，根据香港产业结构变化及时调整，有力地促进了香港经济的发展。四是充分利用社会资源办学，创造了独特的办学模式。政府鼓励社团或个人出资办教育，允许学校以捐助人的名字命名，鼓励企业或私人向学校提供大量捐助。在香港的中小学里，既有公立学校，政府资助的津贴学校、直资学校，也有私立学校、国际学校，满足部分家长为子女提供更优质的教育的需要。

## 二　香港教育现代化的特色

第一，教育与经济社会发展相适应，促进经济的起飞和发展。香港教育现代化最成功的经验是坚持推进教育与香港社会经济发展相结合，为其服务，逐步建立起教育与经济的互动机制。主要体现在教育紧随经济的发展，较早地普及了九年义务教育和两年制高中教育，发展职业教育和技术培训，在香港经济转型升级时，又大力普及高等教育和科技教育；院校的设置、学系课程的分配和学校的设施设备，紧跟当代社会的需要，如有三所亚洲著名的综合大学和两所理工学院领头，工科院校、商科院校较多，设备先进，教育信息化程度高，不但适应产业的升级，而且适应高科技的发展；坚持深化教育思想、教育方法、教育手段改革，突破封闭的脱离实际的办学机制，注重学生实际运用能力和动手能力的培养，为香港的工业化、现代化培养了大批精英人才。

第二，建构政府与社会多元教育投资体系，实施多样化办学形式。香港政府高度重视教育，每年教育投入约占 GDP 的 4% ~5%，约占政府开支的 25%。同时充分调动和利用社会团体办学的积极性，倡导自由办学，平等竞争。香港大约有 1200 所中小学，其中约 40 所是政府直接管的，其余的都是私立学校、津贴学校、直资学校和国际学校。香港约 70% 的中小学是社团办的，得到政府的资助，称为津贴学校，与公立学校一样被视为公共教育系统的一部分，受政府的严格管理和约束。直资学校则是为学生提供了公立及资助学校以外的更多的选择。“直资学校有相对高的自主权，可自定课程和授课语言，收费及入学要求接近私立学校，但可得到政府按符合资格学生人数提供的资助。”香港独特的多元办学模式适应了香港许多家长重视子女获得更优质教育的希望和需求。

第三，发挥社会和咨询机构的作用，促进教育的发展。香港政府统筹和管理教育，不单纯依靠教育局，而且很重视发挥社会和咨询机构的作用。关于教育系统的咨询机构有教育统筹委员会、公民教育委员会、大学教育资助委员会以及私立学校检讨委员会、家庭与学校合作事宜委员会等。这些咨询机构通过调查研究，广泛听取意见，对重大教育政策、教育措施提供意见，确保教育资源的使用适当。由于组成人员以专业人员及社会人士为主，政府部门的官员只占少数，所以能在一定程度上反映出各方面人士的意见，使教育政策的决定比较准确，教育措施的执行较为适当。同样，香港政府对学校的监管，也很重视社会的参与，香港的大中小学校都有校董会。在校董会里有社会人士、教师、学生、家长代表参与，可以广泛听取各方面意见。如果校董会对学校教学质量等方面不满意的话，校董会有权换校长。香港政府重视社会和咨询机构作用的做法，使全港上下都重视、关注、关心教育，促进教育科学有序的发展。

第四，教育国际化程度较高，教育的国际合作较紧密。香港是国际金融中心、国际贸易中心、国际航运中心、国际旅游中心，香港教育国际化程度一直较高。为适应全球化趋势和知识经济的崛起，特区政府非常注重教育与国际的接轨，培养和装备学生以面对未来世界的挑战。香港非常重视英语的教学，每年都从世界各地聘请教师来香港的学校教授英语，在课程上加入一些全球性的课题，并增加一些国际性的测试，以测量香港学生的水平。香港的高等教育实行全方位开放，大力开展国际交流与合作，在办学模式、运作机制、管理方式、治校方略等方面都借鉴国际高等教育的经验。创造条件吸引国际顶尖科研人员来香港工作，努力使大学能与国际的学术发展同步。香港科技大学、香港大学、香港中文大学一直保持在世界大学排名前100位。

第五，开展通识教育，重视道德教育和熏陶，培养健全的现代人。香港在推进现代化的进程中，很重视人的整体素质的发展，在学校教育中，不仅重视专业知识和实用技能的培养，而且也重视以人文知识、实用知识、道德熏陶为主要内容的通识教育。香港中文大学自20世纪60年代创办起，就开设通识教育课程，坚持对学生进行中华传统美德教育。在香港中文大学的带动下，香港主要的专科以上学院都重视和开展通识教育，以促进学生健全人格的培养。20世纪80年代初，香港教育署根据当时的教育形势，先后颁布了《学校德育指引》《学校公民教育指引》，设立学校社会工作者和心理专家制度等。特别是香港回归祖国后，香港教育署加强了对中小学生进行国民教育、爱国主义和中华民族优秀传统教育。香港学校对学生进行通识教育和道德教育其中一个重要的特色，就是与社团组织相结合开展课外活动，如开展各种扶老携幼的活动、社会募捐活动等。教育署、廉政公署、警务处、电台电视台和社会诸多社团等都给予许多支持和配合工作，加强年青一代的品德教育，以培养知识渊博、专业精湛、社会适应力强、有创造性的全面发展的人才。

## 第五节　小结

以上我们分析了英国、美国、日本三个国家和中国香港特别行政区教育现代化的基本历程和特点。综上所述，我们可以看到，不管是早发内生型教育现代化模式的英国、美国的教育现代化，还是后发外生型的日本、中国香港的教育现代化，都有其基本规律。推进一个国家或一个地区的教育现代化，必须立足于全球化和知识经济的时代，遵循教育发展的基本规律，同时又要从本国、本地区的实际出发。笔者认为，探讨英国、美国、日本和中国香港的教育现代化，其共同的基本规律有如下几个方面。

**1. 教育必须适应经济社会发展，并为经济社会发展服务**

第二次世界大战以后，特别是21世纪以来，由于知识经济和全球化的发展，教育的功能和作用也在不断发展和凸显。教育不仅要为经济社会发展培养高素质的劳动者和创新型人才，而且要为人类的文明进步发展新知识、新思想、新科技，引领经济社会的发展。进入21世纪，世界虽然变得平坦，但是各国特别是发达国家在高科技方面、在软实力方面的竞争仍然日益激烈，说到底这是人才的竞争、教育的竞争。各国特别是发达国家都把发展教育放在重要位置，制订和落实优先发展教育的策略和措施，以应对知识经济和全球化发展趋势。

**2. 教育现代化必须遵循教育的发展规律循序渐进推进，注重教育的效益性原则**

考察美国、英国、日本和中国香港等国家及地区的教育现代化，可以看到，教育的发展与经济社会的发展是密切相联的，不管是早发内生型教育现代化的国家，还是后发外生型教育现代化的国家，都有其基本的内在发展规律。实施人力资本理论和人力资源开发理论，要求根据经济社会发展的要求和趋势，有计划、有步骤地发展教育，以实现教育效益的最大化原则。在加快工业化发展时期，必须加速普及九年义务教育，大力发展高中教育，特别是职业技术教育；在后工业化发展时期经济转型升级，特别在知识经济时代，必须普及高中教育及职业教育，大力实施大众化的高等教育，在全社会大力推进终身教育，开展普及科技教育。

**3. 必须坚持确保教育公平原则和基本理念**

实现社会的公平、正义，是社会文明进步的表现，是社会现代化的重要目标，而实现教育的公正、平等，是其重要的内容。为确保教育的公平，各国特别是发达国家都重视教育立法建设，不断完善建设公共教育体系，大力实施免费义务教育制度并不断提高水平，积极推进大众化的高等教育。美国还提出实施教育的公平，不仅要体现保证提供教育机会均等，而且要体现提供最好的教育，使每个孩子处在同一起跑线上。实现教育的公平，已成为教育现代化的最基本理念和最根本的标志。

**4. 教育现代化必须积极推进教育的国际化**

在知识经济和全球化时代，世界相对平坦，“一个国家会比在传统球形世界中更快地失去某个领域中的比较优势”。这种事情确实随时都在发生。因此，一个国家或地区在推进教育现代化过程中，必须拓宽国际视野，开展教育的国际交流与合作，汲取国际先进的知识和经验，培养国际型人才。新加坡、韩国、中国香港和台湾这些国家和地区，教育现代化领跑亚洲，甚至位列国际前列，与这些国家和地区积极推进教育的国际化，教育的国际化程度高密不可分。

**5. 教育现代化必须坚持面向现代化、面向未来，培养创新型一代新人**

信息化和全球化改变了世界，对人才的培养提出了新的更高要求，从20世纪末以来，美国、英国、日本等发达国家就着力对旧有的教育模式、内容、方法进行改革，积极探索培养全面发展的具有创新能力的一代新人。其基本的特点，如加强教育信息化的普及建设；改革课程体系和结构，使之更贴近国际经济社会的发展；着力促进学生学会学习、提升实际能力；着力培养学生自主，具有独立思维和创新能力等。

**6. 实施政府主导和市场相结合推进的策略**

美国、英国、日本和中国香港都是世界上教育事业发达的国家和地区，它们都推行政府和市场相结合发展教育的策略。一方面政府高度重视教育，把它看做是全民的事情，通过立法确保教育优先发展的地位，每年财政对教育的投入都占到GDP的5%左右，美国甚至达到7%。另一方面发挥市场机制的作用，鼓励和支持社会团体、企业及私人办学。美国、英国高等院校半数以上是私立的，美国、英国精英高等教育和精英中小学教育大多在私立教育之中。美国、英国、中国香港众多的社会团体、教育团体，包括各种基金会，对推动教育改革及发展起了巨大的作用。政府和市场相结合发展教育，一是有利于调动各种社会资金，增加教育投入；二是有利于促进教育内部和学校之间的竞争，大大提高教育的效率；三是有利于促进多元教育发展，以适应社会多元化教育的需求。

# 第四章　广东教育现代化发展现状及面临的问题

进入21世纪以来，广东提出了到2012年全面实现小康，2020年基本实现现代化的战略目标，届时全省经济整体上将步入中等发达国家和地区的行列。这是一项光荣而又艰巨的历史任务，在推动广东经济社会根本转型和基本实现现代化的历史进程中，教育则任重而道远，担负着重要的使命。为了实现这一目标，广东进一步提出，珠江三角洲率先基本实现现代化的宏伟目标，其发展目标为：到2020年人均地区生产总值达到135000元，服务业增加值比重达到60%；城乡居民收入水平比2012年翻一番，合理有序的收入分配格局基本形成；平均预期寿命达到80岁，实现全社会更高水平的社会保障，城镇化水平达到85%左右，单位生产总值能耗和环境质量达到或接近世界先进水平。实现现代化需要现代化的教育来支撑，教育现代化不仅是人类经济社会现代化的结果，更是经济社会现代化的重要推动力量。

## 第一节　广东教育现代化发展的经济社会基础

教育系统作为社会系统的一个次级系统，其发展必然受到其他次级系统如政治、经济、科技、文化等的影响。[①] 因此，经济社会发展状况是教育现代化的重要外部环境，是分析教育现代化问题的出发点。正如有学者所言："不可只就教育谈教育，应将教育现代化置于整个社会背景下去考察，探讨教育现代化与社会现代化的互动关系，否则就很难解释在有些国家教育现代化走向成功而另一些国家则未能成功。"[②]

### 一　广东经济社会发展现状

第一、二章的有关研究分析表明，经济社会的现代化是教育现代化的基础，教育的现代化是经济社会现代化的重要条件。教育投资是经济社会投资中收益率最高、最有耐久力的投资，也是推动现代文明进步，从而使经济社会可持续发展的最重要的因素之一。经过 30 多年的改革开放，广东省的经济社会已经发生了翻天覆地的变化，已经成为全国最发达的省份之一，已融入国际竞争的行列之中。广东要实现经济社会的转型升级，率先在全国实现经济社会的现代化，必须加快实现教育的现代化，教育现代化是实现广东经济社会发展宏伟目标的重要保证之一。我们必须在认真分析广东经济社会现状和发展目标的基础上，借鉴美国、英国、日本等国家和地区经济社会发展过程中教育现代化的基本经验，认

① 廖春文：《资讯时代全球化教育发展的吊诡与超越》，《比较教育研究》2002 年第S1 期。

② 褚宏启：《教育现代化的性质与分析框架》，《高等师范教育研究》1998 年第 3 期。

识到广东教育对经济社会发展的适应程度，认识到实现教育现代化的紧迫性和重要性。

我国从1978年实行改革开放政策以来，至今已经有30多年的历史。改革开放以来，广东经济持续快速增长，实现了经济社会发展的历史性跨越。一是充分利用中央给予的特殊政策、灵活措施，大胆探索，先后在深圳、珠海和汕头等地成功建立了经济特区、沿海开放城市、经济开发区等。二是率先推行市场经济改革。最早放开粮油、食品等生活、生产资料价格，推动以市场为导向的企业改革，较早建立起社会主义市场经济体制框架。三是充分利用毗连港澳，面向东南亚，以及华侨、港澳同胞众多的优势，抓住国际产业转移和要素重组的历史机遇，建立起外向型的开放型经济。四是教育、科技、文化、卫生、体育等各项事业迅速发展，城乡社会保障体系初步形成。30年前，广东省还只是一个落后的农业大省，全省GDP总量只及辽宁的1/3，人均GDP低于全国平均水平。经过30多年的发展，广东经济取得了辉煌的成绩。广东国民生产总值已从1980年的245.71亿元增至2009年的39483亿元（当年价）（见图4-1），2009年全省一般预算收入达到3649亿元，经济总量居全国前列，已经超过新加

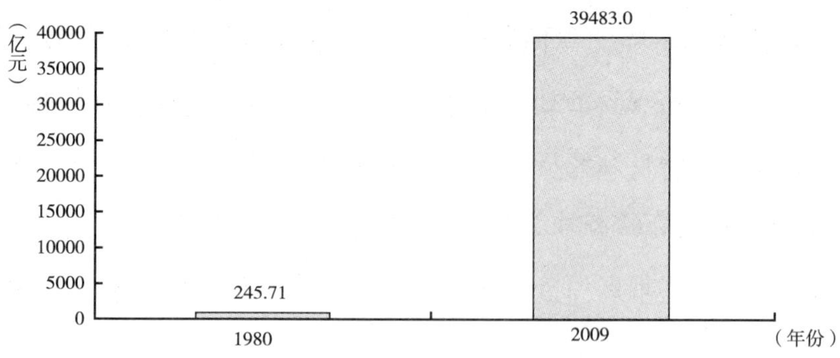


**图4-1　广东省国民生产总值**

坡和中国香港、台湾。1979 年，广东省的外贸依存度仅为 14.4%，2009 年，广东省的外贸依存度已高达 155%（见图 4－2），对外贸易总额已达 6111 亿美元，占全国总量的比重达到 29%（见图 4－3），实际利用外商投资累计 171.3 亿美元，占全国总量的 20.5%（见图 4－4），已从封闭走向开放。人均国民生产总值已从 1978 年的 370 元增至 2009 年的 41166 元（见图 4－5），折合超过 6000 美元（按照汇率法换算），其中珠三角地区

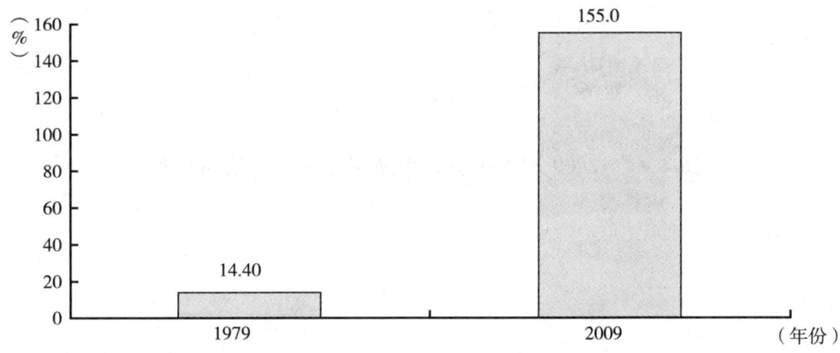


**图 4－2　广东省外贸依存度**

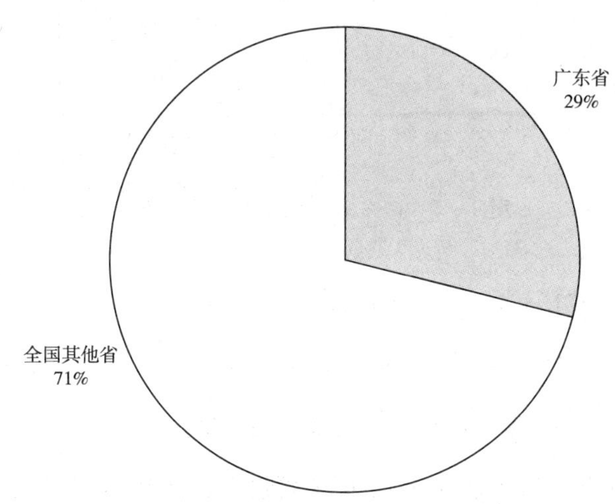


**图 4－3　2009 年广东省对外贸易总额占全国的比例**

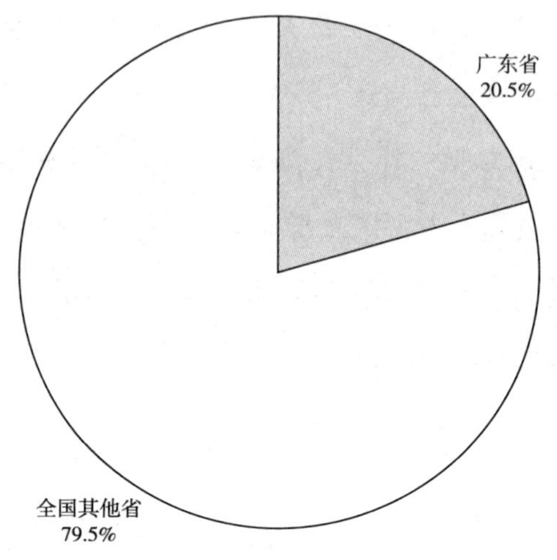


**图 4-4　2009 年广东省利用外商投资占全国的比例**

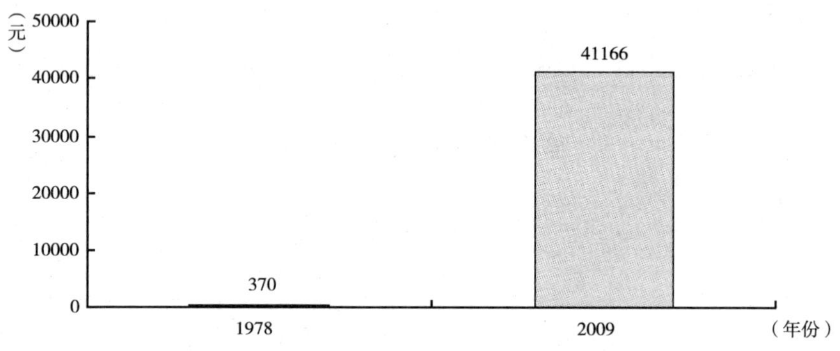


**图 4-5　广东省人均国民生产总值**

人均 GDP 已达 57154 元，折合 7520 美元。一、二、三次产业结构已从 1980 年的 34∶41∶25 转变为 2009 年的 5.1∶49.2∶45.7（见图4-6）。城市化率则从 1979 年的 19.3% 提升到目前的 63.1%（见图 4-7），比全国高出 18.2 个百分点。城镇居民人均可支配收入，1978 年是 412 元，2007 年是 17699 元，实际年均增长 6.98%；农民人均纯收入 1978 年是 193 元，

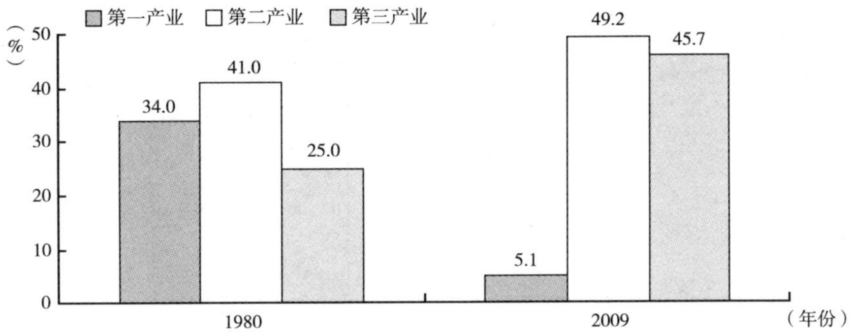


**图 4-6　广东省第一、二、三次产业结构的比例**

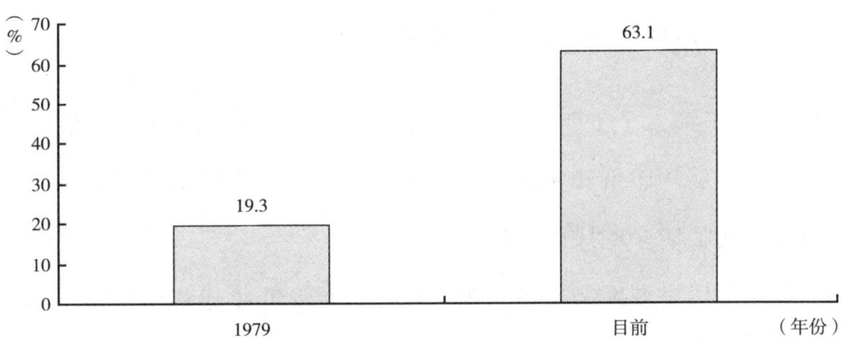


**图 4-7　广东省城市化率**

2007 年是 5624 元（见图 4-8），增长了 28 倍，实际年均增长 6.75%，已经实现从贫困向宽裕型小康的转变。经过 30 多年的努力，总的来说，广东省发生了天翻地覆、沧海桑田的变化，已经成为我国市场化体系较为完备的地区，成为我国外向度最高的经济区域和对外开放的重要窗口，成为我国乃至世界重要的制造业基地，成为我国三大城镇密集区域之一，人民生活水平有了很大的提高。广东省已经实现了经济起飞，基本完成工业化初期、中期阶段，正向工业化中后期阶段推进，大约相当于“亚洲四小龙”经济起飞后的 20 世纪 90 年代的水平。

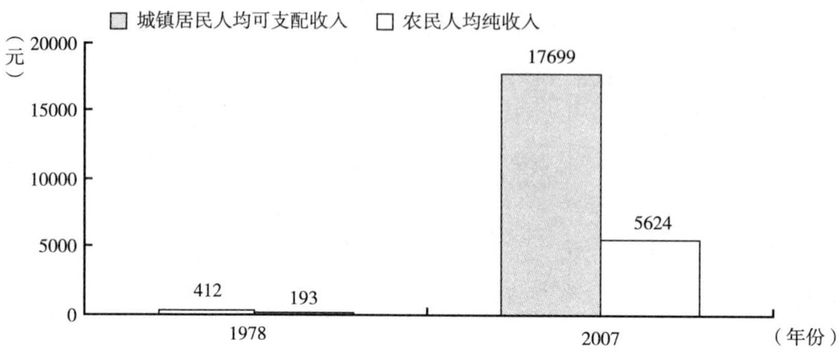


**图 4－8　广东省城镇居民人均可支配收入及农民人均纯收入**

## 二　广东经济社会发展面临的挑战

在 21 世纪第二个十年开始的今天，知识经济和全球化进程继续对广东经济社会发展的政策和实践产生深远的影响。广东既面临难得的历史机遇，同时也面临诸多的风险和挑战。

广东属于后发型经济发展类型，在 20 世纪 80 年代初期实行率先改革开放政策后，通过大量引进外资，加上充裕廉价的人力和土地资源，促使经济出现了飞速增长的势头，然而这种增长由于资金不足，被迫选择低层次劳动力密集型、靠高消耗不可再生资源的方式发展生产。20 世纪 90 年代中后期以来，一方面，由于知识经济和全球化的发展，世界经济结构进行了调整，欧美和“亚洲四小龙”的产业向发展中国家转移；另一方面，国内全面开放，长江三角洲和环渤海地区迅速崛起，广东原有的中央给予的特殊优惠政策和灵活措施已经丧失，包括家电、玩具、制鞋、制衣等一大批早期产品在内的广大市场已逐步萎缩。在这种形势下，广东进一步扩大改革开放，兴办高新区和开发区，加大吸收外资和发展电子信息、化工、医药、新材料等高新产业，改革国有企业，发展民营经济。随着经济的迅速发展，加大对汽车、电力、钢铁、石化等重型工业的发展，到现在广东的九大产业支柱作用进一步增强，高技术制造业、先进制造业增加值占规模以上工业增加值的比重分别达29%、44.3%，轻重工业的比重已经调整为41∶59，现代服务业也有了很大发展。但是，2008年的国际金融危机对我国的实体经济造成很大的冲击，广东首当其冲，2008年广东的各项经济指标急剧下滑，珠三角经济很快陷入萧条之中。根据国家抗击金融危机的积极货币政策和积极财政政策，广东采取加大投资、扩大内需等重大举措，才逐步使经济得以回升。直到现在，广东的出口水平还没恢复到国际金融危机之前。国际金融危机对广东冲击的事实及21世纪国内外经济形势的深刻变化，充分说明广东原有的过度依赖外资的模式已经行不通了，必须加快经济转型升级和发展方式转变。主要的原因在于以下几点。

第一，国际经济格局的调整、高科技的发展及国内经济形势的发展，使广东面临严峻挑战。后国际金融危机时期，全球经济深层次重组，以“中国制造—美国欧洲消费”为代表的失衡格局必然调整。国际技术壁垒依然存在，国际贸易保护主义普遍抬头，对中国经济特别是广东经济的冲击依然严峻。同时，伴随着世界经济的发展，国际经济高科技，如电子信息技术、生物技术、新材料、新能源等更新换代加快。由于世界气候和环境的变化等因素，各国提出的低碳经济发展将酝酿世界范围内新一轮的技术革命。国内，长江三角洲、环渤海以及各个区域中心城市崛起并加速发展的态势，也给广东发展带来挑战。

第二，广东宏观经济发展趋势使然。（1）广东经济总量虽然排全国第一位，高新技术产业占其中相当的比重，但产业的核心技术却多数掌握在外资手中。广东技术对外依存度高达50%，高新技术企业来自国外跨国公司的发明专利占70%以上，其中信息技术为90%、移动通信为92.2%、生物技术为

87.3%、IT 领域为 85%。核心技术及其自主知识产权少。产品技术水平达国际先进水平的占 24.7%，达到国际领先水平的只占 5.7%。由于技术进步不快，自主创新能力不足，经济增长仍然主要靠资本投入、廉价的土地、低工资成本等基本要素，经济增长的粗放度仍然较大。未来广东的发展必须进一步打破这种外向路径依赖，大力发展自主知识产权，以适应全球化和知识经济形势下经济的可持续发展。（2）受能源、土地等资源约束明显。广东煤、电、油、矿产等资源大多依靠外部输入，这已经成为珠三角经济发展的明显约束因素。珠三角地区 100% 的煤炭、95% 的木材、86% 的成品油、72% 的钢材、22% 左右的电力需要从外省调入或进口；铁矿石、铝、铜等原料也主要依靠外调和进口。近三年来，广东原材料、燃料、动力购进价格指数累计上涨了 25.2%，工业发展综合成本上升了 50%。土地资源供需矛盾日益突出，经过 30 多年的发展，大部分城市特别是珠三角已陷入有建设项目但无地可用的窘境，少有的土地价格高昂，增大了发展成本。经济发展的这种严峻现实也迫使广东必须从主要依靠“要素”发展转向依靠“技术进步”发展。（3）经过多年的发展，广东和珠三角的污染治理及生态保护日益严重，发达国家在几百年工业化过程中积累的环境问题，在珠三角发展的几十年时间内集中出现。虽然广东和珠三角加强了对污染的治理和对环境的保护，但问题依然存在。珠三角部分城市灰霾天气日益呈现出加重的趋势，有的甚至多达 230 天。广东的北江、东江、西江三条主要河流水质呈下降趋势，有的城市饮用水安全已受威胁。21 世纪，国际低碳经济的发展趋势以及引发的新一轮技术革命，将产生一批新兴产业，广东要实现增进人民福祉的目的，实现广东经济社会的可持续发展，不仅要降低能耗、治理环境、保护环境，而且必须跟上国际经济新一轮技术革命的步伐。（4）广东的东西两翼和北部山区与珠三角地区差距较大。广东统计局的数据表明，珠三角面积只占广东的 1/5，常住人口和东西两翼、北部山区差不多，但 GDP 总量却占全省近 80%（见图 4－9）。人均 GDP 差距同样较大。据统计，2007 年，珠三角 9 市人均 GDP 54386 元，是东西两翼的 3.8 倍，北部山区的 4.1 倍，地区发展差异系数为 0.75，高于全国平均水平，也高于同期山东（0.54）、江苏（0.55）、浙江（0.38）等沿海省份的地区发展差异系数（见图 4－10）。尤其是北部山区，还存在不少贫困人口。解决广东区域的不协调问题，实现东西两翼和粤北山区的跨越式发展，是实现广东现代化的最大难题和根本问题所在。

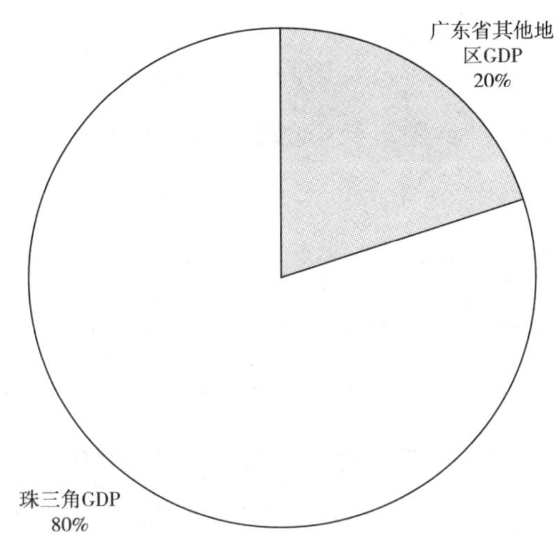


**图 4－9　珠三角 GDP 占广东省的比例**

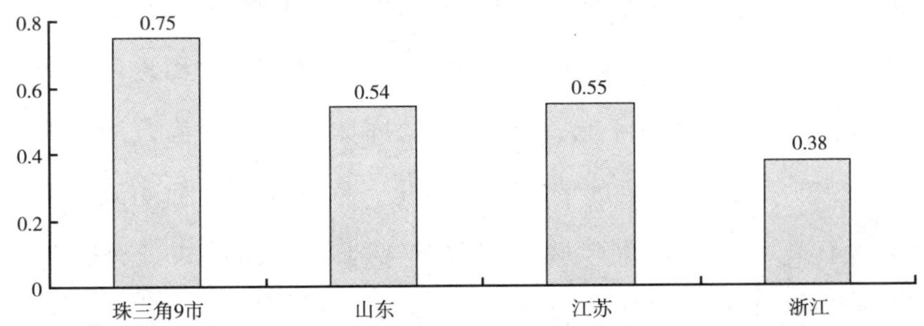


**图 4－10　2007 年广东珠三角 9 市地区发展差异系数与沿海省份的对比**

第三，社会矛盾的发展，需要社会加快转型。目前广东人均 GDP 已达到 7000 美元，刚达到中等发达国家的水平。由于收入差距的拉大，多元化社会的出现，社会矛盾凸显。人民群众追求美好生活的内容形式更丰富、水准要求更高、权利诉求更强烈。在这种形势下，广东必须更加重视社会的公平、正义，加强社会保障建设，改善民生，保障人民权益，畅通诉求表达渠道，满足人民群众精神文化需求，提高人民群众的整体素质和道德涵养。总的来讲，随着经济的转型升级，社会的发展也必须转型升级。

综上所述，广东不仅面临着国际国内经济调整以及高科技发展的猛烈冲击，而且也面临着自身经济社会的转型升级。进入 21 世纪以来，特别是经历了国际金融危机的冲击，广东积极应对，频频采取一系列政策和措施进行改革创新。国际金融危机前，广东就作出了《关于推进产业转移和劳动力转移的决定》，在遵循产业布局和产业转移客观规律的基础上，政府因势利导，引导珠三角劳动密集型产业梯度转移，促使东西两翼、粤北山区劳动力合理地向珠三角输入。由此有效突破制约广东经济社会发展的土地资源匮乏、环境承载压力加大、发展空间受限等突出问题，促进优化产业结构、提升产业层次、增强产业竞争力；促进区域协调发展，缩小粤东西北与珠三角区域的差距。2008 年，经过广东方面的争取，在过去工作的基础上，国务院颁布《珠江三角洲地区改革发展规划纲要（2008 ~ 2020 年）》，进一步发挥珠三角的优势，深化珠三角的改革开放，推进珠三角区域经济一体化，率先建成全面小康社会和基本实现现代化。以珠三角区域的现代化带动和推动环珠三角，包括粤东、粤西、粤北及周边省、区的现代化。在 21 世纪头十年即将过去，新的十年就要开始的 2010 年，广东省及其所属各市及早谋划未来五年甚至十年的发展，制定并颁布《广东省国民经济和社会发展第十二个五年规划纲要》，强调要着力转变发展方式，加快经济结构调整，提高自主创新能力，保障和改善民生，促进区域协调，加强生态建设和环境保护，普遍提高人民的富裕程度和文明程度，为广东率先基本实现现代化而努力奋斗。

## 三　广东经济社会发展目标

根据《珠江三角洲地区改革发展规划纲要（2008～2020年）》和《广东省国民经济和社会发展第十二个五年规划纲要》，广东“到2015年，全省人均生产总值提前五年实现比2000年翻两番的目标，经济发展方式转变取得突破性进展，经济强省、文化强省、绿色广东、和谐广东和法治社会建设成效显著，率先全面建成小康社会”，“到2020年，全省人均生产总值比2010年再翻一番，建成全球重要现代产业基地、亚太地区重要创新和服务基地，全国深化改革先行区、经济社会转型发展示范区，率先基本实现社会主义现代化”。

从广东2010～2020年的发展目标看，广东要实现“到2020年，全省人均生产总值比2010年再翻一番”的目标，2010～2020年年均增长率必须在7%～8%。在目前广东土地、资源限制和环境约束的条件下，要保持经济持续较快增长和在新的经济格局中保持领先地位，根据后发展国家和地区日本、韩国、中国香港等的经验，最重要的是迅速推进广东新一轮的产业结构转型升级，而实现转型升级的根本点在于大力提高自主创新能力，把广东建设成为亚太地区重要的创新中心和成果转化基地。其中，最重要的目标和工作重点是推进核心技术的创新转化和构建创新型区域。未来广东将着力加强引领现代经济发展的关键领域的引进吸收再创新和集成创新，积极推进原始创新，加快创新成果转化，实现产业技术跨越式发展，加强知识产权保护和利用。深化区域特别是粤港澳合作与国际合作，构建开放型的区域创新体系。只有加快提高广东自主创新能力，才能促进产业结构的转型升级，提高在国际上的竞争能力，才能在破解资源制约、环境约束和打破国际贸易壁垒中发挥关键作用。广东经济要实现向更高阶段的飞跃，必须坚持不懈地把经济增长放在紧密依靠科技进步和高素质劳动者上，尤其是广东的教育必须首先对此做出明智的选择和积极反应。借鉴英国、美国、日本和中国香港等国家和地区的发展经验，广东只有继续深化教育改革，创新教育发展模式，才可能使教育获得蕴含着巨大的科技创新潜能的能力，并转而为经济发展服务，培养出大量训练有素适应新生产过程的生产者。

从广东 2010 ~ 2020 年的发展目标看，未来十年，广东不仅要加强经济建设，实现经济现代化的宏伟目标，而且要加强社会建设、文化建设和法治建设，以解决经济社会现代化过程中出现的社会矛盾，实现全面建设小康社会的目标。广东教育必须与此相适应谋划教育的改革和发展，不仅要重视培养经济和科技人才，而且要重视培养文化、社会管理、法律、教育等方面的人才。未来十年将是广东城镇化加速发展的时期，珠江三角洲地区将实现城乡一体化建设，粤东西和粤北将有大批农村和农业人口进入城市就业和生活，广东普及教育和提高全体劳动者素质的任务将更加艰巨。总的来说，广东的转型升级及现代化发展对高端人才和高素质劳动者的培养提出了更高的要求，广东教育的改革和发展对广东的转型升级及现代化起着关键的作用，广东教育现代化的道路依然漫长。

## 第二节　广东教育现代化发展现状

### 一　广东教育发展的历史

广东地处祖国的南方，毗邻港澳，近代以来是我国率先改革开放的区域。广东的教育现代化属于后发外生型，由此经历了从外部推力到主动办教育、从采取全盘学习到经验借鉴和模式创新、从适应性变通策略到战略性整体谋划发展、从逐步发展到加快发展的历程。

据史书记载，早在汉代在广东的广州、番禺等地就有“书馆”“精舍”等私学存在。唐宋时期有不少被朝廷贬到岭南的饱学之士，如唐代文学家、教育家韩愈，北宋文学家苏轼，他们崇文重教，对推动当地教育事业发展大有贡献。到明清时期，按照中央官学规定，广东普遍在地方府、州、县分别设立官学，均由各级官府拨款或拨予学田充作办学经费，并配备专门掌教职官。古人亦统称地方府、州、县官学为“儒学”。除官学外，书院也发展颇快，明代广东共建书院150所，各州、府均有自己的书院，到清朝书院也成了官学第二，改变了宋人办书院的初衷。由于我国封建制度绵延两千多年和长期闭关锁国的影响，无论官学还是私学，学生学习的主要是儒家的四书五经，远离自然科学和社会科学，脱离生产和实际，追求的是“学而优则仕”的道路。

广东教育现代化始源于鸦片战争之后。1860年的鸦片战争，英国等西方国家的坚船利炮一方面使我国沦为半封建半殖民地国家，另一方面也轰开了中国闭关锁国的大门，带来“西学东渐”。广东是首批开放的通商口岸之一，又毗邻香港、澳门，是近代中国向西方学习的跳板之一。广东在 19 世纪后期开始引进西方现代意义上的学校。1903 年（光绪二十九年），清朝颁布了癸卯学制，诏令废除科举，兴办新学校。广东境内各州、府、县纷纷将原来的官学、私学和学府改名为学校，并实行新学制，讲授新课程，学生从此不再摇头晃脑地背诵四书五经，而是开始接触近代自然科学和社会科学。出国留学是学习西方的有效途径，广东人也是捷足先登。如 1872～1875 年，经过广东香山人容闳的奔波努力，清朝政府派遣的 120 名赴美利坚留学的幼童中，就有 84 名是广东人。这些知识分子学成归来，办学校，办报纸，传播新思想、新技术，推动近代教育的发展。广东新学发展很快，如 1911 年广东的梅州就有 803 所小学堂，9 所中学堂，到 20 世纪 30 年代，基本建立起系统的学校教育制度。新式学校的兴起，可以说是广东教育走向现代化的起点。辛亥革命，孙中山等人推翻帝制，建立了中华民国。作为中华民国的创始人孙中山重视教育的发展，提出了“扩大教育，振兴实业”“普及免费教育”的主张，在他的倡导下，广东创办了“广东（中山）大学”、“黄埔军校”及各种技术性私校，并在一些地方实施免费的中小学教育。民国时期，广东教育进一步转型，教育现代化有了一定的发展。1949 年全省有小学 2.8 万所，在校生 159 万人；中学 516 所，在校生 13.7 万人；职业学校 56 所，在校生 5000 人；师范学校 46 所，学生 1.5 万人；大专院校 25 所，学生 1.5 万人，但全省文盲仍占总人口的 78% 以上①（如图 4－11、图 4－12 所示②）。

中华人民共和国成立以后，广东按照国家要求，把现代化建设作为发展的重大战略，由此推动了新一轮教育现代化的发展，但是由于“文化

---

① 参见《广东百科全书》，中国大百科全书出版社，2008。

② 参见《广东百科全书》，中国大百科全书出版社，2008。

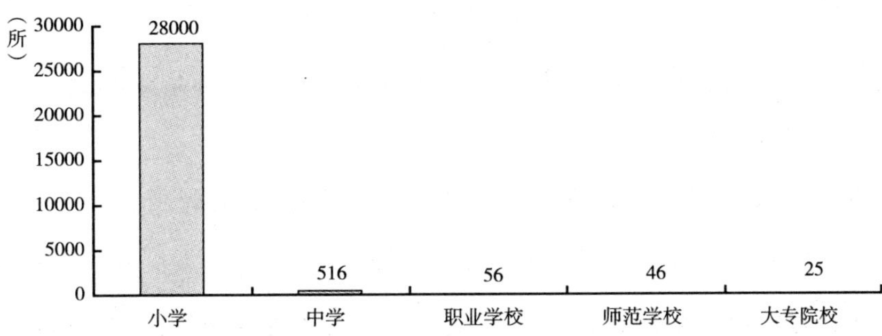


**图 4-11　1949 年广东省各类学校数量对比**

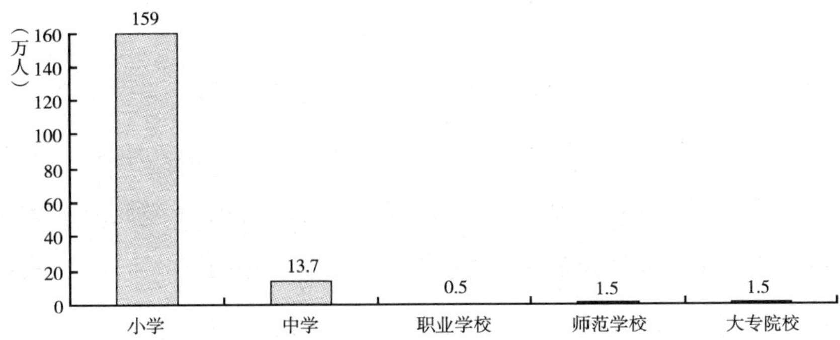


**图 4-12　1949 年广东省各类学校在校生人数对比**

大革命”，教育现代化中途迷航。新中国成立初期，广东和全国一样，照搬苏联的教育模式，教育实施以课堂教育、书本教育为中心，多采取灌输式、填鸭式的教育教学方法，20 世纪 50 年代末 60 年代初我国贯彻“教育必须为无产阶级政治服务，必须与生产劳动相结合”的方针，对苏联的教育模式进行改革，加强了与经济、生产劳动的结合，这段时期广东的教育发展为广东的社会主义建设培养了大批的专业人才和“有理想、有道德、有文化、有知识”的劳动者，为广东的经济社会发展作出了积极的贡献。但是，20 世纪 60 年代中后期的那一段政治风波，使学校卷入了无产阶级“文化大革命”的风暴之中，破坏了正常的教育教学秩序，基本中断了教育事业的发展。直到 20 世纪 70 年代后期拨乱反正，教育才返回正确的轨道上来。

1978 年改革开放后，我国社会主义现代化建设揭开新篇章。广东发挥改革开放先行者、排头兵的作用，勇于改革探索，奋发图强，把一个经济文化教育相对落后的省份，建设成为一系列经济发展指标位居前位的经济大省，与此同时，教育现代化也取得令人瞩目的成就。

## 二　广东教育现代化的历程

回顾改革开放后广东的教育现代化，主要经历了如下几个阶段。

第一阶段：20 世纪 80 年代，恢复发展和打基础阶段。1978 年中央作出了以经济建设为中心和改革开放的决策，教育发展重新被放到重要的战略地位。1980 年国务院颁布《关于普及小学教育若干问题的决定》，同年广东颁布《关于进一步贯彻中发［1980］84 号文件，实现普及小学教育的意见》。与恢复国民经济建设和改革开放初期发展出口加工型经济相适应，大力普及小学阶段教育，恢复正常的教育教学秩序。由于政府财政薄弱，当时形成了政府主导、社会和人民群众包括海外华侨积极参与集资的办法解决“一无两有”（无危房、有课室和课桌），使小学教育在全省境内得到迅速普及。1979 ~ 1987 年，全省用于校舍建设投资达 31.44 亿元，加上住房及设备投资共 40.33 亿元，新建校舍 2546.4 万平方米，是新中国成立后的 26.47 倍。1984 年，全省有小学 29778 所，在校生达 779 万，入学率达 97.78%，基本实现了普及小学教育（如图 4 - 13 所示）[①]。

① 何辛编著《广东教育 50 年（1949 ~ 1999）》，广东高等教育出版社，2000。

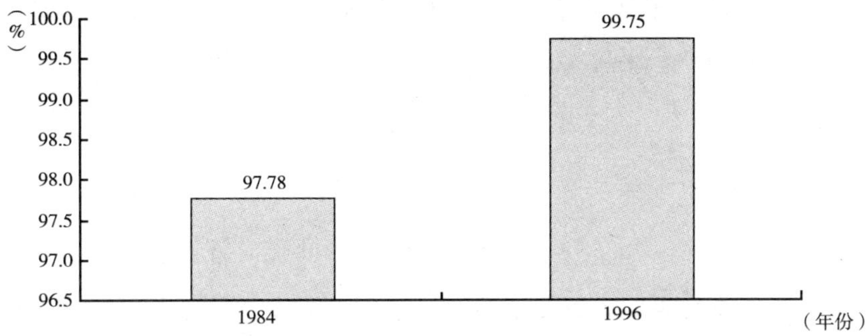


**图 4－13　广东省 1984 年与 1996 年小学生入学率对比**

第二阶段：20 世纪 90 年代，教育结构调整和教育现代化加速发展时期。随着广东产业结构的调整和市场经济的加速发展，以及加大吸收外资和对外贸易的形势，广东加大实施教育结构调整，促进教育的发展，以适应广东经济社会发展。

一是加快普及九年义务教育。在 1988 年全省普及小学教育的基础上，广东就以珠三角为示范带动开始在全省普及九年义务教育，特别是在 1992 年邓小平南方讲话的推动下，呈现了加快发展和全民办教育的热潮。1995 年，广东在全国率先实现扫除青壮年文盲，1996 年，广东省和江苏省一道成为全国率先实现普及九年义务教育的省份。据统计，1996 年，全省小学生入学率达到 99.75%，小学毕业生升学率达 95.94%，初中毛入学率达到 98%，普通初中辍学率控制在 3.78%。专任教师学历达标率，小学为 95.92%，初中为 83.07%。广东普及九年义务教育十年间，共投入 443.2 亿元，建设校舍 4354 平方米，实现 90% 校舍更新，80% 楼房化。[①] 投入 20 亿元用于改善教学设备，学校计算机数量及教学走在全国

① 江海燕主编《广东普通教育现代化（1990～2000）》，广东人民出版社，2001。

前列。1996 年后广东又采取“改造薄弱学校”“教者有其居”、培养教师的“百千万工程”等强有力的措施，使全省普及九年义务教育得到全面巩固提高。

二是珠江三角洲核心区普及高中阶段教育，大力发展职业教育。20 世纪 90 年代，随着产业结构的调整，科技含量高、智能化、自动化水平高的新兴产业蓬勃兴起，需要高素质的劳动者和大量专业性、复合型人才。为此，广东特别是珠三角地区在巩固提高九年义务教育的基础上，普及高中阶段的教育（包括高中教育和中等职业教育）。到 2000 年，广州、深圳、佛山、东莞、珠海、中山、江门等珠三角核心城市已普及高中阶段教育，中等职业教育得到很大发展。到 1999 年，广东省中等职业学校已发展到 1077 所，招生数和在校生数分别达到 28.17 万人和 78.26 万人；招生数和在校生数在高中阶段所占比例分别达到 54% 和 55%。全省已建立各类培训中心 5000 多个，高等职业教育也逐步发展，初步形成多层次、多门类的职业教育体系。

三是在区域中心城市创办大学。由于经济结构的调整和科技的发展，在广州、深圳出现了一条高新技术发展带，珠三角和沿海地区的中心城市，如广州、深圳、中山、汕头、湛江等纷纷设立国家级高新技术开发区，对大量科技人才的需求推动了广东在全国率先创办地方高等大学，如广州大学、深圳大学、五邑大学、汕头大学、佛山科技学院、中山孙文学院等应运而生。这些地方大学不仅为广东区域经济社会发展培养了大批人才，而且为推动区域现代化文明的发展作出了重要贡献。

四是以教育信息化为重要内容，推动教育现代化。20 世纪 90 年代，全球已逐步进入以信息化为特征的知识经济时代，信息化日益改变着人们的生活方式和生产方式。知识经济的基础首先在于知识的传播系统，因而必须首先抓教育。为适应广东省信息化建设的要求，广东提出了以推进教育的信息化作为推进教育现代化的重要内容和突破口，1995 年开始，在全省逐步推进中小学计算机课程教育，1999 年制定了《广东教育信息化工程》，着力抓好四建：（1）建网，包括校园网、区域网、全省网。（2）建库，即建立教育和教学管理、应用、服务的软件库。（3）建队，对广大教师进行教育信息技术的培训。（4）建制，建立计算机教育的规章制度。到 2000 年，全省中小学拥有计算机 20 万台以上，占全国的 1/7 左右。2008 年，全省中小学基本普及计算机教育，市、县（区）和 30% 的中小学实现了与省基础教育专网连接，80% 以上的中小学实现了“校校通”。

五是改革办学体制，民办教育迅速发展。随着市场经济和国有经济体制改革，国家也提出了改变政府完全包揽办学的现状，在非义务教育阶段允许社会力量和私人办学。广东率先在全国办起民办的高等教育、民办的基础教育、民办的职业教育，特别是一批教育设施先进、教育水平高的“贵族”高中，引起世人关注，使得教育能够满足不同层次人们的需求。

第三阶段，基础教育的巩固提升和实现高等教育跨越式发展阶段。20 世纪末以来，我国进入以信息化为主要特征的知识经济时代，2001 年我国加入世贸组织，加快融入世界经济一体化之中。广东各地加快对粤港澳和发达国家经济结构调整中产业转移承接的步伐和对高新技术的引进、吸收、消化、创新。进入 21 世纪，随着电子信息、生物技术、新材料、新能源等高新产业和石油化工、汽车制造、钢铁、造船等重化工业的发展，广东已成为世界制造业基地之一。经济结构的调整和提升，对广东加快发展教育、提高教育水平提出了现实的迫切要求。1999 年中央提出扩大高等教育的规模，广东紧紧抓住这个机遇，当年普通本专科共招生 9.4 万人，比 1998 年增加 3.3 万人，增长 54.1%；研究生共招生 3849 人，比 1998 年增加 759 人，增长 24.56%；成人高等教育共招生 6.07 万人，比 1998 年增加 0.94 万人，增长 18.3%。研究生、普通本专科和成人高等教育在校生规模达到 40.55 万人，比 1998 年增加 6.6 万人，增长 19.4%。高等教育毛入学率达到 9.8%，比 1998 年提高 1.64%（如图 4－14 所示）[①]。从这个时候开始，广东高等教育开始进入快速发展时期。为了加快高等教育的发展，广东和其他省市一样，出现了高等教育集约发展新模式——大学城和大学园区，先后建立了广州大学城、深圳大学城、珠海大学园区和佛山南海大学园区四个大学区域。这些大学城区和园区集教育、科研、产业于一体，为经济社会发展培养高素质专门人才、提供智力支持和科技支撑。其中，广州大学城最大，占地 40 平方公里，建筑面积 538 万平方米，共有中山大学、华南理工大学、华南师范大学、广州中医药大学等 10 所大学分校进入，共有 20 万个优质学位，2005 年建成当年师生数就达到 12 万人。深圳大学城与全国著名大学如清华大学、北京大学、哈尔滨工业大学合作，主要培养博士、硕士研究生，建设国家级重点实验室，现有近万名研究生和 9 个国家级重点实验室，承担了许多国家级、省部级、市级科研项目。2002 年广东省研究生、普通本专科和成人高等教育共招生 31.04 万人，在校生规模达到 77.83 万人，高等教育毛入学率达到 15.3%。至 2009 年，广东研究生在校生 6.59 万人，普通本专科和成人高等教育在校生 133.41 万人，高等教育毛入学率达到 27%（如图 4－14、图 4－15 所示）。从规模上已经实现了高等教育的大众化。

九年义务教育在 1996 年实现全省普及以后，继续通过提高教育设施

① 参见罗伟其主编《广东教育改革发展 30 年纪事》，广东高等教育出版社，2008。

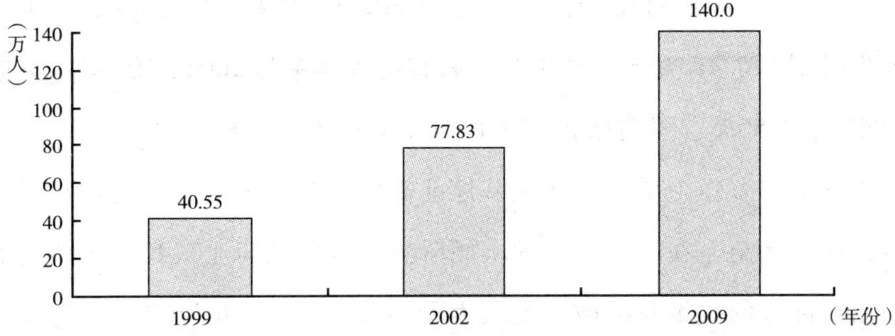


**图 4－14　广东省 1999～2009 年研究生、普通本专科和成人高等教育在校生规模对比**

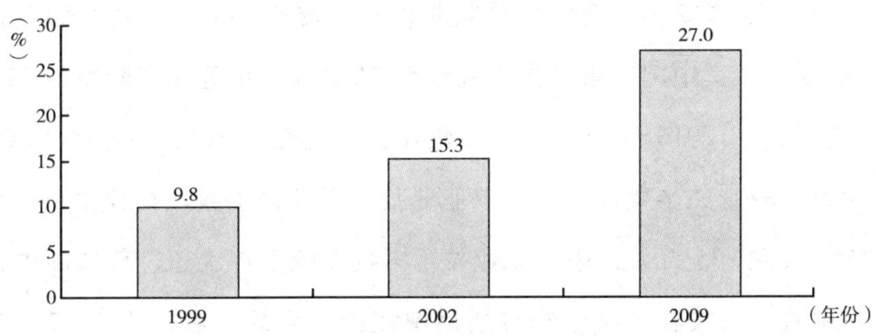


**图 4－15　广东省 1999～2009 年高等教育毛入学率对比**

设备、提高教师学历层次、改革课程和教材，使之得到切实的巩固提高。从 2006 年秋季在农村实施免费义务教育开始，到 2008 年秋季在全省城镇实施免费义务教育，全省才算实现了真正的九年义务教育。在高等教育实施了跨越性发展以后，高中教育愈显得滞后，不能适应入学的要求。进入 21 世纪以后，广东以创建国家级示范高中为契机，深化高中办学体制改革，使全省普通高中得到迅速发展。2002～2009 年，全省新建一批普通高中，80% 以上的普通高中学校进行了扩建，按照现代化标准大大改善办学条件。全省高中阶段在校生从 2002 年的 179.58 万人增加到 2009 年的

377.9 万人，其中普通高中在校生达到 192.44 万人，中等职业技术学校在校生达到 120.46 万人，高中阶段教育毛入学率从 2002 年的 44.7% 提高到 2009 年的 80%。全省普高与中职学生比例为 51∶94。

为适应广东作为世界制造业基地的需要，广东省十分重视职业教育的改革发展和提高，在经济发展的不同阶段都对推进职业教育的发展提出目标，出台配套的政策和措施，投入大量资金，“十一五”期间，全省各级财政投入累计达到 550 亿元。在适应广东经济结构调整和科技发展的过程中，一批优势中等职业学校和普通高等教育学校被提升和调整为高等职业技术学院。到 2010 年，全省中等职业技术学校达 812 所、高等职业技术院校达 76 所，其中国家重点技工院校 56 所，全国示范性高职院校 11 所，均居全国第一。2010 年，全省高等职业技术院校在校生规模达 65 万人，占普通高等教育的半壁江山；中等职业技术学校招生数、在校生数分别达到 125 万人和 295 万人，中等职业技术学校在校生首次超过普通高中在校生，职业技术学校在校学生与普通高中在校学生的人数比为 52.5∶47.5，也助推广东省提前一年基本普及高中阶段教育。

## 三　广东教育现代化的主要成就

广东的教育现代化虽然起源于鸦片战争后的 19 世纪末和 21 世纪初，但是由于种种历史原因，教育现代化的步履迟缓，直到 1978 年国家实施改革开放和以经济建设为中心的方针政策后，教育现代化才步入加速发展的时期。广东 30 多年改革开放和经济社会发展的巨大成就为广东教育现代化的发展奠定了坚实的基础，广东教育现代化的推进又对推动广东经济社会的快速、健康、持续发展起到了支撑作用。

首先适应了广东经济社会发展阶段的要求。广东在 20 世纪 80 年代到 90

年代普及九年义务教育，扫除青壮年文盲，适应了当时主要推行以“加工贸易”“三来一补”为主体的工业化，称为初级的工业化。这种经济增长主要是要求生产者要具备初级生产技术和文化素质，根据生产要求培训一时一地工种需要的技术。20 世纪末到 21 世纪以来，产业结构的调整提升，尤其是信息技术的普及、信息化社会的到来，要求整体提高全民的素质，在这个时期加快高中阶段教育的普及和加快高等教育的发展就成为必然的要求。

其次是较好地满足了科技发展的要求。20 世纪中下叶以来，知识经济已见端倪，广东抓住这个机会，及时在中小学中普及计算机教育和在高等学校中开设有关信息技术的专业和课程，使广东省迅速适应信息化社会的到来和信息产业的发展，目前广东省是全国乃至世界最重要的信息产业基地之一。高等教育和职业教育根据产业结构调整和科技发展的要求，确定和调整学科建设、专业设置，促进教育和经济、科技更紧密的结合。同时实施“高校科技创新工程”，积极推进产学研结合和科技成果转化，高校自主创新能力和社会服务能力有了很大提高。例如高校专利申请量从 1985 年的 42 件增加到 2007 年的 1593 件，约增长了 37 倍；发明专利申请量从 1986 ~ 1992 年的 128 件增加到 2007 年的 1254 件，约增长了 9 倍。2007 年广东高校发明专利申请居全国第五位，发明专利授权量居全国第七位（如图 4 – 16、图 4 – 17 所示）。

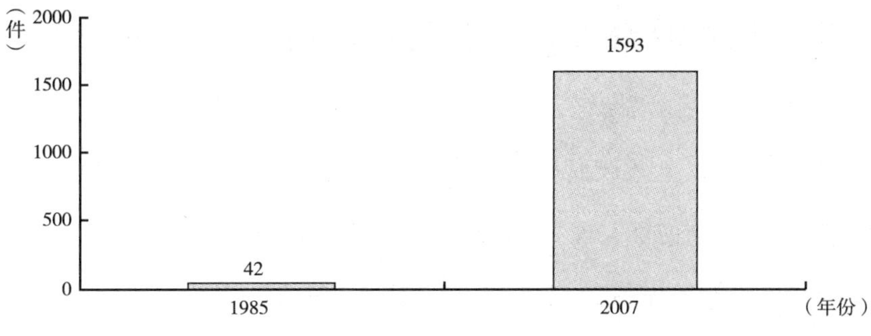


**图 4 – 16　广东省高校专利申请量对比**

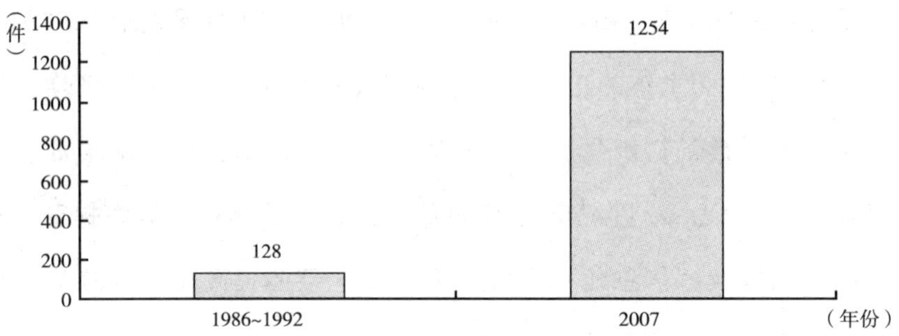


**图 4-17 广东省高校发明专利申请量对比**

再次是适应了广东文化发展的要求。广东在 20 世纪 90 年代随着经济的发展提出了“建设文化大省”的目标，至 2009 年又提出“建设文化强省”的目标，教育是文化的基础，广东从普及九年义务教育到基本普及高中阶段教育，从实施大众化的高等教育到构建学习型社会，满足人民日益增长的教育和精神文化追求，顺应了这个发展的要求。同时，顺应全球教育发展的潮流和自身教育发展的要求，在中小学中加强“素质教育”，在高等教育中开始引入“通识教育”，加强人文科学精神的培养和学生全面素质的提高。

## 第三节　广东教育现代化发展面临的主要问题

综上所述，改革开放后广东教育发展经历了三个阶段，取得了辉煌的成就。但是，正如前面“广东经济社会发展现状和目标”中所述，广东在经历了 30 多年改革开放后经济发展面临着土地、资源的限制和环境的约束，不能再走依靠廉价的土地和劳动力及牺牲环境为代价来换取发展的路子，而必须走依靠科学技术进步和依靠高素质劳动者和高端人才发展的路子。特别是国际金融危机对广东的巨大冲击，使广东人清醒地认识到在全球化的时代，不仅要坚持对外开放，发挥我国及广东省的比较优势，引进和吸收国际的先进技术和设备，而且要坚持走自主创新的道路，提高核心技术的竞争力，从广东制造走向广东创造。同时新的发展时期对广东的文化建设、社会建设、政治建设也提出了新的要求。广东的经济社会发展对广东的教育现代化提出了新的发展要求。对照广东经济社会发展的要求，对照全球化发展的趋势，广东教育现代化发展过程中存在什么主要问题，这是我们探索在新的历史时期教育现代化发展必须明晰和解决的问题。

第一，教育发展不均衡，教育的公平性经受考验。广东地处祖国南端，北部是高山，从北向南逐步延伸，南部是广阔的珠江三角洲平原，面临南海。广东的这种地理位置特点，加上改革开放初有利于特区和沿海城市的特殊政策，使毗邻港澳的珠江三角洲地区经济得以率先高速发展。“十一五”计划实施以来，尽管广东采取“双转移”策略，但广东北部山区、东西两翼地区与珠江三角洲平原地区的经济发展差异仍较大，教育发展差距突出（如表4－1所示）。同时，虽然经过多年努力，但城市和乡村教育的差距仍然存在，特别是城市和乡村教师待遇的差距，教师的质量和水平的差距更大（如表4－2、表4－3、表4－4所示）。广东普及义务教育的公立学校间的差异仍然存在。政府应当给公民提供均衡的义务教育，这是政府实施公平、正义和提供公共服务产品的重要体现，但由于历史的原因和发展不均衡，义务教育校际间的差异仍普遍存在，尤其是城市户籍学校和民办的农民工子弟学校。这种差异导致了激烈的择校热和升学竞争以及大班制现象的存在。

**表 4－1　2001～2005 年广东省教育经费总投入地区分布**

单位：%

| 区域＼年份 | 2001 年 | 2002 年 | 2003 年 | 2004 年 |
|---|---|---|---|---|
| 全　　省 | 100 | 100 | 100 | 100 |
| 省 本 级 | 13 | 13 | 13 | 15 |
| 珠 三 角 | 50 | 51 | 54 | 51 |
| 北部山区 | 17 | 15 | 14 | 16 |
| 东西两翼 | 20 | 21 | 19 | 18 |

数据来源：广东省教育厅《2001～2005 年教育统计资料》。

**表 4－2　2005 年广东省各地教育经费投入地区分布**

| 地　　区 | 总计(亿元) | 比例(%) | 预算内教育经费(亿元) | 比例(%) |
|---|---|---|---|---|
| 全　　省 | 773.92 | 100.00 | 423.51 | 100.00 |
| 省 本 级 | 124.88 | 16.14 | 58.14 | 13.73 |
| 珠 三 角 | 394.33 | 51.95 | 228.10 | 53.86 |
| 北部山区 | 118.37 | 15.29 | 69.68 | 16.45 |
| 东西两翼 | 136.35 | 17.62 | 67.59 | 15.96 |

数据来源：广东省教育厅《2005 年教育统计资料》。

**表 4－3　2005 年广东不同类型地区基础教育生均校舍**

| 地　　域 | 小学 | | | 初中 | | |
|---|---|---|---|---|---|---|
| | 校舍（平方米） | 在校生（万人） | 生均校舍（平方米） | 校舍（平方米） | 在校生（万人） | 生均校舍（平方米） |
| 全　　省 | 6368.47 万 | 1067.03 | 5.97 | 3056.40 万 | 461.63 | 6.6 |
| 珠 三 角 | 2298.40 万 | 313.61 | 7.33 | 1197.92 万 | 125.29 | 9.56 |
| 东西两翼 | 2322.19 万 | 473.52 | 4.90 | 905.04 万 | 200.03 | 4.52 |
| 北部山区 | 1747.87 万 | 279.90 | 6.24 | 943.44 万 | 137.38 | 6.87 |

数据来源：广东省教育厅《2005 年教育统计资料》。

**表 4－4　广东省不同类型地区小学 3 年级以上英语、信息技术开课率**

单位：%

| 类别＼地区 | 全省 | 珠三角 | 东西两翼 | 北部山区 |
|---|---|---|---|---|
| 英　　语 | 73.08 | 93.48 | 63.36 | 66.64 |
| 信息技术 | 29.45 | 62.52 | 12.03 | 21.86 |

数据来源：广东省教育厅《2005 年教育统计资料》。

第二，应试教育模式得不到根本改革，创新教育体系仍没有建立起来。20 世纪 90 年代以来，在广东教育界广泛开展了以改革应试教育为目标的素质教育活动，对传统教育观念革新、推动素质教育活动的开展起到了积极的作用。但由于从教育的制度和体系上的改革仍不够，应试教育模式得不到根本改革。学校的教育教学工作仍然围绕着高考和各种统考转，教育教学工作评价单一，以分数论英雄。学生课业负担沉重，中小学生课外活动和体育锻炼时间减少，影响青少年身心的健康发展。2008 年广东学生体质健康标准测试情况表明，全省中小学生体质状况呈下降趋势，其中反映学生心肺功能的肺活量比 2005 年下降了 23 毫升，营养不良率达 11.68%，超重率及肥胖率达 12.7%。应试教育模式的存在影响和阻碍了创新人才的培养，“为什么我们的学校总是培养不出杰出的人才”，这个被称为“钱学森之问”的问题仍无法破解。

第三，教育的质量和水平亟须提高，以适应经济社会和教育现代化发展的要求。广东用 30 年左右的时间就走完了西方发达国家用近百年时间完成的普及九年义务教育和实施大众化的高等教育，这种“后发”性的跨越式发展模式决定了广东省的教育具有赶超性，各地区的教育现代化往往先从改善办学条件入手，往往较注重物质层面和规模层面，教育的质量和效益亟待提高。在基础教育方面，一方面是应试教育模式还没有得到完全的改革，学生课业负担沉重，影响了学生的全面发展。另一方面，由于粤东、西和粤北与珠江三角洲教育的差距，尤其是师资方面的差距，初中的辍学率和高中的辍学率呈增加趋势（如表 4－5、表4－6、表 4－7 所示）。

在高等教育方面，由于在较短的时间里扩大招生数量和实现大众化高等教育，必然带来高校入学生源质量的下降，教师和学生比例的下降，以

**表 4-5　广东省中小学生保留率比较**

单位：%

| 时间 | 1995 年 | 2000 年 | 2005 年 | 2008 年 | 2009 年 |
|---|---|---|---|---|---|
| 小学 | 94 | 99 | 100 | 100 | 100 |
| 初中 | 87 | 88.35 | 93.17 | 87.86 | 88.76 |
| 合计 | 保留率为:小学 5 年保留率;初中 3 年保留率 | | | | |

数据来源：(1)《广东省教育事业“十五”计划》，(2)《广东省教育事业“十一五”计划》，(3)《广东年鉴·2010 基础教育》，http：//www.gd.gov.cn/govinc/nj2010/06kjwwt/060102.htm。

**表 4-6　2006 年广东省中小学生均教育经费支出与实际生均教育经费成本比较**

单位：元/人

| | 城镇初中 | 农村初中 | 城镇小学 | 农村小学 |
|---|---|---|---|---|
| 生均教育经费支出(2006)[(1)] | 3490.60 | 2367.39 | 2406.76 | 1675.32 |
| 生均教育成本(2005~2007 年均)[(2)] | 3252.24 | 2700.27 | 2448.65 | 1991.78 |
| 覆盖率(%) | 107.33 | 87.68 | 98.29 | 84.11 |

数据来源：(1)《中国教育经费统计年鉴（2007）》，(2) 根据问卷调查结果统计。

**表 4-7　2006 年广东省中小学生均教育经费支出比较**

单位：元

| | 城镇初中 | 农村初中 | 城镇小学 | 农村小学 |
|---|---|---|---|---|
| 生均教育经费支出 | 3490.60 | 2367.39 | 2406.76 | 1675.32 |
| 生均事业性经费支出 | 3166.55 | 2204.23 | 2235.41 | 1595.30 |
| 生均公共经费支出 | 1320.51 | 981.42 | 754.27 | 542.92 |
| 生均基建支出 | 323.50 | 163.16 | 171.35 | 80.02 |

数据来源：《中国教育经费统计年鉴（2007）》。

及高等教育毕业生的就业压力，而我国高等教育仍然实施毕业生“宽出”的制度，这给我们提出了一个问题，在实施扩大教育的规模和数量的同时，如何采取有效的制度设计和政策措施，提高高等教育的质量和水平。

第四，教师队伍的整体建设亟须进一步加强。这个问题实际上与第三个问题密切相关。教育质量和水平的提高关键在于教师质量和水平的提高。广东教师队伍整体建设存在的问题主要在于：一是欠发达地区农村中小学教师队伍的质量亟须提高。由于粤东、西和粤北地区与珠江三角洲地区的经济社会发展存在差异，由于城市和农村发展存在差异，粤东、西和粤北地区教师的工资和生活待遇与珠江三角洲的教师相比，有很大的差距，因此，大学毕业生包括师范大学毕业生毕业后主要流向珠三角地区或者选择在粤东、西和粤北地区的城市工作，不愿意到欠发达的粤东、粤西和粤北农村学校工作，造成这些地方代课教师增多，学历不达标和职业岗位不达标的教师增多，直接影响了教育教学质量的提高（如表 4 – 8 所示）。二是职业技术教育“双师型”教师短缺。所谓“双师型”教师，是指既懂职业技术理论，又懂实际操作，动手能力强的教师。广东是全国乃至世界重要的制造业基地之一，广东的职业教育发达，职业教育规模大。然而相对职业教育的规模，“双师型”教师短缺，因而影响了职业技术教育质量和水平的提高。广东每年都出现“用工荒”，其实主要缺乏的是具有熟练专业技术的工人，特别是制造业各类熟练专业技术人才。这些问题的出现，与广东职业技术教育“双师型”教师短缺密切相关（如表 4 – 9、表 4 – 10 所示）。三是高层次教育人才缺乏。这里是指各级各类教育大师级人才缺乏，尤其是高等教育领域。实际上广东省高等教育拥有相当规模的高层次人才，但在高等教育为经济社会服务和实施产学研相结合的过程中，高层次人才把主要时间和精力都放在做项目和搞研究上，而把教育教学的任务交给年轻的教师，这无形中使高等教育特别是高等教育中的本科教育和研究生教育的质量有所下降。这也可以说是造成高层次教育人才缺乏的原因之一。

**表 4－8　2006 年广东省小学、初中教师学历和职称结构**

单位：%

| | 城镇小学 | 农村小学 | 城镇中学 | 农村中学 |
|---|---|---|---|---|
| 大专以上 | 45.59 | 30.47 | 74.84 | 22.30 |
| 本科以上 | 10.59 | 2.38 | 39.43 | 7.14 |
| 中级职称以上 | 27.81 | 23.71 | 39.36 | 8.83 |
| 高级职称 | 0.16 | 0.06 | 4.39 | 0.28 |

数据来源：广东省教育厅《2006 年教育统计资料》。

**表 4－9　2008 年广东省高职院校分布情况**

单位：所

| 类　型 | 数　量 | 类　型 | 数　量 |
|---|---|---|---|
| 综合类高职院校 | 42 | 医药类高职院校 | 1 |
| 理工类高职院校 | 22 | 政法类高职院校 | 1 |
| 艺术类高职院校 | 3 | 合计 | 74 |
| 财经类高职院校 | 3 | 备注 | 广东省拥有独立设置且实际招生的高职院校 |
| 体育类高职院校 | 2 | | |

数据来源：刘洁《高职院校双师型教师队伍建设研究——以广东科学职业技术学院为例》，华南理工大学硕士论文，2010 年 6 月。

**表 4－10　全国与广东省高职院校专任教师数量比较**

单位：万人/年，%

| 时间 | 1994～2001 | 2002 | 2005 | 2006 | 2008 | 2009 | 双师型教师占比 | | |
|---|---|---|---|---|---|---|---|---|---|
| | | | | | | | 2005 | 2007 | 2008 |
| 全国 | 6 | 15.6 | 22.1 | 26.66 | 30.74 | 22.30 | — | 28.4 | 29.9 |
| 广东 | 1 | — | 1.4625 | 1.8017 | — | — | 15 | — | — |

数据来源：（1）教育部职业教育与成人教育司、教育职业技术教育中心研究所编《高等职业教育师资队伍建设情况报告》，2009 年中国职业教育年度报告（初稿）；（2）叶小明《广东省高职院校师资队伍建设存在的问题与对策》，《教育与职业》2006 年第 17 期；（3）《中国教育年鉴（2007）》《中国教育年鉴（2008）》《中国教育年鉴（2009）》；（4）《全国各级各类学校基本情况》，http://www.edu.cn/school_496/20100121/t20100121_442078.shtml。

第五，教育的国际交流合作还不够。广东毗邻香港、澳门，最早申办经济特区，具有对外开放的特殊政策。改革开放以来，广东公派和自费留学的人数居全国前列；广东也逐步成为广受欢迎的新兴留学目的地，有来自世界多个国家的学生在广东省学习；广东省最早开始与港澳和国外的教育机构交流、合作办学，其中北师大珠海分校与香港浸会大学的合作办学，最近深圳和香港科技大学在前海地区合办的深圳科技大学在国内都颇有影响。但是对处在改革开放前沿地位的广东来说，与国内先进省份相比，广东在实施对外合作办学、学习借鉴国外先进的教育和办学理念、改革教育和办学体制、提高教育的国际化水平、争创教育的国际竞争力等方面还存在较大的差距。

## 第四节　小结

综上所述，广东经济社会的发展和教育现代化的推进说明，经过30多年的改革开放，在全球化和知识经济愈益发展的背景下，广东正进入一个加快转型升级、全面建设现代化的重要阶段，广东教育现代化的推行为广东的经济社会发展作出了重要贡献，但也存在不少需要解决的重要问题。加快推进教育现代化是广东经济社会实现转型升级、率先全面建成小康社会乃至率先基本实现社会主义现代化的迫切要求。广东必须继续实施教育优先发展的战略，切实解决好区域、城乡、校际不均衡的问题，推进教育的全面、协调和可持续发展，提高劳动者的整体素质和知识水平。技术创新和科技进步是广东加快转型升级、基本实现现代化的灵魂，而长期形成的“应试教育”模式，制约了创新精神和实际应用能力的培养，改革“应试教育”模式、发展“创新”型教育模式，是推进教育现代化要解决的重要问题。广东产业结构的进一步调整和战略性新兴产业的发展，必然要求广东教育，尤其是广东的高等教育与此相适应，作进一步的调整，加强内涵提升，即要努力去占领教育的制高点，更好地为广东的经济社会发展服务。加快转型升级、推进社会现代化，不仅需要足够的数量，而且更需要高质量的、成千上万的专家队伍和劳动力大军。推进广东教育现代化，必须解决好教育发展规模、数量与质量和效益的关系，全面提高教育的质量和效益，为实现广东经济社会和现代化发展目标提供必要和重要条件。

# 第五章 全球化下广东教育现代化发展战略

正如有的学者所言，“教育现代化是一个整体的格式塔转换过程”①，是复杂的系统进程、整体演化进程和长期进程②。全球化背景下探索广东区域教育现代化，不是一个简单的数量增长现象，而是一种教育整体转换的过程，是一项复杂的系统工程；一方面要特别重视教育改革发展的顶层设计和总体规划，对教育作出全局性、长期性和根本性的目标选择；另一方面，由于教育现代化转换过程的艰巨性、复杂性、长期性，不可能一蹴而就，因此，必须以基本实现广东教育现代化为总体目标，坚持整体推进与重点突破相结合的策略，在整体规划设计的前提下突出重点，抓住教育现代化发展和改革的关键环节进行创新，通过重点领域创新促进教育现代性因素的不断生长和发展，进而探索出一条既符合教育现代化的普遍规律

---

① 谈松华、王建：《教育现代化区域发展模式研究》，北京师范大学出版社，2011，第70页。

② 冯增俊：《论教育现代化的基本概念》，《教育研究》1999年第3期。

性又具有广东地方特色的发展道路，通过整体推进与重点创新相结合来保持教育现代化改革与发展的稳步推进。

## 第一节 广东教育现代化的战略目标

### 一 广东教育现代化的基本要素

研究当下广东区域教育现代化模式的战略目标，必须首先明了在全球化下教育现代化具有什么样的基本要素，包含什么样的基本内容。从教育现代化的发展过程看，教育现代化的基本要素是随着教育现代化的不断深入发展而不断丰富和创新的，同时在某一个阶段也是相对稳定的。我们对教育现代化基本要素的确定和取舍，主要是由特定历史发展阶段和社会经济发展水平对教育的具体要求来决定的，而内容的确定又反过来关系到对教育现代化的把握和实施，体现了特定的导向和审视基点。如在 20 世纪 80 年代和 90 年代，广东实施改革开放，加快推进工业化进程，那时中小学校教学设施设备现代化，重点之一是要加强自然实验室、数理化实验室等建设。而到了 20 世纪末 21 世纪初，随着信息技术的普及和网络社会的到来，教育信息化及其设备配备，成了教育现代化的重要突破口。教育现代化的基本要素是由教育现代化的目标及其任务所决定的。笔者认为，在全球化的今天，广东教育现代化的基本要素主要包括如下几方面。

第一，教育观念现代化。它是指人们对教育的心态、价值和思想的观念由传统形态向现代化形态的变化，主动适应教育现代化及社会现代化的发展过程，它是教育现代化的前提条件，是最深层次和具有决定意义的因素。在全球化下，由于日益先进的通信与交通方式的发展，加上联合国教科文组织及多国际组织的推动，从而加快了对传统教育进行扬弃和创新性的转化。全球化背景下教育观念现代化，要充分继承传统文化中活的灵魂和吸收世界最优秀的文化成果，才能真正实现时代性与民族性的完美统一。教育观念现代化包括了对现代教育本质、作用的认识；教育思想现代化，即具备符合现代社会和经济发展要求的教育意识体系，如培养全人的教育思想、教育与经济社会互动的思想等；现代化学校教育观念体系形成，包括具有正确的办学方针，具有正确的教育观、办学模式、教学观、人才观、师生观以及现代教学方面的教学观念等。

第二，教育内容的现代化。教育内容是指适应知识经济和全球化发展趋势，改革传统教育模式，创新课程体系、方法和手段，着眼于本国本地区培养具有国际视野的人才。这是教育现代化的核心内容。教育课程及其内容是对学生进行培养教育的核心载体，它必须体现和反映时代先进的科技和文明的发展水平。在课程教学模式或方式手段上，实行深刻变革，从以教师为中心转到以学生为本，从注重灌输知识转向以注重学生的能力和全面素质的培养，不仅教给学生知识，更要教给学生学习的方法及善于筛选知识和创新思维的能力。广泛运用多媒体和信息技术，提高教学的效率水平。

第三，教育管理制度的现代化。教育管理现代化，必须坚持在现代教育理论、现代管理科学理论指导下，遵循现代教育规律和管理规律，实施对教育的科学管理，以保障实现教育现代化的目标。这是实现教育现代化的根本保障，要着力推进教育的民主性和公平性制度建设，实现用国家立法来规范各项教育管理活动，依法办教育。运用信息化等先进的科学手段，建设高效顺畅的教育运行机制，全面提高教育管理的效能和效益。

第四，教育基础设施的现代化。必须适应信息技术发展趋势，努力实现具有信息技术重要特征的教育设施设备，这是教育现代化的物质基本保障。它包括学校的基础设施、科学实验的条件、系统的信息技术及网络、教育教学手段、方法都达到现代教育的要求。

## 二　广东教育现代化战略发展目标

根据广东2012年基本实现小康，2020年基本实现现代化的经济社会发展目标和广东省教育发展的实际以及《国家中长期教育改革和发展规划纲要（2010～2020年）》，广东制定了《广东省教育现代化建设纲要（2004～2020年）》《广东省中长期教育改革和发展规划纲要（2010～2020年）》，提出了广东教育现代化建设目标，即加快实现义务教育均衡化、学前教育到高中教育普及化、高等教育大众化、终身教育全民化、教育服务多样化、教育合作国际化。建立起结构优化、协调发展、具有广东特色、充满生机与活力的现代国民教育体系和终身教育体系，形成满足人民群众多样化学习需求的学习型社会，在全国率先基本实现教育现代化。教育整体水平和综合实力居全国前列，达到中等发达国家水平。

要实现以上教育发展总目标，必须努力实现以下发展目标。

教育发展水平现代化。教育的规模和质量水平必须满足经济社会和现代化发展的需求。在2010年基本普及高中阶段教育的基础上，要促进九年义务教育均衡发展并且水平显著提升，高中阶段毛入学率达到90%以上；学前教育在2009年毛入学率77.3%的基础上，提高到90%以上，全省普及学前到高中阶段15年教育。积极稳妥地发展高等教育，高等教育毛入学率争取达到50%，巩固大众化并逐步进入普及化阶段，到2020年，全省各种形式的高等教育在校生达到315万人，每万人中拥有高等教育文化程度的人数达到1200人。其中在校研究生规模达18.5万人，高等教育教学质量显著提高，自主创新能力和社会服务能力明显增强。加强和完善现代职业教育体系，适应经济社会发展对高素质劳动者和各级各类技能人才的需求。加强建设高素质高水平的师资队伍，全面适应推进教育现代化的要求。推进继续教育发展和教育资源共享，创造学习型社会环境，推进终身教育制度的实现（如表 5－1 所示）。

**表 5－1　教育事业发展和人力资源开发的主要目标**

| 指标 | | 2009 年 | 2012 年 | 2015 年 | 2020 年 |
|---|---|---|---|---|---|
| 学前教育 | 幼儿在园人数(万人) | 249.47 | 270 | 290 | 280 |
| | 学前三年毛入园率(%) | 77.3 | 全省 85% 以上,珠三角发达地区和地级市城区 90% 以上 | 全省 90%,珠三角发达地区 95% | 全省 90% 以上 |
| 九年义务教育 | 在校生(万人) | 1391.33 | 1250.90 | 1170 | 1160 |
| | 小学适龄儿童入学率(%) | 99.88 | 100 | 100 | 100 |
| | 小学五年保留率(%) | 100 | 100 | 100 | 100 |
| | 初中生年辍学率(%,含转入转出差) | 4.25 | 全省 1.5% 以下,珠三角地区 1% 以下,粤东西北地区 2% 以下 | 全省 1.2% 以下,粤东西北地区 1.5% 以下 | 全省 1% 以下 |
| 高中阶段教育 | 全日制在校生(万人) | 377.90 | 415 | 440 | 400 左右 |
| | 其中:中等职业教育在校生(万人) | 185.46 | 207 | 220 | 200 左右 |
| | 毛入学率(%) | 79.9 | 85% 以上 | 90 | 90% 以上 |
| 高等教育 | 在学总规模(万人) | 208.31 | 252 | 286 | 315 |
| | 在校研究生(万人) | 6.59 | 10 | 12 | 18.5 |
| | 普通本专科生(万人) | 133.41 | 167 | 196 | 215 |
| | 成人本专科生(万人) | 46.34 | 52 | 58 | 62 |
| | 毛入学率(%) | 27.5 | 30 | 36 | 50 |
| 继续教育 | 从业人员继续教育(万人次) | 600 | 800 | 900 | 1080 |
| 人力资源开发 | 具有高等教育文化程度的人数(万人) | 583 | 760 | 930 | 1200 |
| | 新增劳动力平均受教育年限(年) | 12.07 | 13 | 14 | 14 以上 |
| | 其中:受过高中阶段以上教育的比例(%) | 75 | 83 | 88 | 95 |
| | 主要劳动人口年龄(20～59 岁)平均受教育年限(年) | 9.70 | 10.46 | 11.23 | 12 以上 |
| | 其中:受过高等教育的比例(%) | 9.5 | 12.8 | 15 | 20 |

数据来源：《广东省中长期教育改革和发展规划纲要（2010～2020 年）》。

教育体系现代化。面临适应知识经济和国际竞争、加快转型升级的发展过程，广东的教育现代化也在发生重要的变化，这就是我们前面所说的从传统的应试型教育模式向现代的创新型教育模式转变，从注重规模扩张型向注重教育质量型转变。推进这种转变，不仅涉及教育的某个方面，如改革教育的方法、手段，而且是涉及整个教育体系及结构，推进教育体系及结构的现代化。教育体系的现代化包括从学前教育到博士后教育体系和结构的设计与安排，包括各级各类教育内部的设计和安排，它们能够适应和满足经济社会和现代化发展的需要及要求。教育现代化还包括教育思想、教学内容、教学方法和教学手段的现代化。教育思想或者说教育观念的现代化，是实现教育现代化的关键和前提，人们的教育行为都是源于教育思想或教育观念的指导和影响。必须打破不合时宜的旧的传统教育观念，树立与知识经济和全球化时代相适应的新的教育观念。教育内容的现代化是实现教育现代化的核心，教育现代化的根本目的是实现人的现代化，培养出适应现代化所需要的高素质的劳动者和拔尖人才，而教育内容是直接作用于这个根本目的的。必须根据经济社会和现代化发展以及教育科学的发展规律，改革和完善教育教学体系。要重视用当代先进的科学技术充实学校的教育内容，使之反映出现代科学技术文化的先进水平，当前应当根据中小学学生年龄特点和教育的需要适当引进信息科学、生命科学、材料科学、低碳经济等方面的最新成果，以及在这几个前沿科学基础上发展起来的新技术知识。要继续加强外语教育、计算机教育和信息技术教育，凸显广东省的教育特色。要通过改革课程体系和教材，切实减轻学生的课业负担，着力培养学生的实际应用能力和操作能力。要根据联合国教科文组织关于“全人”教育理念和我国“素质教育”理念，加强人文社会科学教育和道德教育。教学方法和教学手段的现代化是教育现代化的重要标志，计算机、网络出现以后，极大地改变了现代教学的方法和手段，教育信息化成为现代教学的重要组成部分。要深入改革我国传统“灌输”式、“填鸭”式的教学弊端，代之以启发式、讨论式、课题报告式等的教学方法，加强科学实验活动，促进学生主动地、创造性地、生动活泼地学习，使素质得以全面提高。要广泛学习、推广、运用电化教育、信息化技术教育和多媒体教育，极大地丰富教育教学活动，实现教育教学手段和方法的现代化。

教育制度现代化。教育制度现代化是教育现代化的根本保障。进入21世纪知识经济和全球化的广东教育，要实现人才培养目标和教育模式的转变，必须进行与之相配套的制度改革、制度创新，不然谈不上教育的现代化。要转变教育管理理念，改革教育管理体制，切实推进“管评办”分离，落实和扩大学校办学自主权。逐步建立现代学校制度，改变学校行政化倾向，实行教授治校、学术自由、学生自治。要改革考试制度，建立合理评价和多样化的考试制度，改变全国统一考试一考定终身的做法，建立起与高中学业水平考试、综合素质评价相结合的多元录取的高等学校招生制度，探索多样化的录取方式，探索高等学校“宽进严出”的办学模式。要深化办学体制改革，建立政府办学和社会多渠道办学相结合的体制，政府主要承担基础教育，特别是义务教育，推动它在全民中的普及，其他教育要放开，推动社会、企业和私人办学，促进教育的繁荣发展，以适应社会日益增长的精神文化的需求，为人们提供可供选择、多样式的教育。坚持教育的对外开放，推进教育的国际化，充分利用广东毗邻港澳的优势，加强与港澳教育的合作交流，包括合作举办若干所高等院校。借鉴国际先进的办学理念和经验，开展和世界各国及地区的合作办学，继续推动互派和互相接纳留学生制度，大力培养具有国际视野，能够参与国际事务和国际竞争的创新型人才。

教育基础设施的现代化。在21世纪知识经济和全球化时代，教育现代化离不开教育设备现代化，尤其是教育的信息化建设。要加大教育设备的投入，形成与经济社会发展和培养创新型人才相适应的教育装备体系。加强城乡中小学信息化基础设施建设，缩小农村学校与城市学校计算机和信息化教育的差距。加强教育网络建设，尤其是教学、科研和教育管理的网络建设，发展多媒体教育和远程教育，为提高教育质量和教育效益服务，为构建广东省学习型社会和终身教育体系作出贡献。

## 第二节　以义务教育均衡发展为重点，大力促进教育公平和优质发展

公平是现代教育发展的核心理念，是教育现代化的普遍特征。[①] 教育公平是当前我国以及广东推进教育现代化必须解决的重大问题。《国家中长期教育改革和发展规划纲要（2010～2020年）》将推进教育公平提升为教育的基本政策，将“区域内义务教育均衡发展”作为未来十年的战略性任务。

### 一　教育公平与教育均衡发展

教育公平是世界各国教育现代化进程中普遍重视的一个根本性问题。教育公平原则已经成为世界各国教育制度、法律和政策的基本出发点之一。联合国早在1948年就通过《世界人权宣言》提出人人都享有受教育的权

① 顾明远：《实现教育现代化的宏伟蓝图——学习贯彻〈国家中长期改革和发展规划纲要〉》，《北京师范大学学报（社会科学版）》2010年第5期。

利，1989 年通过的《儿童权利公约》更是规定，所有儿童接受免费的义务小学教育，有接受不同形式的中学教育的机会。1990 年的世界全民教育大会通过的《世界全民教育宣言》和《满足基本学习需要的行动纲领》，提出了积极消除性别、民族和地区差别，普及儿童基础教育、成人扫盲教育的目标。[①] 作为当前世界上教育最发达的国家之一，美国也非常重视教育公平，“促进教育机会均等，一直是美国教育改革所遵循的基本原则和价值基础。他甚至作为一个响亮的口号被镶嵌在美国教育部大楼正面的大理石上”[②]。进入新世纪，为了促进基础教育的公平，美国于 2002 年出台了《不让一个儿童落后法》（No Child Left Behind Act，NCLB Act），将消除差距、促进平等列为重要目标。[③] 我国的《教育法》规定公民不论其种族、民族、性别、职业、出身、财产、宗教信仰如何，每一个人都享有平等的受教育的权利和机会。具体来讲，教育公平主要包括以下三个层面的含义。

第一，教育公平首先是参与起点机会均等，即每个公民有平等的受教育的权利和机会，体现为教育权利平等和教育机会平等。世界上所有签署《公民权利和政治权利国际公约》《经济、社会及文化权利国际公约》等国际人权公约，并信守实践的国家都向国际社会申明了教育是一种人权的立场，受教育权应当是“人人享有之基本人权”。

第二，教育过程公平是教育公平的根本保证。教育公平的理念并非仅仅是入学机会的平等，它还包括在教育的各个阶段和过程之中，学校教育的制度、内容、形式能够同等地、公平地对待每一个学生。其本质是在教

---

① 北京教育科学研究院课题组：《国际社会促进教育公平的实践及其对我国的启示》，《当代教育与文化》2009 年第 3 期。

② 朱家存：《教育均衡发展的政策研究》，中国社会科学出版社，2003，第 220 页。

③ 谢小萌：《美国〈不让一个儿童落后法〉的教育公平理念解析》，《长春师范学院学报（人文社会科学版）》2009 年第 6 期。

育过程中人人平等地享有公共教育资源，以及通过教育的多样性、差异性来平等地对待每一个学生。

第三，教育结果的公平是教育公平追求的理想目标。教育结果的公平就是学业成就均等，也就是教育产出上的公平、实质意义上的公平。教育结果公平可以理解为：每个学生在经过某一教育阶段的学习之后，取得了符合其个性、智力、专业实际的学业成就，个性获得了全面的发展，潜能得到了充分的挖掘，从而为其未来发展创造条件，实现“让人人都学有所得、学有所用”的理想目标。正如联合国教科文组织国际教育发展委员会编著的《学会生存——教育世界的今天和明天》中所说：“可能平等地受教育，这只是求得公平的必要条件，而不是它的充足条件。人们有可能同样受到教育，但并不是说，他们都有同等的机会。平等的机会必须包括同样成功的机会。”可见，教育公平所追求的最终目标不在于教育的“输入”平等，而在于教育要有平等的“成果”。

关于教育公平考察的维度，如表 5 - 2 所示。

**表 5 - 2　教育公平考察的维度***

| 就学机会与升学状况 | 资源投入与教育过程 | 教育结果 |
| --- | --- | --- |
| 比例/比率<br>招生<br>入学<br>学习情况<br>重读 | 班级平均规模<br>课程设置<br>生均经费<br>生师比<br>学校设施的质量<br>教材的质量<br>教师的教育水平<br>教师的经验和资格 | 学业成绩<br>毕业率<br>收入水平<br>职业地位 |

* 北京教育科学研究院课题组：《国际社会促进教育公平的实践及其对我国的启示》，《当代教育与文化》2009 年第 3 期。

教育均衡发展是现代社会解决教育公平问题的一个重要途径和方式。所谓教育均衡发展，是指在教育公平思想和教育平等原则等现代教育理念指导下，通过法律法规确保给公民或未来公民以同等的受教育权利和义务，通过政策制定与调整及资源调配而提供相对均等的教育机会和条件，以客观公正的态度和科学有效的方法实现教育效果和成功机会的相对均衡。具体来讲，教育均衡发展包括如下三个层面的含义。

第一，区域层面教育均衡问题，即地区和城乡之间教育均衡发展。具体来说，就是要让所有学生，不管他（她）生活在城市还是乡村，不管他（她）生活在全国哪一个地区，都能享受到大致同等的教育机会和教育条件。

第二，学校层面的教育均衡问题，即保证受教育者接受教育所需的经费、校舍、设备、师资等最基本的条件，从而得到大致均等的教育资源和教育条件，并能够获得尽可能的发展和成长。目前在我们国家，在同一地域，由于历史、制度的原因，学校与学校之间的不均衡性很大，有些学校成为大家追逐的热点学校，有些学校则是“门前冷落车马稀”。

第三，个体层面的均衡问题，即学生个体的均衡发展，它主要是指学生全面、主动、充分的发展。在这方面，要特别关注社会弱势群体子女的教育问题，要通过特别扶持制度对少数民族学生、贫困家庭子女及残疾人的教育问题予以特别照顾，从而确保整个社会的学生，不管他（她）处于何种社会阶层，不管他（她）有怎样的家庭背景，都能享受到大致相同的教育条件，受到良好的教育。总之，要通过教育均衡发展，使社会受教育群体中弱势群体与优势群体之间受教育的机会、条件及发展大致均等。

## 二　大力推进义务教育均衡发展

在促进教育公平的过程中，工作重点是推进义务教育均衡发展。这是因为，基础教育是实现教育现代化的奠基工程，在整个教育现代化工作中具有全局性、基础性和先导性作用；而且基础教育是政府提供的公共产品，最需要解决公平问题。

1996 年，广东在全国率先普及九年制义务教育，从 2007 年秋季学年起，广东在全省农村义务教育阶段免杂费的基础上，进一步免收课本费，在全国率先实现农村义务教育全免费。从 2008 年秋季学期起，广东实施城镇免费义务教育，免收学杂费和课本费，实现了城乡免费义务教育一体化。总之，全省义务教育在整体上已经超越了短缺的状态，由此进入了一个全新的发展阶段，即从“普九阶段”进入“后普九阶段”。进入“后普九阶段”，义务教育面临着两大问题，即促进公平和提高质量①。可以说，随着义务教育入学机会的大大扩展，入学机会差距进一步缩小，“有学上”基本不成问题；但是，另一方面，隐藏在入学机会公平背后的教育过程公平和教育质量公平问题开始日益凸显，即人们对“上什么学”“上好学”提出了越来越多的要求。因此，“后普九阶段”广东义务教育要解决的一个主要矛盾和问题就是义务教育均衡发展问题，解决义务教育过程公平和质量公平问题。

广东义务教育不均衡发展主要表现为城乡、区域及不同学校之间差距较大。例如，目前城乡之间小学专任教师专科以上学历占比相差 21 个百分点，中学专任教师具有本科以上学历占比相差 38 个百分点。中学具有高级职称教师的比例，珠三角地区为 16%，欠发达地区只有 8%，两者相差一倍；城市为 20.7%，农村只有 2.8%，城乡相差 6 倍。在教学设施设备方面，城乡学校间不均衡情况更为突出，据统计，全省农村小学实验

① 许杰：《后普九时代教育走向内涵发展的学校责任》，《中国教育学刊》2011 年第 5 期。

室、图书室、计算机室、语音室的生均面积只有城镇“四室”生均面积的 64%，30% 以上的农村小学除了普通教室外，再没有其他教学辅助功能室了；农村小学建立校园网的比例为 4.7%，城镇小学为 47%，农村小学计算机生机比为 41∶1，城镇小学为 13∶1。为此，必须在以下几个方面进行突破和创新。

**1. 积极推进义务教育标准化学校建设，均衡办学条件**

均衡办学条件是义务教育均衡发展的基础，标准化学校建设是推进义务教育均衡发展的基本手段和重要抓手。日本、韩国在推进义务教育均衡发展过程中，均采取了推行中小学标准化的措施。日本的《学校教育法》就明确规定了小学、初中和高中的办学基准，在学校选址、占地面积、校舍面积、师资水平、实验器材、图书配备等方面都提出了明确的要求，必须严格执行。[①] 为此，广东必须积极推进城乡统一的义务教育办学最低控制标准，实施“标准化学校建设工程”，按规范化标准的要求进行校舍建设、设施设备和师资力量配置，保证同一地区的不同学校都具备符合办学且装备水平相差不大的教学设施，保证同一地区中小学生的学习条件相对一致，办好每一所中小学，不断提高学校建设质量，把每一所学校都办成合格的学校。

为做到这一点，必须加强标准化学校标准体系的研究，制定科学合理的标准体系。标准化学校的标准体系主要包括：（1）标准化学校的办学规模标准。这一标准主要包括学校占地面积、校舍建筑面积、学校的班级数以及班额等几个方面。（2）标准化学校的基础设施标准。这一标准主要包

① 田汉族：《促进区域基础教育均衡发展的国际经验及其启示》，《当代教育论坛》2011 年第 4 期。

括正常完成教学所必须配备的教学及辅助用房、行政办公用房、教学仪器、图书和音体器械等。基础设施标准包括数量与质量两个方面。基础设施的数量标准是一个相对简单、易于操作的标准，如师生的人均图书数量、现代化教学仪器设备数量、实验仪器数量等。基础设施的质量标准，即基础设施发挥功能的程度，实际上是基础设施的功能标准，简单来说，就是指学校基础设施的使用率。如果学校所购置的仪器设备并未正常投入使用，那么这些基础设施便无实际意义可言，因此，质量标准更为重要。基础设施标准的确立，既要明确基础设施的人均拥有量，更要对基础设施的使用情况做出明确规定。目前，部分农村中小学基础设施简陋、落后、不配套，应在当地财政可以承受的范围内，制定标准化学校的基础设施标准。要使全省城乡义务教育学校生活设施实现“五有”，即有符合安全、卫生标准的饮用水，有符合安全、卫生标准的厕所，寄宿制学校有符合安全、卫生标准的食堂，寄宿学生一人有一床，跨镇（乡）执教的教师有一间可供工作、休闲的住房。

要完善义务教育规范化学校建设配套政策，探索建立规范化学校建设激励机制，提高区域内义务教育学校规范化达标比例。建立义务教育规范化学校建设信息定期上报制度和完成情况通报制度。完善规范化学校建设验收制度。力争到2015年，全省所有义务教育阶段学校全面达到规范化学校标准。

**2. 坚持制度创新，建立城乡、校际间教育资源共享机制**

在当前中国社会背景下，义务教育阶段有一些制度性的因素促进或加剧了教育不公平[①]，解决城乡、校际之间教育不均衡发展涉及制度、机制

① 王铁群：《制度化教育下的教育公平诉求——对基础教育公平的事理分析》，《教育科学研究》2009年第4期。

建设问题[①]，因此需要进行制度创新，而制度、机制创新的关键是在区域范围内实行师资配备一体化和学校管理一体化，建立多层次互助关系，相互学习，通过“理念共享、资源共享、成果共享”，形成城乡、校际间结对帮扶、共同发展的态势，促进城乡教育协调发展。为此，必须在如下几个方面进行制度创新。

（1）建立城乡义务教育学校协作互动机制，促进城乡教育一体化

从目前国内实践经验来看，建立城乡义务教育协作互动机制主要有四种模式[②]。一种是名校集团化模式，即以名校为龙头，通过合并弱校、新校、农校的方式组成教育集团，形成“单法人、多校区”的结构，集团管理层对集团内人、财、物、事进行统筹调配、统一管理，从而为集团内各校区均衡发展提供制度保障。一种是学区管理模式，即在打破行政区划界限的基础上，根据教育教学需要，将不同层次且地理位置相对集中的若干所学校组成学区，实行教育行政部门、学区、学校三级管理，通过学区内学校内部管理、教育教学资源、教师群体、个体甚至具体教育教学行为的交流，达到共享学区教学资源、教师人力资源、共享合作发展平台的目的，从而实现学区内学校的共同发展、合作共赢。如天津市河西区建设教育发展联合学区模式、宁波市江东区建设共同学区发展模式等制度创新就是这方面的代表。[③] 一种是捆绑发展模式，即将城市学校与农村学校结对形成共同体。如广东省惠州市开展的“城乡教育联动发展计划”，通过开展城市学校向农村学校支援先进的办学理念、支援优质的师资队伍、支援

① 曲正伟：《校际均衡：环境、话语与制度分析》，《教育理论与实践》2007 年第 2 期。

② 潘军昌、陈东平：《协作互动促进城乡义务教育均衡发展模式分析》，《教育发展研究》2010 年第 20 期。

③ 杨东平主编《2020：中国教育改革方略》，人民出版社，2010，第 107 ~ 108 页。

实用的教研成果、支援农村学校驶上信息化快车道、支援必要的教学设备和支援农村初中开展劳动技能培训等“六支援”活动和实施城乡学校联动管理、联动教研、联动考核等“三联动”措施，将全市近一半的城乡学校和师生纳入结对发展活动，让城乡结对学校共同制订联动计划和确保计划的顺利实施，切实带动农村教育水平得到整体提升。一种是学校托管模式，即教育行政部门通过出资购买服务，委托优质学校或教育中介机构管理相对薄弱的农村中小学校，使其迅速提升办学水平和教学效率①。

对于广东来讲，要在借鉴国内先进经验的基础上，加快全省区域学区学校统筹管理、开展捆绑式（或手拉手）联盟等联动机制建设，积极推进城乡教育一体化。例如，建立由各县（区）划分为由名校统筹若干学校的“名校共管体系”，以优质学校整合、带动薄弱学校，扩大优质教育资源，提升义务教育整体办学水平。有条件的地区，可将地理位置邻近的义务教育学校划归同一学区，成立由学区内各学校校长组成的学区委员会，建立相关的机制，统筹管理、调配学区内的教育教学资源，让学区内的教育资源（包括教学设施设备、场馆、课程资源以及紧缺学科的教师）在有需要的学校之间共同使用，实现教育资源的共享。实施义务教育城乡反哺机制，即城市地区对农村地区基础教育学校的反哺。要加快建立城乡结对帮扶，大力推进义务教育“千校扶千校”和“教育资源下乡”行动计划，建立城乡学校、名校与薄弱学校结对子，实施教师互动、课堂教学互动、学生互动、资源共享为内容的帮扶计划，促进城乡学校共同发展。要通过推进“义务教育均衡发展合格区县”的创建，提升区县义务教育均衡发展综合水平。

---

① 罗阳佳：《托管一年间：城市改变农村》，《上海教育》2008 年第 7 期。

（2）统筹教师队伍，建立师资交流机制

教师是学校的第一资源，实现义务教育均衡发展很重要的一点就是教师资源的均衡配置。美国教育专家琳达·达林－哈蒙德的研究表明，在小学连续3年的成绩测试中，分配低质量教师的学生与分配高质量教师的学生相比，学业成绩要低50%还多[①]。从国际经验看，师资均衡配置是促进义务教育均衡发展的重要措施和保障条件，如日本的公立中小学教师定期流动制。[②] 因此，广东要通过一系列制度措施推进教师资源配置的均衡化。

①建立校长定期轮岗制度。一位好的校长，能带出一所好的学校。推动义务教育均衡发展，校长是关键。为此，要积极构建中小学校长任职交流互动机制，农村学校校长要到城市学校“留学”，城区学校选拔学校领导要到农村学校任校长。要明确校长任期时限，在同一所学校连续工作超过两届的校长原则上应当轮换，届满可以调任、兼职、挂职、帮扶等方式轮岗，形成中小学干部“定期轮训、定期考核、定期聘任、定期流动”的制度。

②建立健全县域内中小学教师定期轮岗制度，促进城乡教师资源合理均衡配置。可按一定比例和年限将基础较好的小学、初中的骨干教师轮岗、交流到薄弱学校任教，指导、帮助薄弱学校提高教学水平。实行英语、体育、音乐、美术、计算机等紧缺专业教师、随班就读特殊教育指导教师集中管理、包片流动、巡回教学的工作机制。

③改革教育人事制度。区域内师资均衡配置关键在教师人事制度改

① Linda Darling-Hammond, “Unequal Opportunity: Race and Education”, *The Brookings Review*, Spring, 1998, Vol. 16, pp. 30－31.

② 汪丞、方彤：《日本教师“定期流动制”对我国区域内师资均衡发展的启示》，《中国教育学刊》2005年第4期。

革，要积极推进教师管理制度改革，由县（区）教育行政部门统一聘任、统一管理、统一配置教师资源，让全体教师由单位人变为系统人。[①]

④积极推进全省城镇教师支援农村教育工作，健全城乡教师队伍交流机制。实施“教育人才智力扶持山区计划”，积极推行城镇、经济发达地区优质学校教师对口支援山区、农村薄弱学校的制度，通过实施城乡教师对口帮扶、特级教师巡回讲学等措施，完善中小学教师交流制度。城镇中学教师评聘中学高级教师职务、小学教师评聘小学高级教师职务，中小学教师申报评选特级教师和省级以上优秀教师，原则上要有在农村中小学或薄弱学校任教一年以上的经历。

**3. 优化中小学布局结构，加大对弱势地区、弱势群体的扶持力度**

（1）适应人口城市化进程，进一步优化中小学布局结构

学校布局是义务教育外部均衡的基础，它直接关系到受教育机会在各个地区的分布，影响着学校自身的发展以及学生所受教育的质量[②]。广东目前正处在城市快速推进的过程中，要适应城市化进程加快而带来的人口集中问题，按照“实事求是、因地制宜、分类指导、分步实施”的原则，积极稳妥地推进义务教育学校的布局调整，撤销规模过小、布点分散的学校。小学布局应以县为单位，坚持总体规划“一盘棋”，适当打破乡镇界限，建立组团式区域义务教育发展模式。即积极发展乡镇教育园区建设，促进规模小、配置低、水平差的学校撤、并、改，加快中心校区建设。既要考虑低龄儿童的就近入学，不能简单盲目撤并学校，又要注重学校教育

① 汪丞、方彤：《日本教师“定期流动制”对我国区域内师资均衡发展的启示》，《中国教育学刊》2005年第4期。

② 孙启林、周世厚：《大均衡观下的“略”与“策”——法国义务教育均衡发展政策评析》，《现代教育管理》2009年第1期。

资源的实际拥有量，积极建设农村寄宿制中小学。中小学布局结构调整要与推动学校上水平结合起来，发展优质教育。

（2）加大对薄弱学校改造的力度

在促进义务教育均衡发展过程中，针对教育过程中的薄弱学校，世界各国都给予了特别的关注。在这方面，发达国家积累了不少经验值得广东学习借鉴。例如，英国通过推行“教育行动区计划”（Education Action Zone）①、“追求卓越城市计划”②、“国家挑战计划”（National Challenge）③ 来扶持教育落后地区和改造薄弱学校。教育行动区计划“通过把教育革新与广泛的社会首创精神联系起来的项目，提高薄弱地区的教育水平”④。美国通过跃进学校计划（Accelerated School）⑤ 实施薄弱学校改造、通过农村教育成就项目（Rural Education Achievement）支持农村学区的教育的改善⑥。法国则通过教育优先区来对处境不利的地区和群体给予支持和帮

① “教育行动区计划”就是政府通过引进校外力量，以公立私营、学校和社区共建的方式改造薄弱学校。教育行动区一般设在学生学业成绩低下的城镇和农村地区，为了提高这些地区的教学质量，政府允许社会各界特别是私营工商企业接管所属的公立学校，政府对教育行动区的学校给予一定的政策优惠，如在课程设计、人事、经费等方面给予特别支持。参见杨军《英国促进基础教育均衡发展政策综述》，《外国教育研究》2005 年第 12 期。

② “追求卓越城市计划”主要是改造英国城市薄弱学校。参见阚阅《促进教育均衡发展的新举措——英国“追求卓越城市计划”评析》，《全球教育展望》2004 年第 9 期。

③ “国家挑战计划”主要是为了保证基础教育均衡发展，帮助薄弱学校提高教育质量，确保在每一个社区的年轻人都能有良好的学习机会。参见苑大勇《英国基础教育质量保障政策研究：以“国家”挑战项目为例》，《比较教育研究》2010 年第 5 期。

④ Ken Jones, Kate Bird. “Partnership's Strategy: Public-private relations in Education Action Zones”, *British Educational Research Journal*, Vol. 26, No. 4, 2000, pp. 491 - 506.

⑤ 励骅、白华：《国外薄弱学校改进的有效举措探析》，《比较教育研究》2009 年第 6 期。

⑥ “农村教育成就项目”是联邦专项拨款项目，旨在通过对州和学区的差别性专项教育经费资助，换取州和学区对学生学业结果更强的绩效责任，帮助拨款不利的农村学区更有效地获得和使用联邦教育资金，改善农村学区的教育教学环境，保障所有学生达到所规定的学业成绩标准。参见乐先莲《致力于更加公平的教育——来自发达国家的经验》，《比较教育研究》2007 年第 2 期。

助，即“给匮乏者更多，特别是更好”。[①] 美国对黑人、移民、少数民族子女、城市贫困人群等处境不利的弱势群体实施“补偿教育”政策。[②] 日本则通过教育立法来促进对偏僻地区教育的支持，如日本在1954年实施《偏僻地区教育振兴法》，制定《偏僻地区教育振兴实施令》《偏僻地区教育振兴实施规则》等来为偏僻地区教育提供支持。[③]

20世纪90年代以来，广东持续不断地对薄弱学校进行改造，如各级财政投入大量资金用于改善农村中小学办学条件，对东西两翼和粤北山区14个地级市及江门恩平市共86个县、市、区中小学危房进行改造，2002、2003年省政府每年拨出专款改造老区薄弱学校1000所，2004年，省政府再拨出3.552亿元专款改造老区小学1184所，至2007年年底，实现了全省义务教育学校基本消除C、D级危房校舍的预期目标。不过，全省义务教育阶段薄弱学校的问题仍没有彻底解决，与城市相比。农村办学条件还相当简陋，学校生活用房和生活设施紧缺，现代教学设备不足。为此，需要在如下几个方面努力：首先是要在全省范围内完善薄弱学校的统一评价标准，这是改造薄弱学校的前提；其次是要大力实施粤东、粤西、粤北欠发达地区薄弱学校改造五年行动计划，彻底改变欠发达地区薄弱学校的问题；再次是要加大投入力度，改善经济欠发达地区的办学条件。要按照“补偿教育”原则，坚持公共教育资源向农村地区、贫困地区倾斜，

---

① “教育优先区”主要是在学业失败率较高的城区或乡村划分一定的地理区域，实施特殊的教育政策，如采取强化早期教育、实施个别教学、扩大校外活动、保护儿童健康、加强教师进修、追加专门经费、增加教师补贴等，以促进教育质量提高。参见王晓辉《教育优先区：“给匮者更多”——法国探求教育平等的不平之路》，《全球教育展望》2005年第1期。

② 杨军：《促进基础教育的均衡发展——来自美国的经验》，《外国教育研究》2004年第11期。

③ 李文英、史景轩：《日本义务教育均衡发展的实现途径》，《比较教育研究》2010年第9期。

采取多种途径加强对贫困、边远、少数民族地区薄弱学校的经费投入，通过设立贫困、边远、少数民族地区学校建设专项资金，做到贫困、边远、少数民族地区学校建设资金优先安排，重点保证，努力缩小城乡义务教育学校之间办学条件的差距。建立各种教育基金，设立教育救助的“绿色通道”，为处境不利的弱势群体就学提供直接援助。

（3）积极发展特殊教育

切实保障残疾儿童、青少年的公平受教育权，是广东推进教育现代化的一项重要任务。要按照全纳教育思想（Inclusive Education）①，努力办好义务教育特殊学校，为残疾儿童、少年接受义务教育提供切实保障。每个地级以上市应建有规模较大的综合型的特殊教育学校，使其成为当地特殊教育的实验基地、指导中心、培训中心和教学研究中心。按照省政府的要求，30 万人口以上的县（市、区）要建有综合性、符合国家标准的特殊教育学校；30 万人口以下县（市、区）根据实际建设特殊教育学校或在普通中小学设置特教班。加强特殊教育师资的培养培训，有条件的师范院校开设特殊教育专业，视条件成熟后建设高等特殊教育学院，开展特殊教育教师培养培训。要完善中小学特殊教育教学设施和生活设施。完善残疾学生的助学政策，对残疾学生，政府除免收学杂费外，还应当给予一定的生活补助。在全省设立特殊教育发展专项经费，支持欠发达地区特殊教育学校和随班就读资源中心建设。

（4）切实解决外来务工人员子女女义务教育问题

广东是外来人口大省，外来务工人员子女增长过快，解决其义务教育

① 1994 年联合国教科文组织在西班牙萨拉曼卡召开的“世界特殊需要教育大会”发表的《萨拉曼卡宣言》明确提出了全纳教育思想，强调了学校要容纳全体儿童，特别是要满足残疾儿童、少年的特殊教育需要。参见李彦琳《全纳教育：基于公民权利的教育平等》，《继续教育研究》2010 年第 4 期。

问题压力较大。据统计，2009 年，广东全省非户籍义务教育学生多达 279 万人，比江苏、浙江、福建的总和还要多。外来务工人员子女义务教育存在着入学难，尤其是入好学校难的问题，其公平受教育权还需进一步落实。要切实解决好外来务工人员子女的教育问题，应着重从如下几方面入手。

首先，制定外来务工人员子女接受义务教育的法律法规，配套出台切实可行的政策措施，为从根本上解决外来务工人员子女义务教育问题提供法律保障。在这方面，广东可以先行先试，制定和修订法律法规，出台政策措施，明确界定非户籍常住人口子女、非户籍常住人口流出地和流入地政府的责任和义务，非户籍常住人口较多的地区与一般地区政府在承担责任上的区别等。要规范和完善非户籍常住人口及其子女的界定和统计办法，为抑制非户籍常住人口子女过快增长提供门槛标准。

其次，要按照“流入地为主、公办学校为主”的原则，多种办法解决外来人员子女的教育问题。积极挖掘现有公办学校的潜力，积极推进薄弱学校改造、社区配套义务教育阶段公办学校建设，以增加公办学校数量，努力扩大外来人员子女入读公办学校的数量。积极探索“积分制”等办法，不断扩大外来人员子女免费义务教育范围，保障非户籍人口子女平等受教育的合法权益。政府建立公共财政对民办教育扶持机制，对招收外来人员子女的民办学校给予大力支持，按照民办学校接收外来人员子女教育的人数予以经费补贴或者实行学位购买制度。切实加强对民办学校在办学条件、学籍管理、经费使用、教师队伍、质量评估等方面的指导。完善民办学校管理机制，规范民办学校办学行为，提高办学水平，保证教学质量。

再次，建立外来务工人员子女义务教育经费筹措机制，为他们接受义务教育提供财力支持。针对外来务工人员子女义务教育经费短缺的问题，采取国家支持、地方政府为主的原则予以解决。一是国家按照财权、事权对称的原则，把外来务工人员子女义务教育经费纳入国家财政预算体系之中，由国家作统一的预算安排，可以义务教育生均公用经费为标准，通过财政转移支付，减轻流入地政府的财政压力，调动流入地政府的积极性。二是省级财政要加大统筹力度，逐年增加财政投入，设立外来人口子女义务教育专项资金，给外来人口子女较多的市、县（区）、学校以适当的经费补助。三是流入地市、县（区）要把外来人口子女义务教育经费纳入年度财政预算，按照公办学校的实际接收农民工子女的数额划拨相应的公用经费，对接收农民工子女的民办学校按生均经费预以补助。

最后，建立健全外来务工人员子女管理与服役制度。加强对外来务工人员子女的登记工作，建立学生电子学籍管理系统义务教育信息发布平台，及时掌握外来务工人员子女的数量、分布和流动趋势，定期发布区域内义务教育学位信息，为其入学、转学和升学提供“一条龙”服务，健全家庭、学校的联系。

## 三　实施义务教育质量战略，努力提供优质教育

提高基础教育质量，推动广大中小学改善教学质量是未来 10 年中国基础教育变革与创新的优先领域。[①] 基础教育的人才培养目标、教育观念、教学内容和教学方法与手段改革是提高基础教育质量的关键环节。经过改革开放 30 多年的发展，广东义务教育的数量和规模扩展非常迅速，

① 陈小娅：《为未来做准备：中国基础教育的变革与创新——在美国教育研究协会 2010 年年会上的主旨发言》，《人民教育》2010 年第 11 期。

但教育质量有待提高。因此，进入“后普九阶段”，义务教育必须实现两个转变，即从量的扩张向质的提升转变，由硬件建设转向内涵发展。为此，必须在以下几个方面创新和突破。

**1. 遵循学生的成长规律，树立素质教育观、创新教育观和全人教育观**

“培养什么人、怎样培养人”是义务教育内涵发展必须解决的根本问题，即教育回归育人。《国家中长期教育改革和发展规划纲要（2010~2020年）》明确提出：“关心每个学生，促进每个学生主动地、生动活泼地发展，尊重教育规律和学生身心发展规律，为每个学生提供适合的教育。”当今世界，初等教育以儿童为本，强调要使儿童精神、道德、文化、心智、身体各方面都得到全面、均衡、自由的发展，这已经成为一个普遍趋势。1986年，《第一课——关于美国初等教育的报告》提出，在重视读写算和外语课程的同时，强调要注重培养儿童的道德品质，激发儿童探索未来的热情，培养儿童民主的价值观、尊重他人、成熟正直的品格和鲜明的个性。1996年，日本《关于面向21世纪我国教育的发展方向——让孩子们都有“生存能力”和“轻松宽裕”》提出，初等教育要培养儿童的“生存能力”，包括“确实可靠的学力”“丰富的人性”“健康、体力”，形成一种完全人格的整体素质和能力。① 法国全国课程委员会编写的《初中学什么》提出：“得到充分发展的孩子是这样的孩子，通过共同的语言和自己的选择，逐渐发现自己的个性、愿望、集体生活和未来发展道路，他感到自身整体得到充分发展。”② 2003年，英国发布《每个孩子都重要：为了孩子的变化》，提出了儿童健康发展的五

① 阮成武、肖毅：《基于和谐：国际初等教育政策的价值取向及对中国的启示》，《比较教育研究》2008年第4期。

② 李丽桦：《统领未来20年：法国基础教育改革新法出台》，《上海教育》2005年第23期。

项指标，即健康、安全地生活、快乐或愉悦与取得成绩、作出积极贡献、获得良好的经济状况。①

英国学者菲里浦·泰勒对世界各国初等教育目标的比较和归纳也表明，促进儿童智力、体力和道德等方面的全面均衡发展，是各国初等教育的主要目标和任务。

**表 5－3　世界各国初等教育的目标类型分析***

| 目　标　类　型 | % |
|---|---|
| 1. 基础知识和技能 | 41 |
| 2. 使儿童心智、社会性和道德获得发展的普通教育（即儿童发展的全部潜能） | 38 |
| 3. 为以后的教育提供基础（即为下一阶段的教育做准备） | 20 |
| 4. 其他目标（社会融合、就业技能、爱国主义、宗教灌输等） | 1 |

* Philip Taylor, "The Aims of Primary Education in World Perspective", in Nigel Proctor (Ed), *The Aims of Primary Education and the National Curriculum*, The Falmer Press, 1990, p. 200.

从某种程度上讲，著名的"钱学森之问"，即"为什么我们的学校总是培养不出杰出的人才"，这个问题很重要的一个根源就在于我们的教育出了问题，即应试教育模式扭曲了教育的本质，造成教育围绕考试转，千校一色，学生千人一面，忽视了学生的兴趣和特长，只是培养学生成为应付考试的机器，不注重培养学生的创新能力和创新精神。因此，我们在提高义务教育阶段教育质量的过程中，必须在教育理念方面进行创新，重视教育的本体性，回归教育的本质。基于上述国际经验和认识，必须大力倡导现代基础教育理念，即坚持育人为本，树立素质教育观。教育的本质就是提高人的素质，素质教育是教育现代化的重要内

① 王璐：《每个孩子都重要：英国全面关注处境不利儿童的健康发展》，《比较教育研究》2005 年第 10 期。

容。素质教育的内涵是：以提高国民素质为根本宗旨，以培养学生的社会责任感、创新精神和实践能力为重点，造就具有国际视野、德智体美全面发展的社会主义合格公民。[①] 素质教育的基本目标是努力使青少年思想道德水平进一步提高，学生体质与健康状况明显改善，新的人才培养模式和考试评价制度基本形成，学校教育更加富有生机活力和鲜明特色。[②]

倡导素质教育观，一个很重要的方面就是要树立创新教育观，改变应试教育模式下的千人一面，保护和促进学生的个性，特别是创新性的发展。在知识经济时代，创新是一个民族进步的灵魂，是国家兴旺发达的不竭动力，培养具有创新思维和能力的人才成为当今教育的主题。为此，必须改变传统教育以传授知识为教学的主要目的，把学生当作知识的“容器”进行灌输式、填鸭式的教学，而是要像英国诺丁汉大学校长杨福家所讲的“火把理论”，把学生头脑从欲被填满的容器变为需要被点燃的火把[③]，以及加拿大著名教育学者史密斯所讲的，教学是教师与学生在“思考”这面超验的旗帜之下进行的“聚会”活动[④]。在树立创新教育观这方面，美国的经验非常值得借鉴。美国的基础教育高度重视培养学生的创新能力，其整个教学理念就是激发儿童的好奇心、培养儿童对问题的质疑能力、发展每个学生的最大潜能，可以说，美国基础教育从理念到教学方法、教学过程、教学评价标准等都隐含着培养国家未来创新型人才的潜意识，这也正是美国涌现出众多诺贝尔奖得主的一个重要原因。[⑤] 有学者对比中美

① 第二战略专题调研组：《推进素质教育》，《教育研究》2010 年第 7 期。

② 顾明远：《推进素质教育是教育改革发展的战略主题》，《决策探索》2010 年第 2 期。

③ 刘华蓉：《火把 · 钢琴 · 大观园——听中科院院士、英国诺丁汉大学校长杨福家教授谈教育》，《新华文摘》2001 年第 6 期。

④ 史密斯：《全球化与后现代教育学》，郭洋生译，教育科学出版社，2000。

⑤ 张向葵：《美国基础教育在培养诺贝尔奖得主中的奠基作用及其启示》，《外国教育研究》2008 年第 8 期。

基础教育制度设计理念时得出了如下结论："以升学为指向的我国教育制度，从一开始就把每个人定位于学术人才（诸如科学家、文学家）来培养，但在重知识传输的过程中却忽略了学术人才所应具有的反思和批判精神，更忽略了人的个性和品质多样化的丰富生动样态，其结果是尽管也培养了一批训练有素但原创精神明显不足的学术人才，但绝大部分人却极有可能为这种早期刻板的学术训练付出了创造之花凋谢的代价；美国的教育制度设计理念则遵从了由培养个性化的、懂得生活的普通社会公民到允许学生根据各自偏好各取所需，并逐渐分流注重自我发展的线路，虽然在阅读、科学、运算等基本训练上表现一般，但在最大程度上避免了刚性的、规范训练所导致的人的创造力和创新实践能力被抑制的后果。因此，正如我们现实中所看到的情形，这种分流不仅让少数学术人才脱颖而出，也培育了大批敢冒风险的发明家和创新型企业家，而更多的则成为日常生活中不乏创意和动手实践能力的常人。"[①] 基于上述认识，必须改变基础教育中长期存在的以培养精英角色为主要甚至是唯一目标的教育价值取向[②]，彻底改变片面追求升学率、只重视考试成绩、抹杀学生学习兴趣和创造精神以及实践能力的导向，树立义务教育的核心是提高学生的素质和创新能力，充分尊重学生的个性，倡导民主师生观，营造轻松、和谐、民主的教学氛围，鼓励学生大胆质疑，培养其创新精神，尊重学生的主体地位，激发引导学生自主研究。

倡导素质教育观，另一个重要的方面就是要树立全人教育理念。全人教育（Holistic Education）是20世纪70年代在北美兴起的一种以促进人

① 阎光才：《关于创造力、创新与体制化的教育——兼析中美阶段性教育制度设计理念的差异》，《教育学报》2011年第1期。

② 赵长林：《基础教育现实功能问题的深度审视——〈教育功能的偏失与匡正——学校教育角色化问题反思〉评介》，《基础教育》2011年第3期。

的整体发展为主要目的的教育思潮。[①] 全人教育倡导教育要培养完整的人，使人在身体、知识、技能、创造性、道德、精神等方面都得到发展，国际 21 世纪教育委员会向联合国教科文组织提交的一份报告明确指出，“教育应当促进每个人的全面发展，即身心、智力、敏感性、审美意识、个人责任感、精神价值等方面的发展。应该使每个人尤其借助于青年时代所受的教育，能够形成一种独立自主的、富有批判精神的思想意识，以及培养自己的判断能力，以使由他自己确定在人生的各种不同的情况下他认为应该做的事情”[②]。该报告明确指出，21 世纪教育的四大支柱是：学会认知、学会做事、学会生存、学会共同生活。全人教育思想提出后，人的全面发展问题成为教育改革发展的核心问题，它要求教育要关注每个学生的智力、情感、社会性、物质性、艺术性、创造性与潜力的全面挖掘，即“教育者首先要把学生作为一个人，一个主体的人，一个有情感有智慧的人；同时，力求把他们培养成为一个具有与他们所受教育层次相称的文化积淀与文化教养的人……一个在生理与心理、智力与非智力、情感与意向诸方向协调发展、具有较高综合素质的人。总之，让他们成为一个完全的相对完善和完美的人，而不是‘机器’或者‘半个人’”[③]。因此，在基础研究阶段，除了向学生传授知识和技能外，还应加强对学生道德品行、文体活动、兴趣爱好、心理健康、社会责任等诸多方面的培养。

基于上述认识，义务教育要以学生为中心，从中小学生身心发展规律出发，从重升学率、重分数转向重儿童的个性发展、全面发展；从重视认

① 张勇军：《论全人教育思想的哲学基础及其借鉴意义》，《职教论坛》2011 年第 3 期。

② 联合国教科文组织国际教育发展委员会：《学会生存：教育世界的今天和明天》，教育科学出版社，1996，第 85 页。

③ 文辅相：《文化素质教育应确立全人教育理念》，《高等教育研究》2002 年第 1 期。

知教育和应试的教学方式向注重学思结合、知行统一和启发式、参与式教学转变。强调学生学习的积极主动性，培养中小学生广泛的兴趣和爱好，帮助学生认识和激发自身潜在的创造力，处理好学习知识、培养能力和加强实践的关系，促进学生个性特长健康发展。要重视培养学生的合作精神、创新精神、实践能力、学会生活的能力。要倡导生活教育，提高学生学会生活的能力。[①] 加强义务教育阶段学生的思想道德素质培育，构建由低到高、由浅入深、螺旋上升、和谐统一的小学、初中、高中思想道德课程教育体系。

**2. 改革基础教育课程教学**

课程是培养人的蓝图，课程模式体现了“一种思维框架和组织结构，它决定着教育中需要优先考虑的问题、管理政策、教学方法和评价标准”[②]。因此，课程设置现代化是教育现代化的重要内容之一。一个学校在教学过程中能否促进学生个性的和谐发展，很大程度上取决于课程。从世界范围来看，构建适应全球化时代的新课程体系是一个普遍趋势。广东要提高义务教育质量，就必须在吸收借鉴发达国家有益经验的基础上，努力建构体现时代特点、适应教育现代化发展趋势的新的课程体系。

首先，探索建立符合素质教育要求的具有广东特色的义务教育课程教材体系。要遵循儿童的发展规律，以学生为本，进一步完善新课程标准，变传统的单一、平面的课程结构为多维、立体式的课程结构，精选对学生发展有重要价值的课程内容，在中小学开展人文与技术并重的课程体系实验，重

① 杨东平：《试论以人为本的教育价值观》，《清华大学教育研究》2010 年第 2 期。

② Stacie G. , Goffin The Role of Curriculum Models in Early Childhood Education, http: //ceep. crc. uiue. edu/eecarchive/digests/2000/goffin00. pdf, 2000 年 8 月 8 日/2009 年 3 月 25 日。

视学生综合素质培养。要切实减轻义务教育阶段学生过重的课业负担，创建一种以启智减负为导向，整合多种学科特色，全面提升学习质量的综合性实验课程体系。鼓励各学校在执行国家课程标准的同时，开发综合性的、多样化的、密切联系学生生活的校本课程。调整课程设置和课时结构，借鉴国外先进经验，要适当减少语文、数学等基础学科的教学时间，增设综合实践活动，科学、通用技术等课程。在课程设置方面要给地方和学校一定的选择空间，以便由地方和学校自行确定课程标准。要建立小学生课业负担监测和公告制度，切实减轻小学生过重的课业负担，把周末和节假日还给学生。

其次，要倡导快乐教学和赏识教育。美国基础教育教学有三个重要的特点，即激发儿童的好奇心、培养儿童对问题的质疑能力、发展每个学生的最大潜能与能力。[①] 因此，广东要努力改变义务教育“应试”导向，偏重知识灌输，偏重考试和分数，即将教学重点放在应试的知识和技能训练上，教学追求高、深、难，教学方式单一、学生被动学习、死记硬背的现象。要积极倡导快乐教学，强调学习的乐趣，激发学生学习的内在动力，关注学生兴趣、潜能的培养，保护学生的好奇心和求知欲。改变传统的学生被动学习，更多地引导学生主动学习和探究问题，努力创设引导学生独立思考、求新创异的教育环境，注重培养学生的学习能力，把自主学习的空间还给学生。要提倡教师多样化教学，例如，美国的基础教育，教师通过分层教学、主题教学、菜单教学等教学方式使课堂呈现出激发兴趣、自主、合作、探究、思辨、创造的学习特质。[②] 要深化中小学教学改革，提

① 张向葵：《美国基础教育在培养诺贝尔奖得主中的奠基作用及其启示》，《外国教育研究》2008 年第 8 期。

② 张忠萍：《课程标准下的多样化教学——美国基础教育课堂教学一瞥》，《中小学管理》2009 年第 5 期。

倡教学过程的互动性和趣味性，推进研究性学习，形成师生间相互讨论与质疑的合作学习方式。要改变现行初、高中课程过于单一的模式，推行部分选修课程，让学生在学习适合的学术课程的同时，选读一些技术性课程，以适应培养和提高现代人综合素质和能力的要求。要大力推进赏识教育，教师应以赏识的眼光容纳和期待每一个学生。

再次，积极倡导实践性教学，强调教育过程的“知行合一”，强化义务教育阶段学习的实践环节，增设社区服务、社会实践、研究性学习等课程。强化课程教学中学生的参与意识，重视实践能力的培养。

最后，规范义务教育学科考试测评行为，建立综合素质评价制度。考试要为教育目标服务，在基础教育阶段，对于所谓带有“科学”标识的学科性知识，过早地让学生形成一种书本知识就是真理，甚至以标准化、刚性的测试和刻板的训练来强迫学生就范，这对创造力的培养是大灾难。[①] 在美国，基础教育考试制度强调能力、精心编制、命题生活化及全面成绩评定。[②] 因此，要以县（市、区）为基础建立义务教育学科考试测评题库，坚决纠正考试测评偏多偏难的倾向，重视学生综合素质提升和考评，各种等级考试和竞赛成绩不得作为入学和升学的依据。加强对评价过程的指导和管理，使综合素质评价成为学校常规管理制度的基本内容和教师的岗位职责。

**3. 实施特色学校计划**

教育公平和教育均衡发展不是搞整齐划一，不是否认个性特征和学校特色。“机会平等是要肯定每一个人都能受到适当的教育，而且这种教育

① 阎光才：《关于创造力、创新与体制化的教育——兼析中美阶段性教育制度设计理念的差异》，《教育学报》2011 年第 1 期。

② 杨阳、马为：《美国基础教育考试的特点及对我国的启示》，《基础教育参考》2009 年第 4 期。

的进度和方法都是适合个人的特点的。”① 我国基础教育最大的问题是没有注意发展不同学生的天赋特长和兴趣爱好，无法给每个学生提供适合的教育。正如有的学者所言，中国以“三中心”（学校为中心、课堂为中心、教师为中心）和“五统一”（统一课程、统一教材、统一计划、统一进度、统一考试）为基本特点的工业时代的教育模式、教育过程被异化为如同大工业生产的一条流水线，个体被流水线整合成了统一性质、统一功能，甚至统一造型的某种标准件，沦为丧失个性活力和生命冲动、斫平了自主性和创新性的“教育产品”。这种教育虽然获得了大工业生产的统一标准、批量复制的高效率和高产出，但是以泯灭人的主体性和独特性为代价的。② 因此，在推进教育公平的过程中必须坚持与因材施教的统一，要为各种人才的健康成长提供公平的平台。要承认差异，尊重差异，倡导因材施教，增强学校的吸引力，为不同学生的个性发展和拔尖创新人才的茁壮成长创造条件。

义务教育要在严格履行义务教育责任、保障绝大多数学生因全面合格而优秀、实现底线均衡发展的基础上，尽可能根据每个人发展的不同特色，实施差异教育，形成培养不同人才的特色发展。在这方面，美国的做法值得借鉴。在美国基础教育阶段，有一种学校被称为磁性学校（magnetic schools），又叫选择学校，包括开放学校、多元文化学校等。这些学校一般招收公立学校不成功的学生，或要求接受不同教育的学生，以满足家长及学生个性发展的需要。在磁性学校，学校针对儿童的特殊兴趣爱好开设一些有特色的课程，例如，中小学生在这里除了可以学习读、写、算等基本

① 联合国教科文组织国际教育发展委员会：《学会生存——教育世界的今天和明天》，第 105 页。
② 潘涌：《论全球化与中国教育现代化》，《北京大学教育评论》2003 年第 4 期。

技能外，还可以学习音乐、戏剧、电脑、视觉艺术等特长学科。[①]

广东在推进义务教育现代化进程中，应实施特色学校计划，即遵循青少年发展的规律，关注学生的个性差异，鼓励义务教育学校多样化，根据学生的不同需求设置课程，教学方法灵活多样，最大限度地体现因材施教，以便确保每一个孩子都能接受优质的义务教育。

在推进特色化学校的过程中，很重要的一个方面就是要积极推行小班化教学。小班化教学是适应现代社会对个性化教学、创新性教学需求的反映，因为要帮助每一个学生达到较高的学习水平，就必须充分了解学生并进行有针对性的因材施教，如果不进行有针对性的个别指导和帮助，要想大面积提高学生的个性教学水平是比较难的。[②] 相关研究也表明，班级规模影响到教师的教育关照度，影响到课堂教学管理、教学效果以及课堂教学中的人际关系和情感交流。[③] 目前从世界各国的情况看，班级规模一般限制在 20～30 人以内。为此，美国还专门制定了小班化的法律，日本也对小班化制度做出了规定。[④] 在这方面，广东还存在着比较严重的问题，据 2007～2008 学年初统计，全省大班额（66 人/班以上）共有 33659 个班，占义务教育总班数的 10.47%，其中东西两翼和山区大班共有 33304 个（小学 13374 个班，初中 19930 个班）。因此，要加大力度解决义务教育中大班额的问题，积极推进小班化教学，更好地实施因材施教，鼓励教师采取多元化的教学方

① 梁忠义、饶从满、周成霞：《世界主要发达国家公共教育改革的理论与实践》，《外国教育研究》2000 年第 4 期；张会兰、张春生：《西方国家教育市场化理论及形式述评》，《交通高教研究》2004 年第 4 期。

② 姚颖、杨桢贞：《美国中小学“差异教学”发展状况研究概述》，《外国中小学教育》2010 年第 9 期。

③ 和学新：《班级规模与学校规模对学校教育成效的影响——关于我国中小学布局调整问题的思考》，《教育发展研究》2001 年第 1 期。

④ 吴遵民：《当代国际课堂教学改革的发展动向及启示》，《外国中小学教育》2006 年第 8 期。

法，更多地关注学生的学习兴趣，尊重学生的主体地位，注重培养学生的独立性和自主性，更好地实现探究式学习。

## 四 扩大义务教育普及范围，积极发展学前教育

世界主要发达国家在教育现代化进程中不仅大力普及义务教育，而且根据经济社会发展逐渐延长义务教育的年限和范围。目前，北美、欧洲等主要发达国家义务教育平均年限为 10～12 年。[①] 其中，学前教育的公共性和公益性越来越受到世界各国的重视，许多国家纷纷将幼儿教育放到事关社会全面发展甚至国家安全的战略高度，将发展幼儿教育作为现代政府职责的重要内容。[②] 普及学前教育越来越成为许多国家全民教育战略的重要组成部分，早在 2001 年，经济合作与发展组织（OECD）就倡议成员国实现普及学前教育的目标。[③] 美国自 20 世纪 80 年代就开始普及学前教育运动，现任总统奥巴马认为学前教育是投资获益最多的教育阶段，明确提出要将儿童置于首要位置，将投资聚集在由研究和实践证明了最有可能实现国家长期繁荣的学前教育上。[④] 联合国教科文组织的监测报告表明，1999～2004 年，世界范围内学前儿童入园率从 33% 上升到 37%，其中发达国家从 73% 上升到 77%，发展中国家从 28% 上升到 32%，转型国家从 41% 上升到 58%。[⑤] 而在欧洲，有 23% 的国家学前教育毛入园率在 100%

---

① 施雨丹：《世界基础教育发展的主题词——从教育数量、质量、绩效谈起》，《外国教育研究》2009 年第 1 期。

② 韩小雨、庞丽娟、李琳：《从国家发展的战略视角论幼儿教育的价值》，《学前教育研究》2010 年第 7 期。

③ 柳倩：《普及学前教育政策的国际发展趋势述评》，《外国教育研究》2011 年第 1 期。

④ 孙美红、张芬：《美国奥巴马政府高质量普及学前教育的政策特点》，《学前教育研究》2010 年第 9 期。

⑤ UNESCO，*Strong Foundations*，EFA Global Monitoring Report，2007，pp. 20－30.

以上，51%的国家在90%以上，77%的国家在70%以上。[①] 因此，在推进广东教育现代化的进程中，应将学前教育纳入普及教育的范畴，改变学前教育与义务教育脱节的情况。

第一，将完全普及学前教育列为“十二五”时期战略发展目标，制订切实可行的行动计划。学前教育在促进个人发展、社会进步、人力资源早期开发方面具有奠基性作用，而且其投入要比其他社会领域的投入回报高。美国的研究表明，对学前教育每投入1美元，在其成长到27岁时可得到7.16倍的回报，在其活到40岁时可获得17.09倍的回报。[②] 因此，国际上的一些经验非常值得借鉴，例如，不少国家通过各种行动计划普及学前教育。英国政府为了确保每个儿童都有一个良好的开端，使人们得到较高质量的儿童保育，发起了《确保开端计划》（Sure Start），通过提供高质量的儿童教养来促进早期学习和儿童学习能力的发展。从2003年1月起，几乎所有的4岁儿童，88%的3岁儿童，都能够受到某种形式的免费早期教育，从2004年4月起，如果父母认为需要，所有的3岁儿童都能获得免费的部分时间学习。[③] 美国通过《开端计划法》（Head Start Act）保障学前儿童得到学习和发展的机会，并通过“开端计划”项目（Project Head Start）向贫困家庭幼儿免费提供教育，以扩大弱势群体受教育的机会，追求起点意义上的教育公平。[④] 目前，广东已经出台了《广东省发展学前教育三年行动计划（2011～2013年）》，提

① 余强：《欧洲39国学前教育的发展现状和趋势》，《学前教育研究》2009年第10期。

② 徐卓婷、高伟、王爽：《国际社会重视普及学前教育给我们的启示》，《吉林省教育学院》2011年第5期。

③ 潘发勤：《21世纪初的英国教育政策及其进展》，《世界教育信息》2004年第9期。

④ 宋秋英：《20世纪90年代以来美国学前读写教育改革动向之管窥——基于对“开端计划”改进措施的分析》，《外国教育研究》2010年第6期。

出了要积极实施学前教育“扩容普及”工程、幼儿园“规范促优”工程、学前教育师资队伍建设工程三项工程，全面加强规范化幼儿园建设，以乡镇中心幼儿园建设为龙头，力争每个乡镇拥有 1 所以上规范化中心幼儿园，每个县建设好 1 所以上的公办示范幼儿园，加快农村学前教育发展。充分利用城市社区资源，建立多种形式的社区幼儿教育活动场所，构建社区幼儿教育服务网络，大力推进家庭早期教育指导和服务工作。充分利用农村小学布局调整和富余校舍、师资举办幼儿园，采取大村独办、小村联办的形式，扩大学前教育资源。力争到 2015 年，全省普及学前三年教育。

第二，完善学前教育经费保障体系，建立政府财政、社会举办者、家庭合理分担的投入机制，逐步加大财政投入力度。基于学前教育的基础性、服务性、福利性等特征，幼儿园的经费主要由政府、家庭、社会共同负担。应规定各级政府承担学前教育经费的比例，以及幼儿父母依收入状况需承担的学前教育成本的比例。完善学前教育收费制度，在对各类幼儿园成本进行核算的基础上，参照当地人均收入、家庭总收入情况，合理确定使用公共教育资源的幼儿园的收费标准，限制过高收费。从世界各国的经验来看，大部分是以政府为主体的多元学前教育投入体系。联合国儿童基金会与我国国务院妇女儿童工作委员会办公室的联合研究表明，按照目前我国的国情和国家经济发展的水平及个人收入状况，学前教育成本家庭承担的部分不宜超过 20%，至多不超过 25%。国家承担 60%，创办者承担 20%，个人承担 20% 较为适宜。①

---

① 徐卓婷、高伟、王爽：《国际社会重视普及学前教育给我们的启示》，《吉林省教育学院学报》2011 年第 5 期。

第三，探索实行学前教育券，确保农村经济困难家庭和城镇低保家庭子女接受学前教育。在香港普及学前教育的过程中，通过推行“学券”制度，确保了幼儿不会因家庭经济困难而失去接受幼儿教育的机会，保障了弱势群体的受教育权利。[①] 目前，广东农村和城镇地区低收入家庭是普及学前教育的难点，可以学习借鉴香港的经验，通过学前教育券的形式，努力提高农村地区和城镇低收入家庭幼儿学前教育普及水平。

## 第三节　优化教育结构，建立与区域经济社会发展相适应的教育体系

按照现代化理论六大学派之一的结构—功能主义理论，现代化的本质就是一系列结构与功能的转换，是社会结构的分化与社会功能的专门化。[②] 教育本身是一个系统，是一个人为建立起来的有机系统，是一个复杂的、与外在环境交互作用的开放性系统。正因为如此，教育现代化的实质也是教育结构的持续分化和教育功能的相应分化，教育系统日趋复杂，以满足复杂的社会需要。[③] 从世界教育现代化过程来看，教育结构的完善化是教育现代化的一个普遍特征。[④] 具体来讲，教育结构的现代化主要是指从学前到博士后的一体化教育结构的完善，涉及各级各类学校教育体系

---

① 庞丽娟、夏婧、韩小雨：《香港学前教育财政投入政策：特点及启示》，《教育发展研究》2010 年第 11 期。

② 周毅：《现代化理论的六大学派及其特点》，《当代世界与社会主义》2003 年第 2 期；王浩斌、王飞南：《现代化理论与理论的现代化——对现代化理论历史演进的理性思考》，《吉首大学学报（社会科学版）》2004 年第 3 期。

③ 褚宏启：《教育现代化的性质与分析框架》，《高等师范教育研究》1998 年第 3 期。

④ 朱旭东：《教育现代化的几个理论问题初探》，《比较教育研究》1998 年第 2 期。

的建立，即学校教育的体系化。[①]

功能与结构是一对相互联系的概念，一定的教育结构实现着一定的教育功能。[②] 在教育现代化进程中，与教育结构的完善化相适应，教育功能也发生了转变，即教育的生产性功能日益增强，教育与生产劳动相结合成为现代教育的普遍规律。正如有学者所言，“自工业革命以来教育现代化的全部历史进程实际上都在促使教育走向与生产劳动相结合，为经济发展服务”[③]，“建立教育与经济间的紧密互动关系是传统教育形态向现代教育形态转变的分水岭”。[④] 教育与经济发展的关系如图 5 - 1 所示。

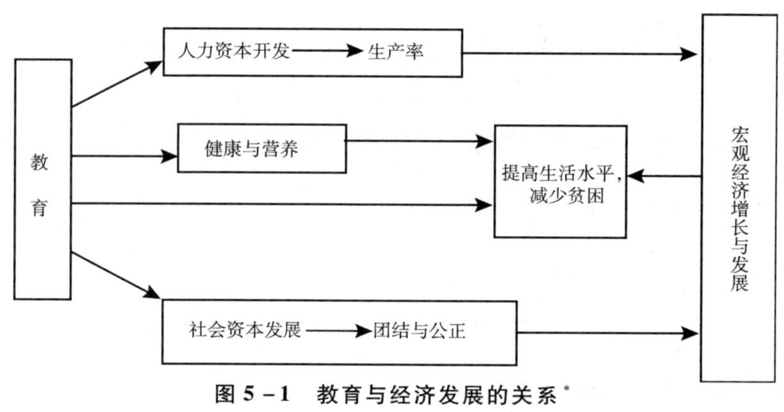


**图 5 - 1　教育与经济发展的关系***

*参见世界银行“教育领域战略”，载王晓辉主编《全球教育治理——国际教育改革文献汇编》，教育科学出版社，2008，第 162 页。

从人力资本角度看，人力资本快速积累是经济迅速增长的重要推动因素，教育是产生人力资本的主要部门，人力资本积累同教育发展

① 顾明远：《关于教育现代化的几个问题》，《中国教育学刊》1997 年第 3 期。

② 《区域教育可持续发展研究》课题组：《可持续发展区域教育研究》，《中国人口·资源与环境》2000 年第 1 期。

③ 冯增俊：《论教育现代化的基本概念》，《教育研究》1999 年第 3 期。

④ 郭桂英：《我国区域教育现代化发展模式建构》，《扬州大学学报（高教研究版）》1998 年第 3 期。

密切相关。在教育发展的不同阶段，驱动人力资本积累的教育层次不同。根据教育发展的不同层次，人力资本积累可以分为精英教育驱动阶段、基础教育驱动阶段、中等教育驱动阶段、高等教育驱动阶段和终身教育驱动阶段。[①] 从这一角度讲，不同的教育结构适应着不同水平的生产力。

基于上述认识，笔者认为，在全球化背景下构建广东教育现代化模式，第二个值得重点创新的领域就是优化全省教育结构，切实改变教育与经济社会发展的要求不相适应、与经济大省的地位不相适应的状况，使教育服务于经济社会发展的功能更为强大，更加适应经济发展的要求。当前，广东正处在工业化中后期阶段，即处在中等教育驱动阶段向高等教育驱动阶段转变的过程中，随着工业化、信息化、城镇化、市场化、国际化的深入发展，人口、资源、环境压力日益加大，面临着加快转变经济发展方式、提高自主创新能力、建设人力资源强省的新任务，因此，要适应经济转型、产业结构升级和劳动力市场的需求，必须重点优化高等教育和高中阶段教育结构，建立适应广东经济发展需要的教育结构体系。

## 一　改革普通高中应试教育模式，积极推进多样化发展

对于广东而言，在推进普通高中教育现代化的过程中，首先是要进一步扩大普通高中教育规模、加快普及步伐。2009 年，广东高中阶段教育毛入学率为 79.9%，同期江苏达到 90%，因此，广东的普通高中教育还需要加快发展。要进一步明确各级政府发展普通高中的责任，加大对经济

① 胡鞍钢、熊义志：《大国兴衰与人力资本变迁》，《教育研究》2003 年第 4 期。

欠发达地区发展普通高中的扶持力度，加快普通高中发展步伐。经济欠发达地区特别是目前高中阶段教育毛入学率低于50%的市、县（市、区），要注重合理配置高中阶段教育资源，调整结构，加快发展普通高中教育，积极扩建、改建、新建一批普通高中学校，改善办学条件，扩大办学规模。调整优化普通高中学校布局结构。普通高中学校的布局要逐步向市、县（市、区）人民政府所在地及中心镇集中，提高办学效益。充分利用现有校舍资源，通过扩建、改建等方式，重点支持占地面积较大、生源较充足的普通高中学校的建设，进一步扩大办学规模。有条件的县（市、区）建设一所省一级或国家级示范性普通高中，人口较多并有条件的县（市、区）创建两所以上省一级或国家级示范性普通高中。充分发挥现有省一级以上普通高中学校的示范、辐射作用，带动薄弱普通高中学校提高教育质量和管理水平，扩大办学规模。鼓励有条件的完全中学实行高、初中分离办学。

其次，在推动普通高中普及化过程中，要适应经济社会发展需要，切实改变应试教育模式，积极推动普通高中多样化发展。自恢复高考以来，在“精英主义”和“应试主义”① 等思想的影响下，升学成为我国普通高中教育的唯一实质性价值取向，智育成为普通高中教育的核心内容。②这种定位导致了我国普通高中向着单一化方向发展，主要表现为培养目标的单一化，即“千军万马”都奔着高考“独木桥”而来；以及办学模式、课程内容、培养方式的单一化③，即“千校一面”，学校同质化，缺乏个

① 卢立涛：《全球视野下高中教育的性质、定位和功能》，《外国教育研究》2007年第4期。

② 余清臣：《培育健全的自我——论指向培育学生自我的我国普通高中教育改革》，《中国教师》2011年2月上半月版。

③ 霍益萍、黄向阳、李家成：《多样、开放、灵活：普通高中教育体系的构建》，《教育发展研究》2009年第18期。

性和特色。当前，在普通高中发展已经进入大众化阶段的背景下，单一的办学模式与社会和学生的多样化需求不相适应，普通高中的改革发展还不能完全适应广东经济社会发展的需求，迫切需要普通高中在扩大规模的同时进行内涵提升。

从国际视野来看，普通高中进入大众化普及发展阶段，升学、就业以及人的素质培养是普通高中教育的三大功能和使命。1997 年，美国在《1998～2002 年教育发展战略》中要求中学教育要“让所有学生都达到富有一定挑战性的学业标准，为他们将来成为有责任感的公民、继续学习和富有产出性的就业做好准备”[①]。法国 1998 年发布的《为了 21 世纪的高中》提出：高中是多样化的阶段，追求升学和就业并重；高中要让学生能够进行选择（升学或就业），提高所有学生的教育水平，保证任何学生在走出校门的时候具备一种被证明的资格。[②] 芬兰 1998 年《高中学校法》规定：“高中学校教育的目的是促进学生的发展，使之成为良好的、平衡发展的和文明的个人与社会成员，为学生提供继续学习、工作生活、个人兴趣及多方面的个性发展所需要的知识和技能，此外，教育还应促进学生的终身学习和自我发展机会。”[③] 国际普通高中发展的第二个重要趋势就是多样化。多样化首先表现在办学模式的多样化，如日本设有普通高中、职业高中、综合高中、综合学科高中、专门高中等类型；意大利设有普通高中、师范高中、技术高中、艺术高中和职业高中；法国普通高中设有文学、科学、经济和社会科学三个系列等。

① 胡庆芳：《决不让一个高中生掉队——美国高中课程改革研究》，《全球教育展望》2002 年第 3 期。

② 汪凌：《法国普通高中的课程研究》，《全球教育展望》2002 年第 3 期。

③ 李家永：《芬兰普通高中教育的改革》，《比较教育研究》2003 年第 8 期。

基于上述认识，广东普通高中教育现代化改革的重点应努力转变应试教育模式，积极推动多样化发展。具体来讲就是：

第一，在全社会树立现代高中发展理念，科学定位普通高中教育的功能和性质。要跳出“精英主义”的价值取向，彻底扭转全社会高中教育追求“上大学”这一单一目标的现象，赋予普通高中升学、就业、育人三大功能。也就是说，普通高中不仅是为高等学校输送英才，而且要为高中学生的就业、个人的全面发展服务。

第二，以综合高中为主，积极推动普通高中多样化发展。综合国内研究可以看到，综合式、升学式、特色式三种模式是未来我国普通高中多样化发展的三种普遍模式。[①] 综合式就是高中阶段普通教育与职业教育融合发展的一种模式，即高中学生在完成达标阶段的学校任务后进行分流，一部分进行大学升学准备，一部分则准备就业。在国际上，美国是综合式高中教育的创立者，其综合高中教育肩负三大使命：“一，为所有的未来公民提供普通教育；二，为那些想在学校毕业后立即使用所学技能的学生开设很好的选修课；三，为毕业后上学院或大学深造的学生开设令人满意的文理课程。”。[②] 升学式就是高中生源基础好、办学条件好、师资力量强的普通高中，其学生在完成达标任务教育后即全力以赴进行升学准备教育。特色式就是根据普通高中学校的特点，尤其是结合其师资力量特点、学科优势突出办学特色，使课程和教学成为学校特色的主要内容，如学校理科力量强、有优势的可办成理科高中，学校文科力量强的可办文科高中，以此类推，可以分别举办外语高中、艺术高中、体育高中等。广东在推进普

① 廖哲勋：《关于深化普通高中教育改革的整体构想》，《课程　教材　教法》2009 年第 6 期。

② 《科特南教育论著选》，陈友松译，人民出版社，1988，第 41 页。

通高中现代化发展进程中，可以根据全省各地普通高中的发展情况，鼓励各地以发展综合性高中为主，同时结合各地实际情况适当发展特色式高中，力争在全省形成多样化的高中发展模式。要在高中教育中强化职业意识，即便是升学式高中，也要选择学习一定的实用技术和技能。

第三，积极推进普通高中课程改革，提高普通高中的发展质量。进入21世纪以来，世界各国都在积极推进高中课程改革，尤其在保证共同基础的前提下，给学生尽可能多的课程选择性；将学生的学术课程学习与学生的经验、社会生活有机结合起来；将知识技能的学习与多方面能力的发展融合起来[①]，突出了课程改革的文化建设、强调课程改革的环境优化、突出终身学习的课程目标、强调整合性的课程结构。[②] 基于上述对国际发展趋势的认识，我们认为应该加快推进普通高中新课程改革，探索建立具有自身特色的高中课程教材体系。要优化课程设计，增强普通高中课程的开发性和选择性，取消文理分科的课程模式，实行必修课与选修课结合，有条件的普通高中应积极探索实行学分制。要积极推进高中课程教学改革，改变应试教育模式下的知识灌输和题海战术，重视探究式、讨论式教学，注重培养高中学生的创新精神、实践能力，重视发现和培养学生的兴趣与特长，着力提升学生自主学习、自强自立和适应社会的能力，促进学生全面而有个性的发展。

第四，积极推动高考制度改革。自1978年恢复高考以来，我国高考制度已经走过了30多年的历程。走过而立之年的高考制度，在其“指挥棒”下高中教育发展的应试教育、“唯分数论”、“高分低能”等弊端日益

---

① 张华：《世界普通高中课程发展报告》，《教育发展研究》2003年第9期。

② 陈时见、王芳：《21世纪以来国外高中课程改革的经验与发展趋势》，《比较教育研究》2010年第12期。

显现。现行统一高考制度的弊端，有学者将其归纳如下：一是阻碍了人的个性发展和潜力的发挥；二是不利于培养人的创新精神；三是不利于全体学生都获得全面发展；四是忽略了有专业潜质的人才的要求，阻碍了高等教育的发展；五是不利于社会良性流动；六是不利于社会文化的多元传承。① 因此，这种单一形式的高考制度改革越来越成为一个社会热点问题，全社会呼吁对其改革的声音不断。从国际经验来看，美国高校在招生时不是单单“一考定终身”，而是通过学生的高中成绩、高中教师的推荐信、全国统一考试（SAT、ACT）成绩、大学入学面试的表现及社会实践来综合评价；另外，美国高校招生制度允许学生多次参加考试，SAT 和 ACT 考试每年举行多次，学生可以有多次机会。② 借鉴国际经验，我国及广东省的高考制度改革应尝试从如下几方面入手：首先，科学定位高考，在高等教育步入大众化时代，高考的性质和功能应从“选拔人才”向突出甄别考生个性特长与高校专业教育吻合度的服务功能转变。③ 其次，高校招生要从唯高考成绩分数论向综合评价学生转变，要改变高考一考定终身的模式，特别是要将高中阶段成绩、高中教师评价、面试表现、参加社会实践等诸多方面结合起来综合评价，形成多元标准的高校招生录取制度，真正关注学生的全面发展。最后，建立多元化的考试制度。全国统一高考可以一年分春、秋两次，甚至每个季度一次考试，给学生更多的考试机会；扩大和落实高校自主招生制度，建立多元化的大学入学渠道。

---

① 李雪岩、龙耀：《中国高考制度改革新思维》，《上海大学学报（社会科学版）》2008 年第 5 期。

② 赵正国、马为民：《美国高校招生政策对我国高考制度改革的启示》，《辽宁师范大学学报（社会科学版）》2008 年第 4 期。

③ 胡德秋：《选择性和多元化：高考制度改革的思考——基于普通高中新课程的视角》，《基础教育课程》2009 年第 11 期。

## 二　构建现代职业教育体系，为人力资源强省建设作贡献

“21 世纪的经济与社会将发生翻天覆地的变化，从而赋予职业技术教育深远的意义。”[①] 广东目前是全国常住人口第一大省，要加快转变经济发展方式，促进产业结构转型升级，实现从人口大省向人力资源强省的根本性转变，劳动力素质的高低起到了至关重要的作用。2005 年以来，珠江三角洲地区屡次出现“技工荒”，职业技能人才缺乏，职业技能人才特别是高级技能人才紧缺已经成为制约广东经济发展的瓶颈，2009 年全省劳动力市场技能人才缺口达到 181 万人次，尤其是缺乏高级技能人才。因此，大力发展职业教育，建立政府、学校、企业支持职业教育多元化办学机制，构建从初级、中级到高级的现代职业教育体系，加快培养适应经济社会发展需要的高素质劳动者和技能型、应用型人才，是职业教育服务和引领经济转型的本质要求，是广东构建现代教育模式的又一个创新重点。

**1. 打造我国南方重要的职业教育基地，培养适应现代产业体系发展要求的技能型、应用型人才**

首先，做大、做强珠三角地区的职业教育，发挥其龙头、骨干和辐射作用。珠江三角洲地区是广东经济发展的中心，是全省加快转变经济发展方式、建立现代产业体系的关键所在。珠江三角洲地区要充分发挥职业技术教育的优势和龙头带动作用，在办好现有职业技术院校的基础上，推进中等职业教育、专科职业教育、应用型技术型本科教育、专业学位研究生教育的发展，构建着重从中级到高级应用型技能型人才的完整教育链条，

① 联合国教科文组织第二届国际职业技术教育与培训大会：《职业技术教育与培训：展望 21 世纪的建议》，戴荣光译，《中国职业技术教育》2000 年第 5 期。

提高水平和层次，高起点、高标准、高水平建立符合现代产业体系发展要求的现代职业教育体系，努力将该地区打造成集约化高水平的职业教育基地。

其次，积极打造立足珠江三角洲、面向广东及泛珠江三角洲的职业教育发展体系。以珠江三角洲地区职业教育基地为核心，以粤东、粤西、粤北地区各市职业教育基地为节点，加快建设辐射泛珠江三角洲地区的职业教育基地网络，形成全国职业教育科学发展示范区和我国南方重要的职业教育基地。依托汕头、梅州、湛江、茂名、韶关等市建设粤东、粤西、粤北区域职业教育中心，推进珠江三角洲地区与东西两翼、山区联合发展职业技术教育。采取对口帮扶形式，加强东西两翼和粤北山区与珠三角地区联合办学，支持珠江三角洲地区的职业技术学院、高级技工学校、技师学院、中等职业学校和技工学校，把东西两翼、山区的职业院校办成分校，或在东西两翼、山区设立校区，统一招生，统一课程设置与教材，统一教学进度，统一组织实训实习，统一师资培训，实现优势互补、资源共享，提高办学效益。

经济欠发达地区以地级市为主发展中等职业技术教育，加强市级统筹，优化中等职业技术教育布局，调整类型结构和专业结构，以地级市城区为主，集中力量办好若干所有一定规模的骨干中等职业学校、技工学校、职业技术学院，有条件的县（市、区）要整合当地职业技术教育资源，根据实际需要办好该县的中等职业学校或技工学校。

再次，积极推进职教集团和职教园区建设，建设若干个省级职教集团和一批市级职教集团。探索实施弹性学制，允许中等职业技术学校和技工学校学生分阶段完成学业。鼓励各类企业与中等职业技术学校和技工学校共同开发和举办新专业，实行“订单式培养”，推进工学结合、校企合作人才培养模式。根据广东省经济、产业结构调整需要，设置专业和调整专业结构，改革课程、教材和教学方法，建立弹性学分制，满足各类求学者的学习需求。

**2. 深入推进职业教育工学结合，建立校企合作共同体**

职业教育工学结合是职业性的本质要求，是教育与生产劳动相结合的具体表现。从全球范围看，职业教育工学结合是世界职业教育发展的普遍趋势，如德国的双元制、澳大利亚的新学徒制、英国的现代学徒制、法国的学徒培训中心等，都是工学结合的典范。而且，在这些国家，为了促进职业教育与生产企业的结合，国家还出台了许多政策激励措施，具体见表5－4。

对于广东来讲，在发展壮大现代职业教育体系过程中，要依托现代产业体系这一优势，按照“优势互补、资源共享、互利共赢”的原则，形成政府主导、行业参与、校企结合的应用型技能型人才培养共同体，在专业设置、人才标准和培养方案设计、课程改革、教材建设、实训实习、就业指导、产学研合作等方面形成合力。政府要制定各种法律法规来促进校企合作，建立校企合作保障机制，推动校企合作法制化、常态化。要落实有关税收政策，鼓励支持企业以各种形式参与职业教育办学。

**表5－4　部分西方国家职业教育“工学结合”政策对比表***

| 国家 | 校企合作方式 | 责任主体 | | | | 法律 |
|---|---|---|---|---|---|---|
| | | 企业 | 学校 | 学生 | 政府 | |
| 德国 | 双元制，学生70%的时间在企业，30%的时间在学校 | 承担职业教育中的绝大部分经费，承担技能培训，大多数企业都有自己的培训基地和专职培训人员 | 传授文化知识和专业理论知识 | “学徒＋学生”的双重身份，不缴纳学费，每月从企业获得生活津贴和法定社会保险 | 学校形式的职业教育由各州负责，遵从州法律，承担学校的教育经费。企业形式的职业教育由联邦政府负责，遵从联邦法律 | 新《联邦职业教育法》《联邦青少年劳动保护法》《企业组织法》 |

续表

| 国家 | 校企合作方式 | 责任主体 | | | | 法律 |
|---|---|---|---|---|---|---|
| | | 企业 | 学校 | 学生 | 政府 | |
| 澳大利亚 | 新学徒制(由新学徒制培训服务中心提供中介服务,TAFE承担实施) | 行业主导提出员工培训内的需求和目标,与学校共同研讨和制定培训项目。企业雇用学徒工,支付较少的工资 | 由TAFE承担,实施培训项目 | 需3~4年,全职,或半工半读 | 各州和地区设立300多所新学徒制培训服务中心,财政支持免费向社会提供服务 | 《职业培训法》(修正案)、制订"新学徒制"培训计划 |
| 英国 | 现代学徒制度(基础现代学徒制和高级现代学徒制),采取工读交替的教学模式,学徒期一般持续4~5年 | 提供生产性培训 | 提供连续和间断性的理论教学 | 第1年在学校,以后可间断回学校学习阶段性课程,第2~5年在企业进行生产性培训,不缴纳学费,并有学徒工资 | 有学习与技能委员会负责规划和资助,学徒培训列入国家预算 | 1993年制订现代学徒计划,给予政府资金资助,2003年实行一项新的国家现代学徒制度 |
| 法国 | 学徒培训中心(此外还有职业高中):属于半工半读或工学交替的职业教育机构 | 企业缴纳学徒税,企业主不仅要支付工资,还要完成系统的实践培训。实践课由专门的师傅指点 | 开展普通文化课和技术理论课教学 | 学徒工与企业签订培训合同 | 通过立法要求企业履行职业教育义务,对承担学徒培训的企业提供补偿性补助,并将学徒税减免额由20%提高到40%。政府要求企业承担的职教经费政策:按上年职工工资总额的1.5%提取用于在职培训,0.5%缴纳学徒税 | "面向21世纪的职业教育宪章" |

* 冯志军:《关于深度推进职业教育"工学结合"的政策建议》,《职教论坛》2011年第11期。

## 三　优化高等教育结构,增强高等教育服务和引领经济社会发展的能力

在当今知识经济时代,高等教育在教育与生产劳动相结合中起着非常

重要的作用。2006 年，美国高等教育未来委员会提交的战略报告《领导力检验：美国高等教育的未来指向》开篇就指出："今天，我们可以毫不夸张地宣称高等教育已经成为美国最伟大的成就之一。在当今知识驱动的社会中，高等教育具有前所未有的重要地位。在美国，高等教育中卓越、创新和领导力的国家能力将成为我们维持经济增长和社会凝聚的核心力量。我们的高等院校将是提升劳动力素质和促进成长所必需的人力资本和智力资本的主要发源地。高等院校还将继续成为新一代美国人实现社会流动的主要途径。未来经济增长将依赖于我国在高等教育领域维持卓越、创新与领导的能力。"① 2009 年，英国政府在《更高目标：知识经济中大学的未来》报告中明确提出："大学是知识经济和文明社会的心脏，是英国保持国家特质并屹立于世界的根基。一个强大的高等教育体系不仅关系到一个国家的经济成就，而且深刻影响着社会的思想和文化潮流。"② 这些表明，在知识经济时代，高等教育与经济社会发展的关系越来越密切，是人才培养的摇篮、科技创新的源泉、社会发展的智库，高等教育的战略地位日益凸显。

**1. 促进高等教育规模合理增长，优化高等教育结构**

美国学者马丁·特罗将高等教育发展阶段划分为精英、大众、普及三个阶段，其中，入学率在 15% 以内为精英型高等教育阶段，15% ~50% 为大众型高等教育阶段，50% 以上为普及型高等教育阶段。③ 2009 年，广

---

① 转引自吴岩《高等教育强国——中国教育的新使命》，《北京教育》2009 年第 1 期。

② Department for Business. Innovation & Skills, UK. Higher Ambitions: The Future of Universities a Knowledge Economy, http://www.bis.gov.uk/policies/higher-ambitions, 2009-11-01.

③ 马丁·特罗：《从精英到大众再到普及高等教育的反思：二战后现代社会高等教育的形态与阶段》，《大学教育科学》2009 年第 3 期；刘献君：《21 世纪中国高等教育的走向》，《高等教育研究》2000 年第 2 期。

东高等教育毛入学率为 27.5%，按照特罗的划分阶段，广东高等教育已经进入了大众化阶段；但同为沿海发达地区的江苏则达到 40%，这表明，广东的高等教育发展还落后于经济社会发展步伐。因此，在推进教育现代化进程中，广东高等教育的规模还要进一步扩大，应充实高等教育资源，着力发展普通本专科教育，加快发展研究生教育特别是专业学位研究生教育，积极发展成人高等教育，加快高等教育普及化进程，不断满足经济社会发展对高等教育的需求。

在发展高等教育规模的同时，要根据经济社会发展需求的变化，调整和优化高等教育的结构，特别是办学层次结构、办学类别结构和学科专业结构。要合理确定层次结构，积极调整本科教育与专科教育、学术型与专业学位型研究生教育的比例。要鼓励在珠江三角洲地区建设一批主要面向高新技术产业、先进制造业、生产性服务业的技术型的高水平的本科学校和高等职业学院。鼓励有条件的成人高校改制为普通高校。研究型大学要逐步退出成人本专科学历教育，其他普通本科学校逐步退出成人专科学历教育。要调整优化学科专业布局，积极培育新兴学科和交叉学科，加大与基础产业、支柱产业和新兴产业紧密相关的学科专业建设力度，着力提高工科专业的比重，打造对现代产业体系起重要支撑作用的优势学科专业群。

**2. 以建设高水平大学为龙头，加快建设高等教育区域中心**

从世界历史的角度看，高等教育发展与经济发展之间在时间和空间上具有较强的同步性、同一性，也就是说，某一个国家在某一时期成为世界高等教育最发达的中心，那么在这同一时期它也是世界经济最发达的中心，高等教育中心与世界经济发达中心之间存在着强烈的互为因果的关系。自 13 世纪以来，世界高等教育中心经历了从意大利、英国、法国、德国到美国的转移，经济发达中心也随之在这些国家之间转移。[①] 著名学者丁学良在分析什么是世界一流大学时明确指出："哪里有第一流的大学兴起，不用多长时间，这所大学所在的国家就会变成世界上领先的国家。"[②] 而在当今知识经济时代，高等教育对区域经济发展的引领作用更是十分明显，高等教育是知识创新、传播和应用的主要基地，是科学技术进步的人才再生产基地，是科学发现和技术发明活动的人才供给线，在打造地区核心竞争力、推动产业现代化水平提升上起着"发动机"的作用。如美国的"128 公路""硅谷"，日本的筑波科学城、九州硅岛，英国的剑桥科学园、苏格兰硅谷，以色列的"硅溪"等都是这方面的典型代表。[③] 广东目前是全国最重要的经济中心之一，特别是珠江三角洲地区，在全国经济乃至世界经济发展格局中都占据着重要的地位。但是，与经济发展相比，广东高等教育发展明显是滞后的，长此以往，必将影响广东经济的可持续发展。因此，广东非常有必要打造与区域经济中心相适应的高等教育区域中心。

所谓高等教育区域中心，"是指某一特定地域空间，以区域内一所或若干所高校为核心层，以企业研发力量、科研院所为紧密关联层，以大空间、规模化和专业化的硬件设施、后勤保障、信息咨询、商业和金融等为服务支撑层，区域内不同类型、不同规格的高校和谐共生、协同发展，并具有一定辐射范围和功能的高等教育区域空间布局"[④]。从目前国内高等

---

① 刘祖良、赵强：《高等教育强国战略的历史发展与现代功用——中国站在了奔向高等教育强国的起点上》，《北京航空航天大学学报（社会科学版）》2010 年第 2 期；吴岩：《高等教育强国——中国教育的新使命》，《北京教育》2009 年第 1 期。

② 丁学良：《什么是世界一流大学》，《高等教育研究》2001 年第 3 期。

③ 魏小鹏：《高等教育强国目标下的高等教育区域中心建设》，《中国高教研究》2010 年第 8 期。

④ 魏小鹏：《高等教育强国目标下的高等教育区域中心建设》，《中国高教研究》2010 年第 8 期。

教育区域发展态势看，主要呈现出四种模式，即政府主导、科技驱动模式，市场主导、经济驱动模式，政府扶持、生态驱动模式，混合动力、多元驱动模式（具体见表 5－5）。

**表 5－5 中国高等教育区域发展的四种模式***

| 序号 | 模式 | 所在区域的特征 | 模式特点 | 模式决定因素 |
|---|---|---|---|---|
| 1 | 政府主导、科技驱动模式 | 优化开发为主政治文化科技中心 | 政府主导 | 科技因素 |
| 2 | 市场主导、经济驱动模式 | 优化开发为主经济发达地区 | 市场主导 | 经济因素 |
| 3 | 政府扶持、生态驱动模式 | 限制开发和禁止开发为主气候或自然环境保护地区 | 政府扶持 | 生态因素 |
| 4 | 混合动力、多元驱动模式 | 重点开发为主 | 多种混合 | 综合因素 |

* 吴岩、刘永武、李政、刘祖良、王怀宇：《建构中国高等教育区域发展新理论》，《中国高教研究》2010 年第 2 期。

对于广东而言，由于其本身市场经济基础比较好，而且珠江三角洲经济区与港澳经济所形成的区域经济特点明显，因此，非常适合于采取市场主导、经济驱动的模式推进高等教育区域中心的发展，即以区域经济合作与发展带动高等教育的区域合作与发展，发挥市场配置资源的基础性作用，使区域高等教育的发展能够支撑区域经济的可持续发展。

首先，要充分发挥区域内高水平大学的龙头带动作用，即发挥区域内“985 工程”大学、“211 工程”大学的引领作用。“985 工程”大学要以国际科技前沿和国家、广东现代化建设重大需求为导向，围绕重大基础研究、高技术研究和重大科技计划，建设一批高水平科技创新平台，聚集和培养大批拔尖创新人才，增强承担国家重大任务、开展高水平国际合作和解决经济社会发展重大问题的能力。“211 工程”大学要以重点学科建设为引领，瞄准学科前沿和国家、广东的需求，培养造就一流的学科队伍，创建一流的学科平台，形成特色鲜明、优势明显的学科体系，大力开展支撑广东现代产业体系的高层次创新人才培养、基础研究和高科技研究。在这方面，就是要努力将中山大学打造成国内一流、世界先进的高水平研究型综合性大学，将华南理工大学打造成国内一流、国际知名的高水平研究型理工类大学。按照丁学良的研究，一流研究型大学的标准包括九个方面：一流的大学教员、一流的学生、常规课程的广度和深度、公开竞争获得的研究基金、师生比例、大学硬件设备的量和质、财源、毕业生的声望和成就、学术声望等。[①] 而从建设世界一流大学实现步骤来看，则应该是先确定一流的办学目标，建设一流的教师队伍，进行一流的教学、科研，构建一流的学科体系等。[②] 与此同时，要依靠香港几所著名高等学府的力量，为珠江三角洲地区、港澳地区产业结构转型升级服务，提升高等教育区域中心功能。

其次，要以广州、深圳、佛山、珠海、东莞五大大学园区（城）为中心，打造支撑区域经济发展的知识共同体。广州大学城要为提升广东国际竞争力作出重要贡献，力争成为全国一流世界知名的大学园区和产学研结合的重要基地；深圳大学城要为提升珠江三角洲地区科技创新能力和国际竞争力作贡献，力争成为全国高等教育科技创新示范基地和产学研结合的典范区域。佛山、珠海、东莞大学园区要成为珠江三角洲地区经济发展重要的高技能人才培养和区域科技创新基地，为珠江三角洲地区建设先进制造业基地、高水平科技产业区和优质生活区服务。另外，要支持湛江、汕头两市高等教育发展，使其成为粤东、粤西区域性高等教育基地，逐步形成具有一定规模的高教科研区，促进高等教育与区域经济协调发展。

最后，要加强区域高等教育内涵建设。要努力提高高等教育自主创新

---

① 丁学良：《什么是世界一流大学》，《高等教育研究》2001 年第 3 期。

② 张宝贵：《世界一流大学的形成模式研究》，《清华大学教育研究》2000 年第 4 期。

能力建设，加强重点科研基地和科技创新平台建设，扶持优秀青年创新人才和学术创新团队，完善以创新、质量为导向的高校科研和自主知识产权评价体系。要大力推进特色学科群发展，以建设国际一流学科、国内高水平学科为重点，着力产生一批具有自主知识产权的科研成果。要着力建设与区域现代产业发展相适应的特色学科，推动区域高等教育差异化、特色化发展，培养一批创新与实践能力并重、区域经济发展急需的科技领军型人才和高技能型人才。

**3. 积极推进产学研合作，提升高校的自主创新能力和服务社会的能力**

从功能发展来看，高等教育经历了“教学—教学、科研—产、学、研”三个阶段[①]，大学由培养人才、科学研究两大职能向培养人才、科学研究、社会服务三大职能转变是现代大学区别于传统大学的显著标志。[②]尤其是进入21世纪，产、学、研三足鼎立是世界高等教育发展的普遍趋势，也是当今世界科技创新的重要发展趋势。1995年，美国学者埃兹克维茨（Henry Etzkowitz）和荷兰学者雷德斯多夫（L. A. Leydesdorff）提出了“大学—产业—政府”关系的三重螺旋创新模型（tripler helix model），认为在知识经济时代，大学、产业和政府三者之间的互动、交叉、重叠构成了知识经济的发展基础和动力源泉。[③] 英国1987年高等教育白皮书《高等教育：迎接挑战》明确提出：“高等教育必须更有效地为经济发展服务，同工商界建立更密切的联系，并促进各项事业”；2003年白皮书《高等教育的未来》强调“高等教育与产业界之间的知识和技能的转换将

① 刘献君：《21世纪中国高等教育的走向》，《高等教育研究》2000年第2期。

② 张益民、黄学军：《现代大学社会服务职能的缘起、动因及启示》，《云梦学刊》2007年第5期。

③ 王锐鸿：《高等教育在区域经济发展中的地位与作用研究——以山东省为例》，硕士学位论文，武汉理工大学，2008，第8页。

在英国区域经济发展中发挥极为重要的作用”。英国政府为了促进产学研合作，还制订了一系列的政策与研究计划，如表 5 - 6 所示。

**表 5 - 6　英国促进产学研合作的政策与研究计划***

| 时间(年) | 相关科技政策、法规与科技计划 |
|---|---|
| 1980 | 竞争法 |
| 1986 | 联系计划 |
| 1986 | SMART 计划 |
| 1992 | 法拉第合作伙伴计划 |
| 1993 | 连接创新计划 |
| 1994 | 科技政策白皮书——实现我们的潜能 |
| 1994 | 技术前瞻计划 |
| 1996 | JREI 共同研究设备方案 |
| 1998 | 大学挑战计划 |
| 1998 | 竞争的未来(白皮书)/英国实现商业潜力(报告) |
| 1999 | 科学企业挑战计划 |
| 2000 | 卓越与机遇:21 世纪的科学与创新(白皮书) |
| 2001 | 公共部门研究开发基金计划 |
| 2001 | 高等教育创新基金计划 |
| 2001 | 2001/2002 年度和 2003/2004 年度科学预算 |

* 徐继宁:《国家创新体系：英国产学研制度创新》,《高等工程教育研究》2007 年第 2 期。

对于广东来讲，要想加快自主创新体系建设，加快转变经济发展方式，加快产业结构挑战，就必须加强产学研合作，通过把高等教育的科技人才优势与广东的经济发展结合起来，打造科学技术与经济社会发展互利共赢的新高地。具体来讲就是，第一，要充分发挥区域内高水平大学的重点学科、重点实验室和工程中心的科技研发优势，结合广东产业发展的战略需求，通过自主创新培育扶持一批新兴产业，形成新的经济增长点。第二，要加快建设高层次创新联盟平台，探索建立校企对接的新桥梁和新渠道。政府要出政策鼓励和支持高校、科研院所、企业共建工程技术研发机构和产学研结合示范基地，把高校、科研机构与大中型企业“绑”在一起，共同承担重大科技项目，共同培养高素质创新人才，从而引领、支撑相关产业发展，提升产业整体发展水平。第三，推行产学研联合培养研究生的“双导师”制，推动研究生深入实际研究解决问题，促进研究生培养与科研创新的有机结合。第四，要深化科技体制改革，建立完善有利于科研成果转化的制度，支持一批有自主知识产权、示范性强的高校科技成果工程化和产业化。第五，要加快建立多样化的产学研合作创新投入机制。各级政府要建立财政科技资金稳定投入机制，充分发挥财政投入对创新活动的导向和放大作用。要借鉴国际上先进国家和地区的成功经验，积极引导银行、风投等金融资本支持产学研合作，努力建立以企业为主体，市场为导向，政府引导带动，社会金融资本相结合的多元化科技创新投入体系。

**4. 大力开展通识教育，提高大学生的人文素质**

在 21 世纪，人类发展面临着全球化、信息化和知识经济三大发展趋势的挑战，科学技术快速发展对人才培养模式提出了新要求，特别是科学技术发展产生了许多交叉学科、横断学科、综合学科，学科之间相互渗透，出现了综合化、整体化趋势，迫切需要大学培养出大量具有宽厚的知识、广阔视野的复合型人才，通识教育（general education）的重要性开始日益凸显。正如美国高质量高等教育研究小组《投身学习：发挥美国高等教育的潜力》所指的：“谁也不能确切地知道，新技术将会怎样影响我们未来劳动力所要求的技能和知识。因此，我们的结论是：为未来的最好的准备，不是为某一具体职业而进行面窄的训练，而是使学生能够适应不断变化的世界的一种教育。”① 哈佛大学 2007 年发布的《通识教育工作

① 国家教育发展研究：《发达国家教育改革的动向和趋势（第 1 集）》，人民教育出版社，1986，第 62 页。

小组报告》提出，通识教育要实现四大目标：为学生参与今后的公共生活作准备；使学生形成正确的文化态度；使学生批判地、建设性地应对变化；培养学生的道德理解力。[①]

尽管通识教育已经成为世界各国高等教育普遍重视的一个问题，但是，对于通识教育的概念至今还没有绝对权威的界定，可以说是众说纷纭。从国际国内看，通识教育与自由教育、博雅教育、全人教育、人文教育、素质教育、跨专业学习、跨专业教学等概念相混淆。[②] 例如，有国外学者认为，"通识教育是指大学本科课程中全校共同性的、内容有一定广度的部分。它通常包含对若干学科领域有关课程的学习，试图为一所学校中的全体学生提供一种应当共有的本科训练"[③]。早在2000年刘献君教授在总结本校实践的基础上强调要"注重人文教育与科技教育的融和，提高大学生的全面素质"，他指出"知识经济的核心要素是知识。在科学上，它表现为学科在高度分化的基础上形成了高度的综合化。大量的交叉学科、横断学科和边缘学科的出现，是这种综合化的表征。在教育上，它要求人文教育与科学教育并重，两种教育必然要走向融和"。[④] 国内有学者认为，通识教育既是一种大学理念，又是一种人才培养模式，它包括教育理念、培养目标、专业设置、课程安排、教与学的方式、学业评估、学生管理等一系列重要内容，其目的是为了打破专业间的壁垒，使学生通过对自然科学、社会科学、人文科学等不同领域知识的学习与整合，成为视野开阔、见识通达、人格健全的个体，成为具有社会

---

① 王革、薛岩松、莫逆：《哈佛通识教育观的演进与展望》，《高等教育研究》2011年第2期。

② 康全礼：《我国大学通识教育的反思》，《江苏高教》2009年第2期。

③ 露丝·海霍主编《东西方大学与文化》，赵曙明主译，湖北教育出版社，1996，第348页。

④ 刘献君：《大学之思与大学之治》，华中科技大学出版社，2000，第5页。

责任感的公民。[①] 也有学者认为，“就性质而言，通识教育是高等教育的组成部分，是所有大学生都应接受的非专业性教育；就其目的而言，通识教育旨在培养积极参与社会生活的、有社会责任感的、全面发展的社会的人和国家的公民；就其内容而言，通识教育是一种广泛的、非专业性的、非功利性的基本知识、技能和态度的教育”[②]。还有学者认为，通识教育的本质内涵是人类精神的自由、心灵的满足、生命的尊严、生活的价值、资源的善用、宇宙的和谐等，就其形式范围来讲，则可划分为人文、社会、自然三大类，人文学院的通识课程要在社会、自然领域方面加强，法商学院则要加强人文、自然领域，工学院要加强人文、社会领域。[③] 总之，通识教育是一个内涵丰富、具有多维度的概念，通识教育与专业教育相结合，有利于培养出素质全面、具有创新能力的人才，有利于发挥大学的主体性，推动社会的健康发展。

从国际上看，现代大学通识教育起源于20世纪初的美国。经过近一个世纪的发展，美国大学的通识教育大致可分为三类：第一类，以哈佛大学、芝加哥大学、斯坦福大学为代表，通识教育对所有本科生都有统一的要求。这些学校通识教育的核心课程一般有八到十个，每个学生必须在七个领域的通识核心课程中每领域选修一门以上，这七个领域是：外国文化、历史研究、文学和艺术、道德思考、社会分析（社会科学）、定量推论、自然科学等。第二类以普林斯顿大学为代表，通识教育课程对文科生

---

① 陈向明：《对通识教育有关概念的辨析》，《高等教育研究》2006 年第 3 期；王维荣、章厚德、安·贝腾多夫：《美国通识教育改革的理念与行动——以伊利诺伊州立大学生物课改革为例》，《比较教育研究》2011 年第 6 期。

② 李曼丽、汪永铨：《关于“通识教育”概念内涵的讨论》，《清华大学教育研究》1999 年第 1 期。

③ 黄坤锦：《大学通识教育的基本理念和课程规划》，《北京大学教育评论》2006 年第 3 期。

和理工科生分别作出不同要求，其中，对理工学院学生通识课程的要求是：必须至少修人文社会科学课程七门，外加英文写作一学期，外语两学期，其他则为数学四学期，物理两学期，化学一学期；对文学院学生通识课程的要求是：英文写作一学期，外语三至四学期，历史哲学与宗教两学期，文学艺术两学期，社会科学两学期，自然科学两学期，同时鼓励但并不要求选修数学和计算机课程。第三类主要是以理工科为主的大学，以麻省理工学院为代表，它要求理工科学生必须选修至少八门人文社会科学的课程，而且其中至少三门必须集中在某一特定领域（例如历史，或哲学，或文学）等。①

从中国的情况来看，自20世纪90年代以来，大学通识教育的研究者和倡导者就开始逐渐增多，华中科技大学最早在全国高校中推行文化素质教育，加强科学教育与人文教育相结合，理科学生必须修满10个人文学科学分，文科学生必须修满6个自然学科学分，对全国高校文化素质教育起了极大的推动作用。1995年，原国家教委决定在52所高校开展文化素质教育试点工作，并在武汉召开了“高等学校加强文化素质教育试点工作研讨会”。1999年，国务院出台了《关于深化教育改革，全面推进素质教育的决定》，以提高文化素质为主要内容的通识教育开始在中国大学得到了普遍重视。② 一些大学开始逐步认识到专业化教育在培养人才方面的狭隘和短视，纷纷开始重视通识教育问题，提出了本科教育要走向“淡化专业，低年级实行通识教育，高年级实行宽口径专业发展”③ 的本科培

① 甘阳：《大学通识教育的两个中心环节》，《读书》2006年第4期。

② 李曼丽：《中国大学通识教育理念及制度的构建反思（1995～2005）》，《北京大学教育评论》2006年第3期。

③ 甘阳：《大学人文教育的理念、目标与模式》，《北京大学教育评论》2006年第3期。

养模式。例如，复旦大学早在 1994 年就提出了“宽口径、厚基础、重能力、求创新”的理念，将当时全校 60 多个专业划分为 14 个大类，实施“通才教育，按类教学”；2002 年，又进一步提出“大学本科教育是通识教育基础上的宽口径专业教育”观念，构建了综合教育、文理基础教育、专业教育三大课程板块，形成了以综合教育和文理基础教育为主要特色的通识教育课程体系。[①] 2001 年北京大学开办了元培计划实验班，2007 年成立了元培学院，启动了以培养“具有宽厚基础知识、基本人文素养、强烈创新意识、能够为民族和国家的强盛起引领作用的高素质人才”为目标的通识教育元培计划，在本科阶段的低年级实行以通识教育为特色的基础教育，高年级实行宽口径的专业教育，实行导师制，在教学计划和导师指导下的自由选课学分制、教学资源和学生自身条件许可下的自由选择专业制、3～6 年弹性学习年限等。[②] 清华大学在 2003 年也明确提出了以通识教育为理念的本科生培养方案，推行讨论式、启发式、参与式教学的方法和手段，试行本科生导师制，学生量身定做个人学习计划等。[③] 北京师范大学则实施了励耕实验班，培养方案遵循的原则是：本科教育的基础性和宽口径培养；知识、能力、素质协调发展，综合提高；知识结构和课程体系整体优化；因材施教、注重学生个性发展和创新能力培养。[④]

从广东的情况来看，中山大学自 2009 年就开始了通识教育的改革试

① 王生洪：《追求大学教育的本然价值——复旦大学通识教育的探索与实践》，《复旦教育论坛》2006 年第 5 期。

② 陈晓辉：《通识教育与促进当代中国人的全面发展——有感于北京大学元培学院的教育理念》，《黑龙江高等教育研究》2010 年第 5 期；谈小媊、漆丽萍、卢晓东：《专业自主选择与跨学科专业建构的实践——以北京大学元培学院为例》，《中国高教研究》2011 年第 1 期。

③ 龚金平：《我国大学通识教育的实施现状与反思》，《黑河学刊》2011 年第 3 期。

④ 刘畅、彭勤露：《当代中国大学的通识教育实践——以北师大“励耕模式”为例》，《重庆工商大学学报（西部论坛）》2006 年增刊（2）。

验，引入知名的通识教育专家甘阳教授负责，专门成立了通识教育委员会以及博雅学院，目前已经有了很好的开端。全省高校也都在逐步推进通识教育，通识教育还需要在以下几个方面努力。

首先是要树立正确的通识教育理念。尽管我国大学通识教育获得了一定程度的发展，但是，在通识教育理念认识上还存在很多误区。例如，不把通识教育看成是本科的主要课程和基础学术训练，而是看作在主课以外扩大一点学生的兴趣和知识面，以为通识教育的目的就是让学生“什么都知道一点”，是在传统的“专业主义”不变的前提下给学生加点“小甜点”，通识课程变成了学生轻松混学分的课程。[①] 哈佛大学 140 多年的通识教育观表明，通识教育的目的就是服务于社会、学生自身的生存发展、传承文明与知识三个方面，而中心任务则是围绕大学生的生存与发展这个主题，即如何使大学生成为有知识的人，有能力和会创造会思考、具备正确价值观的公民，善于应对变化（如表 5 - 6 所示）。美国麻省理工学院（MIT）100 多年通识教育发展历程也表明，通识教育的目的就是培养学生具有广博的科学基础和文化背景，提高学生的价值观念、历史视野、认知风格和创新能力，使学生能够创造知识、自我更新、适应社会多种职业需求和社会环境的变化，从而实现个人的最高价值。[②] 基于上述认识，广东高校在推进通识教育过程中，必须树立正确的通识教育观，推动传统的专业化本科教学模式向以通识教育为基础的专业教育模式转型，将通识教育置于本科生教育的重要地位，树立现代通识教育理念，如通识教育课程是本科生的重要学业

① 甘阳：《大学通识教育的纲与目》，《同济大学学报（社会科学版）》2007 年第 2 期。

② 朱燕飞、石云里、陈长荣：《从 MIT 看中国高校通识教育的发展策略》，《清华大学教育研究》2005 年第 2 期。

**表 5－7 哈佛通识教育观演进与对比＊**

| 主政者 | 教育的目的 | 选课制 | 课程设置 |
|---|---|---|---|
| 艾略特（1869～1909） | 培养学生自由、自主、自立；培养服务于社会需要的人才 | 自由选修制 | 所有的课程都具有同样的价值 |
| 劳威尔（1909～1933） | 传承文明与传统的精髓；注重品格培养；让学生成为积极公民；让学生全面发展 | 集中与分配制、导师制、注意生活环境 | 必须选修 16 门课，6 门主修，余下 10 门至少有 6 门必须选主修领域外的人文、社会、自然类的课程 |
| 科南特（1933～1953） | 传承自由与文明传统；注重培养统一的信念；让学生成为未来公民领袖；教育目的分成公民教育、良好生活的教育和职业教育；注重培养学生的能力 | 主修课与通识课、自由选修课相结合 | 通识课程分为人文、社会、自然与数学三类 |
| 普西（1953～1971） | 由于种种原因，通识教育全面衰微 | | |
| 博克（1971～1991） | 发现和传承知识；获取知识的方法比知识本身更为重要；培养学生的责任感和义务感，使学生成为有教养的人，成为整合社会的精英 | 兼顾必修制和选修制 | 通识教育的核心课程分为文学艺术、历史研究、社会分析与伦理道德问题研究、科学、外国文化 |
| 陆登庭（1991～2001） | 大学教育应服务于经济发展；帮助学生从事有益、满意的工作；最佳教育应该使学生变得更善于深思熟虑，更有追求、理想和洞察力；使学生成为更完善、更成功的人 | 兼顾必修制和选修制 | 在核心课程的基础上增加数量推理课程 |
| 萨姆斯（2001～2006） | 通识教育是为了学生作为全球化社会的公民生活做准备；培养有知识、有创造力、有责任感、会思考的人；使学生具备正确的文化态度；善于应对变化；具有道德理解力 | 提供更多的、整合的基础课程 | 通识课程分为 8 个领域：艺术与诠释、文化与信仰、经验推理、伦理推理、生命系统科学、物理世界科学、世界诸社会、世界中的美国 |

＊王革、薛岩松、莫逆：《哈佛通识教育观的演进与展望》，《高等教育研究》2011 年第 2 期。

内容，通识教育的核心是关注大学生的培养、重点关注人的全面自由发展，最终目的是培养具有合理的知识结构、较强的能力素质、合格的社会公民的人等。

其次，要构建合理的通识教育课程体系。通识课程体系决定了开展什么样的通识教育和怎样开展通识教育，是达成通识教育目的的主要途径。当前，我国大学通识教育课程设置存在结构不合理、缺乏内在联系和整体规划、内容偏重专业化和实用性、课程的文化底蕴和育人功能不足、组织形式和教学方式单一、教学质量和效果难以保证等问题。[①] 由于缺乏明确的通识教育理念和完整的目标，导致许多高校只是形式上借鉴国外经验，课程内容缺乏本土特色、课程体系缺乏科学论证、教学局限于基本知识等问题。[②] 对广东高校而言，关键是要在正确的通识教育理念下设计好通识教育的课程体系。从性质上分，通识教育课程可分为基础通识课程、核心通识课程、一般通识课程；从类别上分，可分为必修通识课程、限选通识课程、任选通识课程；从层级上分，可分为校级通识课程、院系通识课程。[③] 从国际上看，美国大学通识课程学分占整个本科生毕业学分的比重在30% ~40% 。[④] 从具体课程设置上看，以哈佛大学为例，包括了人文、逻辑推理、自然科学、社会科学四大类以及八个方向，每个方向的课程设置都有自己的特定目标（如表5 –7 所示）。具体到广东的情况来看，就是要将目前普遍存在的“杂、散、乱”的通选课程进行合理压

---

① 刘楚佳、王卫东：《大学通识教育课程设置与优化探讨——以地方本科院校为例》，《广州大学学报（社会科学版）》2009 年第3 期。

② 苗文利：《中国大学通识教育二十年的理性反思》，《南通大学学报（教育科学版）》2007 年第2 期。

③ 韩萌：《西方大学通识教育的历史演进与我国的实施路径》，《山东社会科学》2009 年第7 期。

④ 黄坤锦：《大学通识教育的基本理念和课程规划》，《北京大学教育评论》2006 年第3 期。

缩，重点设计好核心通识教育课程。按照甘阳的说法就是，要避免走没有任何教学要求、没有任何训练计划的“通识教育大杂烩”，通过精心设计几门共同的核心课程，例如中国文明史、中国人文精粹、大学古代汉语、西方

**表 5－8　哈佛大学通识课程计划的课程设置框架***

| 类别 | 方向 | 课　程　或　内　容 |
| --- | --- | --- |
| 人文类 | 文学艺术 | 阅读（文学著作、宗教典籍）、绘画、雕塑、电影电视、音乐、舞蹈 |
| | 文化和信仰 | 翻译学、著作权的概念、文学著作审查制度、宗教典籍与其他文学著作、冲突的阐释、审美体验的制度性干预、文学经典的形成、现代和保守思想之争、暴力及其代表 |
| 逻辑推理 | 经验推理 | 统计学、概率论、方法论、逻辑学、数学、决策论、信息收集及数据分析 |
| | 伦理推理 | 自由、正义、平等、民主、权利与义务、理想中的生活 |
| 自然科学 | 自然与生命体系 | 医学（疾病起源、诊断与药物治疗）、转基因动植物作为新的食物来源、生物战的致病体及其发明、自然选择学说、胚胎干细胞研究的合法性、克隆研究中的道德问题 |
| | 物质世界的科学 | 能源的储藏及利用、核动力的发展、宇宙的起源、计算机与网络的发明 |
| 社会科学 | 世界中的诸社会 | 移民问题、种族特性与国家资格、宗教与政府、世界经济、立宪制度 |
| | 世界中的美国 | 收入差异、卫生保健、移民问题、选举法案、分区制的蔓延、两党制、历史文献中的双语现象、原旨主义及其阐释 |

* 李会春：《哈佛大学通识教育改革新动向及其教育理念探讨》，《复旦教育论坛》2007 年第 5 期。

人文经典、西方文明史等，以纲带目逐渐形成配套课程。①

再次，将人文素质教育作为通识教育的重心。哈佛大学荣誉校长陆登庭在北京举办的中外大学校长论坛上指出：“当我们感到对人文和社会科学领域投入相对不足的时候，一定要对此引起高度的警惕，因为一所大学如果不能在各个重要的学科领域都竭尽全力，包括对于探究人文价值、社会结构及其历史发展等多种社会形态以及人类传统、文化和世界观起核心

① 甘阳：《大学通识教育的纲与目》，《同济大学学报（社会科学版）》2007 年第 2 期。

作用的人文学科领域，它就不可能真正成为一所杰出的大学。”[①] 从美国大学通识教育发展历史来看，人文社会科学是通识教育的重心，其通识教育的核心和灵魂就是他们的“经史传统”，即以阅读西方历代经典著作为课程主干，而不是随随便便选择当前流行的东西。[②] 对于广东高校来讲，就是要将中国优秀文化、西方文明、社会科学等人文社科课程作为通识教育的主要内容。

最后，改革教学方法，建立助教制和小班制教学。要想切实提供通识教育课程质量和效果，就必须改变目前高校通选课的大班教学方式。美国大学本科通识教育核心课程普遍采取的教学方式就是教授讲课与学生讨论相结合，讨论课严格要求小班制（一般一个班不超过 15 人），而实行小班制讨论的一个重要措施就是实行博士生担任助教的制度。[③] 因此，广东高校可以积极借鉴国外这些行之有效的经验，在通识教育中推行助教制度和小班制教学。

## 第四节　发挥粤港澳区域紧密合作的优势，积极推进教育国际化

现代教育的本质是开放，这种开放只能在国际之间的交流中才能实现。在世界经济全球化的推动下，世界各国教育相互影响、相互依存的程度不断提高。1996 年，联合国教科文组织国际 21 世纪教育委员会在其提交的报告中

① 陆登庭：《一流大学的特征及成功的领导与管理要素：哈佛的经验》，《国家高级教育行政学院学报》2002 年第 5 期。

② 甘阳：《大学人文教育的理念、目标与模式》，《北京大学教育评论》2006 年第 3 期。

③ 甘阳：《大学人文教育的理念、目标与模式》，《北京大学教育评论》2006 年第 3 期；甘阳：《大学通识教育的纲与目》，《同济大学学报（社会科学版）》2007 年第 2 期。

明确提出："当今存在着一个世界舞台，无论人们愿意与否，每个人的命运在一定程度上都在这个舞台上决定。全球在经济、科学、文化和政治方面的相互依赖关系正日益加深。"① 经过30多年的改革开放，广东经济的国际化程度不断提高，已经建成了比较完善的开放型经济体系。因此，广东教育现代化的步伐必须紧紧跟上经济国际化的步伐，积极推进教育国际化。

## 一 积极构建适应全球化的教育对外开放格局

所谓教育国际化，是指立足本国国情和教育发展现状，从国际视野和世界高度，借鉴和应用世界各国优质学校普遍认同和实施的教育理念、价值追求和办学经验，合理设定教育发展和人才培养目标，科学规划教育改革与发展的模式和路径，培养出在国际上有竞争力的高素质人才。从实践上看，教育国际化主要表现在如下八个方面：教育目标的国际化、教育观念的国际化、课程体系的国际化、教学模式的国际化、教师发展的国际化、办学资源配备的国际化、学校管理的国际化、国际交流与合作的常态化。② 广东是中国对外开放的前沿，要充分发挥市场化、国际化程度比较高的优势，以培养适应国际竞争需要的人才为重点，扩大教育对外交流与合作，主动适应教育国际化的要求。

第一，要扩大教育对外开放，建立开放办学的体制机制。要将教育的对外开放作为新时期广东扩大对外开放的重要组成部分。各级各类学校要从增强综合国力和国际竞争力的战略高度，提高对外交流与合作的水平，学习和借鉴世界先进的教育理念和教学经验。要积极参

① 联合国教科文组织：《教育——财富蕴藏其中》，教育科学出版社，1996，第23页。

② 李雯：《如何理解教育国际化》，《中小学管理》2011年第9期。

与双边、多边和区域性、全球性教育交流与合作，积极参与国际教育政策、标准的研究制定和国际教育质量评估鉴定。要充分利用友好省份（自治州）、城市等合作平台，建立多层次教育国际交流合作机制。要积极引进优质教育资源，着重推进高等教育、职业教育领域的中外合作办学，引进国际先进的办学模式、课程体系和教材，提高教育教学质量和管理水平。

第二，加强国际理解教育，培养国际化人才。《国家中长期教育改革和发展规划纲要（2010～2020年）》明确提出，要加强国际理解教育，推动跨文化交流，增进学生对不同国家、不同文化的认识和理解。所谓国际理解教育（education for international understanding），是一种综合性的教育，它注重培养学生的多元视角和对多样化的世界观的认同，帮助学生认识到全球相互依存的关系，了解当代世界的重大课题，认同和理解其他国家和地区的文化，培养学生的全球视野和作为世界公民的自觉意识，并通过在认知、情感及社会技能方面的训练，使其获得在公共事务中自我决策、判断和行动的能力。[①] 美国是国际理解教育的倡导者，早在1948年，全美教育协会就提出《美国学校中的国际理解教育》报告。“9·11”事件后，美国为了塑造世界公民，于2005年提出了“林肯计划”，即“全球竞争与国家的需要——百万人海外留学”报告。该计划主要有三个目标：一是未来10年每年协助100万名美国大学生到海外留学，二是海外留学的大学生人数要与美国境内包括研究型大学、社区学院、少数民族等各种来源的大学生人数依比例增长；三是提高前往非主流国家留学的比例，并着重于到发展中国家留学。总之，该计划

---

① 姜英敏、王雪颖：《20世纪80～90年代美国国际理解教育论争刍议》，《比较教育研究》2010年第1期。

力图让美国大学生不仅了解美国自身，而且要面向世界，放眼未来，把自己塑造成世界公民。① 对于广东来讲，要积极探索与国际接轨、有中国特色广东地方特点的课程体系和教学内容。要大力培养学生的国际意识和国际交往能力，加强双语教学，培养理解多元文化、具有国际视野、通晓国际规则、能够参与国际事务和国际竞争的国际化专业人才。实施高校学生海外学习实习计划，扩大高等学校研究生派出规模，积极扩大与国外大学交换学生培养。

第三，积极发展留学教育。吸引国际留学生是教育国际化的重要方面，例如，日本为了推进高等教育国际化，于 2008 年制订了“留学生 30 万人计划”。② 积极扩大外国留学生教育规模，完善外国留学生管理制度，提高留学生教育质量和水平。鼓励外国机构、外资企业及中国企业设立来粤留学奖学金，支持广东高校成为中国政府奖学金院校。积极做好来粤留学宣传工作，推进广东成为来华留学生的主要目的省。由省政府设立来粤留学政府奖学金，吸引更多国家的学生到广东留学，使广东成为我国最主要的留学目的地省份之一。

## 二　以深化粤港澳高等教育合作为基础，大力推动高等教育国际化

高等教育国际化是世界教育国际化的最重要、最活跃的部分，是当代世界高等教育的主流特征之一。1980 年，美国卡内基高等教育政策研究理事会出版了《扩展高等教育的国际维度》一书，美国前加州大学校长克拉克·科尔在该书的序言中提出：我们需要一种超越赠地学院观念的新的高

① 张德启：《塑造世界公民：美国高等教育国际化进程中的林肯计划》，《全球教育展望》2009 年第 10 期。

② 陈曦：《日本高等教育国际化策略——以“留学生 30 万人计划”为例》，《比较教育研究》2010 年第 10 期。

等教育观念，即高等教育要国际化。1992 年，在“美国高等教育面临的国际挑战”专题研讨会上，麻省理工学院校长和斯坦福大学荣誉校长等人都明确提出，国际化已经成为高教发展所面临的关键性问题，他们甚至提出要把创办“全球性大学”（globe university）作为未来发展的基本目标。[①]

当今时代，高等教育国际化发展的基本趋势是：第一，高等教育国际化从发达国家向发展中国家提供援助的阶段进入全球范围内各国相互竞争的阶段；第二，高等教育国际化的实施由“国家—政府主导型”逐步转变为“政府—院校协作型”和“院校主导型”；第三，高等教育国际化的内容从以往单纯、外在的人员交流，扩大到课程国际化和跨国教育等方面；第四，制订和形成区域性或全球性高等院校合作计划和组织，某些课程、文凭和学位以及办学质量保证系统趋于全球标准化和统一化。[②] 而从高等教育国际化的主要表现来看，主要有如下几个方面，即确定面向世界的高等教育目标、学生的国际交流、教师的国际交流、开发国际化教育课程、加强国际间的合作。[③]

基于上述认识，笔者认为，广东推进高等教育国际化必须从如下几个方面着手。

第一，创建粤港澳高等教育合作特区。要充分利用广东得天独厚的毗邻港澳的优势，扩大合作领域，促进优势互补，重点引进港澳高校在珠江三角洲开展合作办学，共同建设粤港澳合作办学探索区，借鉴港澳先进的办学理念和经验，促进教育国际化。例如在珠海横琴、深圳前海、广州南沙分别设立粤港澳教育合作特区，支持港澳名牌高校在教育特区内举办高

① 陈学飞：《高等教育国际化——从历史到理论到策略》，《上海高教研究》1997 年第 11 期。

② 黄福涛：《“全球化”时代的高等教育国际化——历史与比较的视角》，《北京大学教育评论》2003 年第 2 期。

③ 王海燕：《高等教育国际化的理念与实践——论美日欧盟诸国及中国的高等教育国际化》，《北京大学学报（国内访问学者・进修教师论文专刊）》，2001。

等教育机构，放宽合作办学权限，鼓励开展全方位、宽领域、多形式的智力引进和人才培养合作。另外，在教育特区内创建粤港澳高校联合创新平台，联合创建国际性高水平实验室、高端工程技术研发中心、科技创新园区等高科技研发工作。①

第二，逐步推进粤港澳高等教育一体化进程，加快建设具有国际影响力的华南高等教育中心。改革开放30多年来，粤港澳经济一体化进程不断深化，特别是随着CEPA的实施，粤港澳经济融合日益加深。在这种背景下，推进粤港澳高等教育一体化就显得十分必要。在这方面，欧洲推进高等教育一体化的博洛尼亚进程②的经验值得学习和借鉴。具体来讲就是，粤港澳三地政府及主要高等教育机构逐步确立与区域经济一体化相适应的高等教育理念，通过建立区域性大学联盟，推进高等教育机构逐步建立起教师互派、学生互换、学分互认和学位互授联授等合作机制，促使三地高等教育向一体化方向发展，积极推动三地高等教育的融合。

第三，在国际化进程中建设世界一流大学。国际化本身并不是高等教育现代化的目的，国际化过程本身是为了促进本国高等教育的发展和壮大，即最终培育出世界一流的大学来。从世界著名高等学府形成过程来看，国际化对其发展具有特别重要的作用，主要表现为：（1）国际化有利于建成世界一流的师资队伍；（2）国际化有利于创造世界一流水平的科研成果；（3）国际化有利于培养世界一流水平的杰出人才。③ 对于广东来讲，要加大对本区域内高水平大学的支持力度，有计划地支持中

---

① 冯增俊、周红莉、邹一戈：《新时期粤澳高等教育交流与合作战略思路及对策》，《现代大学教育》2011年第2期。

② 李长华：《推进欧洲高等教育一体化的博洛尼亚进程》，《外国教育研究》2005年第4期。

③ 罗云、刘献君：《国际化：建设世界一流大学的必由之路》，《江苏大学学报（高教研究版）》2002年第2期。

山大学、华南理工大学、暨南大学、华南师范大学、华南农业大学等学校引进一批海外高层次人才来粤任教，加快教师队伍的国际化，建设一流师资；加强与国际高水平大学合作，引进国际先进的办学模式、课程体系和教材，借鉴国际先进的教育质量评价标准和方法，提高教育教学质量和管理水平，力争建成若干所国际一流的高水平大学。近年来广东支持在深圳筹建南方科技大学，试图通过借鉴国际和国内的经验，实施高端办学、创新办学、国际化开放办学、产学研办学，努力将自身建设成为国际化高水平研究性大学和全国重大科学技术研究与拔尖人才培养基地。

## 第五节　深化教育体制改革，实现办学体制多元化

体制管全面、管长远、管根本，是教育现代化的关键。国际教育发展战略专家菲利浦·H. 孔布斯认为，教育体制与飞速变化的社会不相适应，由此导致教育体制与周围环境之间的各种形式的不平衡是教育危机的实质之所在。[①] 教育体制是教育机构和教育规范两个要素的结合体[②]，主要包括教育行政管理体制、办学体制、人才培养体制、考试招生制度等方面。[③] 对于广东来讲，在推进教育现代化的过程中，必须在教育体制上创新，努力消除制约教育发展的体制障碍，重点是在教育行政管理体制改革、办学体制改革上进行创新和突破，为教育事业科学发展注入强大的动力和活力。

① 靖国平：《当代教育的危机、走向与解放——重读〈学会生存〉》，《湖北大学学报（哲学社会科学版）》2002 年第 3 期。

② 孙绵涛：《教育体制理论的新诠释》，《教育研究》2004 年第 12 期。

③ 谈松华：《加快教育体制改革和制度创新的主要路径》，《行政管理改革》2011 年第 2 期。

## 一　改革政府管理教育的方式，深化教育行政管理体制改革

从世界范围来看，推进教育行政管理体制改革是教育现代化进程中的一个普遍趋势，尤其是20世纪七八十年代以来，随着全球化、信息化、市场化以及知识经济时代的来临，新公共管理理论兴起，重构适应知识经济时代的行政体现成为全球共同关注的头等大事。传统公共管理与新公共管理的区别如表5-9所示。

**表5-9　传统公共管理与新公共管理的比较***

| 比较内容 | 传统公共管理 | 新公共管理 |
|---|---|---|
| 政府职能 | 划桨<br>社会公共产品的提供者 | 掌舵<br>公共产品质量和数量的控制者 |
| 管理主体 | 单一性<br>政府是公共管理的唯一主体 | 多元性<br>非营利组织、私营部门、公众也可参与 |
| 管理手段 | 传统行政管理方法<br>与科层制相符合的层级管理 | 把政府作为“企业”来经营<br>强调效率，采用目标管理、绩效管理等手段和方法 |

*公磊：《浅议新公共管理理论及其在西方国家教育改革的实践》，《外国中小学教育》2009年第4期。

教育行政管理作为公共管理的一个重要领域，也深受新公共管理运动的影响。从西方发达国家教育现代化进程来看，国家通过建立公共教育制度来实现教育向全社会的普及是一项共同的经验，在这种体制下，公立学校系统由政府举办并向社会提供教育产品，因此，教育具有了强烈的国家垄断色彩。[①] 教育现代化的过程实际上是国家教育权不断膨胀和国家教育目标不断显现的过程。[②] 而20世纪80年代以来，随着公共管理改革运动

① 劳凯声：《中国教育的问题是公立学校的问题》，《教育研究》2010年第2期。

② 朱旭东、蒋贞蕾：《国家发展与教育发展模式探讨——教育现代化的视角》，《比较教育研究》2001年第1期。

的兴起，世界范围内出现了一场重构公共教育体制的运动，学校、市场和政府正在构成一种全新的关系，市场化、民营化取向成为公共教育体制重构的共同特点，择校、竞争、学校自主权、教育券等成为改革的主要政策思路。[①] 例如，在英国，许多管理学校的责任由地方当局转移到了学校，学校被赋予权力，可以脱离地方当局管辖，直接接受政府资助，实行学校自治等。在美国，通过特许学校、教育券等方式，市场机制引入了公立学校系统，促进了公立学校之间的竞争，增加了教育的活力，形成了学校特色的多样性，提升了教育质量。此外，高等教育市场化改革也是一个重要方面。[②]

中国在普及教育、建立公立学校系统的过程中，也经历了类似于西方发达国家的发展路径，即公立学校的国家垄断。更为重要的是，中国是转型国家，即处在从计划经济体制向市场经济体制转型的过程中。在计划经济体制下，我们建立了一个与计划经济体制相适应的公立学校系统，其特征表现为政府举办、集权化、等级结构的行政管理。今天，虽然我们实现了向市场经济的转型，但教育行政管理仍具有典型的计划经济特征，如以指令性计划、行政命令为特征的集权方式，政府对教育的控制与管理。[③] 因此，今天，广东要推进教育现代化，要建构现代公共教育体制，不仅要吸收借鉴国际的普遍经验，还要注意中国的特殊国情。具体来讲，应在如下几个方面创新和突破。

---

① 劳凯声：《重构公共教育体制：别国的经验和我国的实践》，《北京师范大学学报（社会科学版）》2003 年第 4 期。

② 公磊：《浅议新公共管理理论及其在西方国家教育改革的实践》，《外国中小学教育》2009 年第 4 期。

③ 黄晓勇、张菀洺：《“十二五”时期我国教育体制改革与科教兴国战略研究》，《中国社会科学院研究生院学报》2010 年第 2 期。

首先，切实转变政府教育职能，建立公共服务型的政府教育职能。政府包揽从建设到办学的一系列权力，政府融教育投资者、办学者和管理者于一身，疏于对教育的宏观调控，缺乏对教育主体的指导、服务，却将办学主体视为其行政组织中的附属机构，甚至直接干预办学主体的微观管理①，这是当前政府教育职能转变必须解决的一个根本性问题。按照新公共管理理论，现代政府教育职能更多的应是“掌舵”而不是“划桨”，即政府教育职能应集中于制订教育发展总体规划、实现教育资源合理布局等宏观管理和调控，从直接的微观管理向间接的宏观管理转变，从“办学校”向“办教育转变”。在这方面，美国的经验值得借鉴。美国政府尽管设有教育部，但它并不直接管理各级各类学校，它的职责是推动和引导教育发展。每年通过设立配有资金投入的项目，来推动教育向前发展。每当美国教育面临挑战或出现问题时，它都会及时做出反应。② 因此，各级教育行政部门要由主要管教育向服务教育转变，对教育的管理从直接的行政管理为主向服务为主转变；要由主要管理和服务系统内的教育工作，向管理和服务全社会的教育工作转变。为此，各级教育行政管理部门要切实履行对各级各类教育的综合协调和宏观管理，把精力更多地放在制定教育政策、改革教育体制、谋划教育布局、增加教育投入等政府职责本身。例如，各级教育行政管理部门要将职责放在推进义务教育均衡发展、义务教育合理布局的规划和协调上，要将职责重心放在建立健全基本公共服务体系上；要强化对高等教育、职业教育的统筹规划、综合协调、宏观管理职

---

① 黄晓勇、张菀洺：《“十二五”时期我国教育体制改革与科教兴国战略研究》，《中国社会科学院研究生院学报》2010 年第 2 期。

② 中国驻美国芝加哥总领事馆教育组：《重新认识美国基础教育》，《基础教育参考》2009 年第 6 期。

能，促进高等教育、职业教育的规模、结构、专业设置、办学水平与社会需求相吻合。要改革教育行政管理部门审批模式，通过综合运用立法、规划、拨款、信息服务、政策指导和评估等措施，以间接管理的方式维护教育公平和教育秩序。

其次，要理顺政府与学校的关系，改革教育行政化，扩大和落实各级各类学校的办学自主权。在传统教育管理体制行政化下，各级各类学校被赋予了各种行政级别，在学校内部，行政权力高于教育权，学校教育被行政化了。[①] 而在现代教育制度下，教育行政管理部门与学校之间只是一种指导与被指导、服务与被服务的关系，不存在行政上的隶属关系[②]。为此，要废除学校教育的行政化，切实落实各级各类学校的办学自主权。

第一，坚持校本管理，将办学的自主权交给教育机构。随着新公共管理改革的发展，世界范围内出现了教育权力下移的趋势，校本管理（school-based management）成为教育改革的一个普遍性举措，即权力和责任向学校层面转移，教育行政部门给予学校更大的自主权。[③] 例如，在美国，校本管理主要就是强调教育管理重心下移。特许学校是校本管理最集中体现的学校类型。特许学校主要由教师团体、社区组织、企业集团或教

---

① 所谓学校教育的行政化，是指学校教育的进行以及组织建立在政府严格的行政掌管和控制下，一切以政府的行政意志为转移，而且为应对外在的行政化，学校教育的内部组织结构也行政化，即以行政指令来决定教学。外在的行政机构掌握着教育的方方面面，从课程内容到教学方式，从学校管理到教师的教学，从教学的评估到学校考试制度等，这是中国教育从小学到大学的一种独特的体制。参见金生鈜《中国教育制度变革滞后带来的三个问题》，《中国教育学刊》2008 年第 12 期。

② 黄晓勇、张莞洺：《“十二五”时期我国教育体制改革与科教兴国战略研究》，《中国社会科学院研究生院学报》2010 年第 2 期。

③ 施雨丹：《世界基础教育发展的主题词——从教育数量、质量、绩效谈起》，《外国教育研究》2009 年第 1 期。

师个人申请开办并管理，在相当程度上独立于学区的领导和管理。[①] 对于广东而言，基础教育要切实推进管理重心下移，进一步落实校本管理，将办学的自主权交给教育机构。要探索建立基础教育现代学校制度，推进中小学章程建设，加强中小学科学管理、民主管理、依法管理和校本管理，引导社区、家庭、社会组织和公民有序参与学校办学和管理，促进学校管理与运行制度化、规范化和程序化。加快校长专业化建设，取消校长的行政级别，实行校长职级制。探索建立由政府、社区、家长等组成的参与学校管理的组织，对有关学校发展、经费使用、校本课程开发等问题进行协商解决。

第二，大力推进高校自主办学。大学自治观念最初源于西方的中世纪，是指大学应独立决定自身的发展目标和计划，不受政府、教会或者其他任何社会法人机构的控制和干预。[②] 英国学者阿什比认为大学自治主要表现在六个方面：在学校管理中抵制非学术干扰的自由、自主分配学校经费的自由、聘用教职员及决定其工作条件的自由、招生的自由、课程设置的自由、决定考试标准及方式的自由。[③] 要按照管办分离的原则，妥善处理好政府与大学的关系，将政府权力限制在高等教育的宏观管理职责范围内，主要包括高等教育的宏观规划、大政方针、标准规范等方面，大学则在内部组织人事、教学科研、经费预算、后勤等的微观管理领域拥有充分的自主权。要以制定和完善学校章程为重点，加快建立现代学校制度，形成高校自主办学、自我发展、自

① 赵中建：《近年来美国学校管理改革述评》，《教育研究》2001 年第 5 期。

② 张振华、刘志民：《高校办学自主权：内涵、演变与启示》，《中国农业教育》2011 年第 1 期。

③ 唐滢、丁红卫：《现代高等教育管理权力再思考——〈国家中长期教育改革和发展规划纲要（2010～2020 年）〉解读》，《大学（学术版）》2010 年第 5 期。

我完善的能力。取消学校中与政府领导职务对应的行政级别制，使学校逐步形成由教授、专家学者来治教、治学，实现教育权与行政权力分离。完善大学内部的治理结构，协调好行政权力和学术权力的关系。要以学校为本，以教师为本，尊重教育和学术规律，实行学校本位、学术本位的管理，使学校真正走向教育家办学。① 要加强学术权，弱化行政权力，确立教学主体地位。高等学校的学术权力不是外部赋予的，是高校内在的逻辑要求。② 要加快学术权力制度建设和教育职员制度建设，使学校从"官本位"回归到"学本位"，为"教师是办学的主体""教授治学"提供制度保障。引导教师注重教学、研究教学，切实提高教育质量。扩大社会合作，建立高等学校理事会或董事会，健全社会支持和监督学校发展的长效机制。

第三，积极发展教育中介组织。发展教育中介机构，对于促进政府职能转变，改革教育管理体制具有十分积极重要的作用。所谓教育中介组织，是指依据一定的法律法规而成立，介于政府、学校和社会之间的，遵循公开、公平和独立的原则，参与各种教育活动，促进教育发展的公益性社会中介组织，是政府、学校、社会之间的缓冲器、服务器、交换器，起着协调管理、教育决策咨询和信息服务的作用。③ 正如有学者评价所言："20 世纪高等教育最重要的发明是它的组织形式，即通过中介组织来缓和中央集权控制的主要结构本身。"④ 为避免教育行政

---

① 杨东平：《试论以人为本的教育价值观》，《清华大学教育研究》2010 年第 2 期。

② 潘懋元：《多学科观点的高等教育研究》，上海教育出版社，2009，第 295 页。

③ 范履冰、曾龙：《论教育中介组织的角色和作用》，《国家教育行政学院学报》2011 年第 8 期。

④ 伯顿·克拉克：《高等教育系统——学术组织的跨国研究》，王承绪译，杭州大学出版社，1994，第 305 页。

部门管理权的无限扩大与膨胀，在高校和政府、教育行政部门之间建立有效的中介组织给予适度的隔离，是发达国家高等教育自主运行的有效手段。[①] 对于广东来讲，就是要尽快培育各种教育中介组织，特别是要加快发展教育咨询组织、教育评估机构、教育资格认定机构、教育仲裁、法律机构等教育中介组织。要通过法律规范教育中介组织的运作，认真对其进行资格认定、登记、监督和检查。

## 二　深化办学体制改革，加快建立多元化办学格局

办学体制是指学校教育由谁来组织承办及选择怎样的经营方式与制度。长期以来，公立教育似乎就只有一种模式，即政府举办、地方教育行政部门和公立学校负责提供和管理。政府集办学者、管理者、监督者、规则的制定者、仲裁者等多重角色于一身。一方面，政府过度干预学校的微观组织运作，管了许多不该管的事；另一方面，政府对学校的微观干预抑制了学校的办学积极性，很容易造成公立学校没有竞争压力，效率和质量低下。[②] 而随着新公共管理运动的兴起，用市场的精神改造公共教育体制，通过市场对教育的有限介入，形成政府办学为主、社会共同参与、公办和民办学校公平竞争、协调发展的多元办学格局就成为一种普遍的趋势。也正因为如此，有学者就指出，我国公共教育体制未来改革发展的方向是：形成一个多元化的教育体制，构成公共教育体制的各级各类学校教育机构应当是一种非政府的和非企业的社会组织，提供的是公共物品，但

---

① 王玉瓶、刘文敏：《发达国家高校办学自主权运行模式及启示》，《技术与创新管理》2007年第2期。

② 张建雷：《现代教育制度视角下“教育家办学”实现条件分析》，《河南师范大学学报（哲学社会科学版）》2011年第3期。

由于教育的非垄断性，这种公共物品在一定条件下可以转化为私人物品或准私人物品，通过政府和市场两种途径来提供。[①] 在这方面，广东要大胆探索、积极创新，形成政府主导、社会力量积极参与、公办与民办共同发展的多元化办学格局。

第一，打破公办教育单一垄断格局，努力实现办学主体多元化。在规范管理的前提下，鼓励和支持从实际出发，探索各级各类教育公办名校办民校、公办民助、民办公助、公民合办、委托管理、兼并重组等办学模式和运作方式，充分发挥优质教育资源的辐射和带动作用，加快满足人民群众多层次多样化的教育需求。鼓励和支持公办职业院校采取多种形式，与企业、社会力量合作办学，形成以公有制为主导、产权明晰、多种所有制并存的职业教育办学体制。鼓励依托企业集团、大型企业和职业院校组建职业教育集团，促进校企合作、产学结合、工学结合。

第二，要积极探索民办教育多种发展模式，鼓励社会力量以各种方式举办高质量、有特色的民办教育机构。各级政府要将民办教育作为教育事业发展的重要增长点和促进教育改革的重要力量，纳入经济社会发展规划，促进民办教育健康有序可持续发展。落实民办学校教师、学生与公办学校教师、学生同等的法律地位。捐资举办和出资人不要求合理回报的民办学校，享有与公办学校同等的税收、用地及其他优惠政策。出资人要求合理回报的民办学校，享有国家规定的税收及其他优惠政策。参照事业单位人员为民办学校教师办理社会保险。健全公共财政对民办教育的扶持政策，县级以上政府要设立民办教育发展专项资金，奖励办学规范的民办学

① 劳凯声：《面临挑战的教育公益性》，《教育研究》2003 年第 2 期。

校的实验室、信息化、师资培训等重点项目建设，支持民办学校为教师购买补充养老保险、医疗保险等，对为民办教育发展作出突出贡献的举办者和学校给予奖励和表彰。依法完善民办学校法人治理结构，落实民办学校法人财产权，健全民办学校监管制度和退出机制，推动民办教育发展水平提升。

## 第六节　构建终身教育体系，创建学习型社会

随着信息技术革命的发展，知识经济的兴起，全世界的教育开始从一次性阶段学校教育向终身教育转变，终身教育越来越成为教育现代化的一个重要特征和使命。终身教育对于应对全球问题和挑战具有重要意义，正如美国学者刘易斯所言，“为了应付正在涌现的全球问题，人们需要在整个一生中都不断学习。他们能否生存下去将取决于这一点”[①]。终身教育理念最初是由朗格朗于 1965 年在联合国教科文组织“第三次促进成人教育国际委员会”上提出的，经过几十年的发展，终身教育已经从一种理念发展成为一种世界性的共同行动，并以政府领导模式、市场领导模式、社会合作模式三种模式在全世界各国广为实践。[②]

终身教育是在反思制度化教育的基础上形成的。以现代学校建立为基础的制度化教育在教育现代化过程中具有不可磨灭的贡献。正如英国学者安迪·格林所言：“19 世纪早期，欧美各国国民教育体系的形成标志着西

① 瞿葆奎主编《教育学文集·国际教育展望》，人民教育出版社，1993，第 385 页。

② 杨彬：《世界终身教育发展：理论脉络、发展模式和战略举措》，《天津市教科院学报》2009 年第 1 期。

方资本主义国家现代学校教育的开始”，“国民教育体系成为了教育发展史上的一个分水岭，它标志着大众教育时代的到来”。[①] 但随着知识经济的兴起，信息技术革命的不断深入，以学校作为教学组织形式、以班级为授课模式的制度化教育，其不足和局限性越来越明显。“‘制度化教育’的理由是：年轻人正是在学校里‘为进入生活作好准备’。人的生活被分成三个不同的阶段，学校和学习阶段、有活动能力的生活阶段、老年阶段。在学校学习的东西终生有用。此外，一个人的全部未来生活取决于他在学校中的成绩；个人的命运的竞赛正是在学校中进行的，并且几乎总是把得分也记载下来”，但是，“在一个以转变为特征的时期里，变化异常迅速而且意义深远，科学技术高速度地不断进步，百科全书式的知识已经过时，百科全书比人老得更快”。“今天，从学校获得的大量知识，不再经得起时间的检验了，因而这些知识已不足以终生受用”。[②] 也就是说，在知识经济和信息技术迅猛发展的今天，教育是一个终身存在的连续体，每一个人必须终身继续不断地学习，学校制度化教育不应该看做是学习的终点，而应看做是整个教育活动的一个组成部分。正如有研究者所言：在信息化时代，“学习不需要，甚至不应该被局限在一个特定的阶段（入学时间）和特定的地点（学校），更不应该标准化运作和一以贯之”[③]。关于制度化教育与终身教育的区别，如表 5 - 10 所示。

---

① 安迪·格林：《教育与国家形成》，王春华译，教育科学出版社，2004，第 7 页。

② 联合国教科文组织国际教育发展委员会：《学会生存——教育世界的今天和明天》，第 23 ~ 28 页。

③ 黄荣怀、江新、张进宝：《创新与变革：当前教育信息化发展的焦点》，《中国远程教育》2000 年第 4 期。

表 5－10　终身教育与制度化教育的区别*

| | 制度化教育 | 终身教育 | |
|---|---|---|---|
| 学龄期教育 | 1. 一次性教育——一次性生活准备 | 1. “终身”的教育—终身的生活准备 | 终身的教育 |
| | 2. 以现成知识作生活准备 | 2. 作为“继续教育”准备的教育 | |
| | 3. 被动接受教育 | 3. 主动学习 | |
| 英才教育 | 4. 偏重知识传授 | 4. “全人的”教育 | 全面教育 |
| | 5. 重在培养与选拔杰出人才 | 5. “普遍的”教育 | |
| 以学历社会—学校化社会为背景 | 6. 封闭的学校 | 6. 开放的教育机构 | 以“学习化社会”为背景 |
| | 7. 专门的教育机构与教育人员 | 7. 专门的与非专门的教育机构与教育人员 | |

* 陈桂生：《终身教育的精义何在》，《上海教育科研》2000 年第 4 期。

## 一　加快构建终身教育体系

终身教育是一种“从摇篮到坟墓”的终身性学习方式，客观上要求打破某一种教育机构垄断教育的局面，建立起一种社会处处是教育、社会无处无教育的终身教育体系。美国学者 P. H. 库姆斯在《未来 20 年世界重大教育问题》一文中指出，未来 20 年世界大多数国家面临的重大教育问题之一就是“建立一种日益广泛的‘学校网络’——把正规的、非正规的以及不正规的教育方式组合起来——以便为正在发展的全球人类终身学校的需求服务”①。因此，构建能够对全体人民进行全方位教育、具有较强活力和适应力的终身教育体系就成为终身教育发展的根本要求。

构建终身教育体系并不是另起炉灶，而是要树立社会大教育的思想，充分利用全社会的教育文化科技资源，搭建教育立交桥，建立广覆盖、多

① 瞿葆奎主编《教育学文集·国际教育展望》，第 211 页。

层次、多形式的教育网络，推进学历教育和非学历教育协调发展、职业教育和普通教育相互沟通、职前教育和职后教育有效衔接，构建完备的终身教育体系，使全体人民学有所教、学有所成、学有所用。具体来讲就是要将以学历教育为主的学校教育系统、以职业资格教育为主的行业教育系统、以文化生活教育为主的社会教育系统进行横向沟通、纵横交叉，实现各级各类教育的有机整合、有效衔接和相互沟通（见图 5－2 所示）。

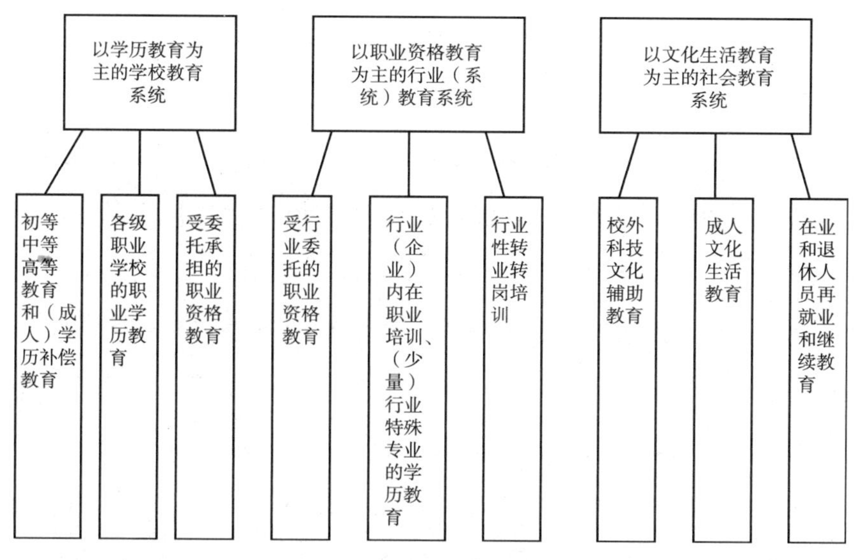


**图 5－2　终身教育体系图***

*谈松华：《变革与创新：中国未来教育的走向》，《教育发展研究》1999 年第 11 期。

对于广东而言，就是要在完善从学前教育到研究生教育的学校教育系统的基础上，尽快建立和完善以职业资格教育为主的行业教育系统和以文化生活教育为主的社会教育系统，拓展多种途径来满足整个社会的学习需要。要按照横向沟通、纵横交叉的原则，将学业教育系统、行业教育系统、社会教育系统有机整合起来，形成正规、非正规、非正式教育系统间的相互交流和衔接，建构起人才成长的立交桥，为社会所有成员提供更多、更便捷的学习机会。即同一层次正规教育与非正规教育、学历教育与非学历教育之间建立起课程互认、学分互认，学校教育与社会教育相互联系和结合。[①] 另外，在终身教育体系中，学校教育系统本身也面临着再造，即制度化的学校教育本身也得按照终身教育的理念进行再造，即制度化学校教育的目的、对象、内容、方法等诸多方面都必须按照终身教育的原则进行改造。[②]

## 二　大力发展终身教育机构

从发达国家推进终身教育的经验看，发展各种方便、灵活、多样的终身教育机构是关键。在美国，已经形成了包括社区学院、正规大学的开放部、非“正规”大学的终身教育、社区团体（主要包括教会宗教团体、非营利电视频道、政府机构、图书馆、劳工组织等机构）四大类终身教育机构。在日本，已经形成了广播电视大学，专修学校，大学、短期大学、大专等高等教育机构，民办教育文化产业，非营利市民团体五大类终身教育机构。英国则形成了开放大学、住宿制学院、社区学院、成人教育中心、劳动时间内的学习活动五大类终身教育机构。[③] 对于广东来讲，要重点发展以下终身教育机构。

一是大力发展现代远程教育，积极推进数字化学习港建设。现代远程教育是顺应学习型社会的时代趋势和教育潮流而诞生的，具有开放性、终身性、自主性、社会化、个性化等特征，是教育史上的一场深刻

---

① 周西安：《我国终身教育体系的内容结构与建构原则》，《职业技术教育》2011 年第 22 期。

② 邓璐：《终身教育视野下制度化教育的变革研究》，《四川民族学院学报》2010 年第 2 期。

③ 卢国良、桂建生：《发达国家与我国终身教育体系的比较研究》，《继续教育》2010 年第 3 期。

革命。[1] 数字化学习是现代远程教育的一种重要发展趋势，它以现代信息技术为支撑，基于连锁数字化学习超市和学习中心建立的遍布城乡的、面向社会大众的数字化学习环境，主要由若干个数字化学习超市构成并进行市场化运作，核心是构建遍布城乡、社区，深入基层、厂矿、企业第一线的连锁学习中心，为社会大众提供学历的、非学历的数字化学习资源及支持服务。[2] 对于广东来讲，就是要以各级广播电视大学为基础，加快数字化学习港建设，在各地设立若干数字化学习超市，数字化学习超市由分布在基层社区、乡镇、企业的学习中心组成，充分发挥电大教育在全民学习、终身学习中的重要支撑作用。

二是大力发展社区学院，使社区学院成为终身教育的主阵地之一。从国际上看，发达国家普遍重视社区教育，美国社区学院被称为20世纪高等教育的伟大创新。[3] 美国社区教育协会认为："社区教育是一种教育哲学理念，它建立在社区学校的基础之上，致力于为每一个社区成员（包括个人、学校、工商界、公众和私人组织）创造机会，满足每一个成员的多种需要。社区教育最具特色的实施机构是社区学校，它的开放时间超出了传统学校的时空限制，为所有年龄段的居民提供学校课程、娱乐、健康、社会服务以及职业准备培训。"[4] 美国社区学院是将公立高等学校建立在靠近居民的地方，其特点主要有：（1）采取开放的入学政策，公平

---

① 崔钢：《大力发展现代远程开放教育——构建学习型社会的重要途径与最佳选择》，《江苏高教》2005年第4期。

② 曾海军、范新民：《关于教育信息化发展新框架的思考——以公共服务、典型应用及公益资源为导向》，《中国远程教育》2007年第3期。

③ 郑路、杨素娟：《发达国家社区教育模式研究及对中国数字化社区建设的启示》，《广州广播电视大学学报》2008年第1期。

④ 吴锋、魏伟：《美国社区教育的发展模式及对我国的启示》，《湖北大学学报（哲学社会科学版）》2004年第1期。

与平等地对待所有入学者，维持低廉的学位，为学生提供不同的、可供选择的课程；（2）提供多样化、综合性的课程和培训项目，把教育机会扩展到传统意义上的高等院校所忽略的学生；（3）以社区为本，每一个社区学院都有其主要服务的地区；（4）鼓励终身学习。[①] 广东要充分利用现有的教育资源和开拓新的教育资源建设覆盖城乡的社区学院、社区学校、社区学习点，开展形式多样的文化知识教育、职业技能培训、公民素质培养、休闲与健身等学习活动。以培养新型农民为重点，大力开展农村成人教育，改善农村劳动者的文化结构和专业技术结构，加快农村中高层次实用管理人才和专业技能人才的培养。

### 三　建立健全终身教育制度和激励机制

建立学分银行制度。学分银行制（credit bank system，CBS）是学生通过在大学或是社会教育培训机构修习课程或是通过教育部的学分认证考试等多种形式获得学分，将之存入个人在学分管理系统注册的账户中，累积达到一定数量，最终获取高等教育学位证书的一种学分管理方式。这种方式是一个开放式的教学管理系统，承认学习者多样的学习经验，扩大了高等教育的大门，让更多的人有机会获得高等教育的学位证书，提高了国民的高等教育素质。学分银行还具有明显的特性：开放性、灵活性、服务性、大众化、柔性化。学分银行既然是银行，便具有存储、信贷、汇兑的基本功能；但它又不是真正意义的银行，即其“经营”的不再是货币或货币资金，而是学分。学分银行，是模拟或运用银行运行的基本机理，对教育和教学的安排做出相应的一系列变革或改进的一种制度或模式。学分

① 杨进：《美国加拿大社区教育与社区学院印象》，《职教论坛》2003 年第 14 期。

银行的存分是指将学生每学完一门课的学分累积起来，待达到一定学历层次或培训的学分后，就发给相应的学历证书或准其结业。学分银行具备开放性、公平性、终身性、服务性的特色，通过学分互认和学分转化，可以完善开放大学认证体系。总之，学分银行是建设学习型社会的有效措施，是远程教育改革和发展的方向。①

加快学分互认，探索和完善灵活多样的学习制度。构建学分互认体系是建立终身教育制度的重要内容，它有利于学历继续教育与非学历继续教育的沟通衔接，打通继续教育、在职学习和正规学习的通道，从而搭建起终身学习“立交桥”，支持灵活开放的终身学习。学分互认的目的在于终身学习的学分累积，旨在为学习者终身学习提供服务，建设多层、多向的终身学习“立交桥”，而不是单层、双向的“拱桥”，要实现围绕学习者终身学习的学分累积，而不仅是学分转换。学习者一生必然要在不同水平层次、不同教育机构学习。因此，结合欧洲的经验来看：学分互认的目的不是要实现机构内或机构间的学分转换，而是要实现围绕学习者终身学习需要的跨机构学分累积。不同层次、不同机构间的学分转换是实现累积的前提。② 要积极探索将非学历继续教育学习成果、相关职业资格和技能资格转换为普通学校学分的制度。探索建立个人继续教育积分卡制度，记录社会成员继续学习的状况。

着重完善职业资格证书制度和劳动准入制度，健全继续教育激励机制，推进从业人员继续教育规范化、制度化。

---

① 郭庆春、寇立群、孔令军、张小永、史永博、崔文娟：《学分银行制度建设研究》，《中国远程教育》2011 年第 8 期。

② 袁松鹤：《欧洲学分体系中 ECTS 和 ECVET 的分析与启示》，《中国远程教育》2011 年第 5 期。

# 第六章 全球化背景下广东教育现代化发展的措施

正如有学者所言，分析教育现代化问题的框架应包括社会背景、教育管理体制、教育的结构以及教育的条件。① 在全球化背景下推进广东区域教育现代化，除了要选准一些创新的重点领域和关键环节，还必须重视教育现代化的支持条件，即教育现代化涉及的人、财、物和技术条件等，它们是推进教育现代化的重要保障。

## 第一节 加大教育投入力度

教育经费是教育现代化的重要物质基础，是教育发展的核心指标。从目前世界各国情况来看，OECD 国家教育总投入占 GDP 的平均水平均达到6%左右，美国和韩国则达到了7.5%。② 从国内情况来看，教育投入不

① 褚宏启：《教育现代化的性质与分析框架》，《高等师范教育研究》1998 年第 3 期。

② 胡鞍钢、王磊：《全社会教育总投入：教育发展的核心指标》，《清华大学教育研究》2010 年第 3 期。

足是一个普遍问题，我国用占全世界5%左右的教育经费，支撑着全世界20%以上的教育规模，教育投入总量不足，政府投入比例偏低。[①] 而广东目前全社会教育总投入占GDP的比重还不到4%，因此，广东要推进教育现代化，就必须在教育投入上加大力度，创新教育投入机制。

## 一　建立和完善以政府投入为主的多元教育经费投入机制，为教育事业发展提供坚实保障

### 1. 建立和完善教育公共财政投入稳定增长机制

教育投入是经济社会发展的基础性、战略性投资，是公共财政的重要职能之一。各级政府要优化财政支出结构，统筹各项收入，把教育作为财政支出重点领域予以优先保障。各级政府在落实法定的“两个比例”和“三个增长”的教育经费投入目标的基础上，要确保做到教育支出占本级财政支出、可支配财力的比例逐年增长。要合理划定省、市、县（市、区）预算内教育经费占财政总支出的比例，并逐年提高，力争到2020年各级财政教育拨款占财政总支出25%以上，保证教师工资和学生人均公用经费逐步增长。要按照建立和完善公共财政体制的要求，优化财政支出结构，逐步提高财政性教育经费支出占GDP的比重，将教育经费占GDP的比重列入国民经济和社会发展五年规划的重要目标和约束性指标，定期公布、督察、评估实施情况，接受人大和全社会监督，切实做到各级财政对教育拨款的增长要高于财政经常性收入的增长，确保在2012年前实现全社会教育总投入占GDP的比重达到4%。

当前要以解决教育发展所面临的一些重大问题为着力点，改革和完善重大教育投入政策。省、市、县（市、区）财政在安排经济社会发展重

① 第一战略专题调研组：《教育发展总体战略研究》，《教育研究》2010年第7期。

大工程资金时，要重点支持实施义务教育均衡发展工程、高中阶段教育普及工程、职业教育发展壮大工程、高等教育发展水平提升工程、高素质教师队伍建设工程。各级政府应逐步将土地出让及新增建设用地有偿使用费等政府性收入统一纳入财政预算管理，并按照年初预算确定的教育拨款占财政支出的比例安排用于教育。

要建立健全教育预算编制制度，通过预算的编制和执行确保投入条例各项规定的落实，各级教育支出预算细化到学校；通过细化预算编制和严格执行，确保各项教育支出按规定落实。要建立相对独立、封闭运行的教育经费专户，确保各项教育经费专款专用，提高经费使用效率。

**2. 建立多元教育经费投入机制**

完善非义务教育阶段的成本分担机制。根据不同类型的教育成本和个人收益率，合理确定政府与社会、受教育者个人或家庭分担的比例。非义务教育在完善奖（助）学体系的同时，要根据培养成本，结合经济社会发展、物价变化情况及居民经济承受能力等因素，建立学杂费正常调整机制和成本补偿机制。要按照成本分担原则，研究制定普通高中生均拨款标准，逐步规范普通高中收费水平。尽快实施中职学校生均综合定额拨款制度，进一步规范各级各类职业院校的收费项目和标准，形成合理的以政府为主，受教育者、用人单位和社会共同承担的成本分摊机制。完善高校生均综合定额拨款预算制度，建立生均综合定额标准正常增长机制，调高工科、医学、艺术等专业的拨款系数。加快建立省属高职院校生均综合定额拨款预算制度，积极推进地方院校生均综合定额拨款预算制度。加大对民办学校的扶持力度，对承担义务教育责任的民办学校给予必要的财政补贴。

完善鼓励社会团体、企业、个人捐赠教育的税收优惠政策，对教育捐赠实行税收优惠，鼓励企业家和高收入者捐赠教育。完善捐资办学、出资办学优惠政策，鼓励企事业单位、社会团体、港澳台同胞和华侨华人捐资办学、出资办学。政府要按捐赠额的一定比例，安排配套或奖励资金足额征收教育费附加和地方教育附加，专项用于教育事业。要按照增值税、营业税、消费税的3%和1.5%分别足额征收教育费附加和地方教育附加。

开拓教育融资新渠道。深化教育与金融合作，探索金融支持教育发展新模式。在风险可控的范围内，继续充分利用金融资金发展教育。鼓励依法依规设立教育基金会，鼓励海内外各界人士捐资助学助教、奖学奖教。

支持发展校办产业和提供社会服务。完善政策，促进高等学校和中等职业学校发展校办产业，提供社会服务。对学校发展产业、开展勤工俭学、为社会服务的在贷款、税费等方面给予优惠。理顺高等学校企业产权，支持组建按现代企业制度运作的产业公司，积极发展科技型企业。

## 二　建立科学的义务教育财政转移支付制度，促进教育财政公平

教育财政公平是目前世界各国普遍关注的一个重要问题。[①] 义务教育是整个教育的基础，又是具有纯公共品性质的教育，其财政公平状况是教育现代化进程中最应注意解决的问题。从国际上发达国家的经验来看，政府财政预算是义务教育经费的绝对来源，中央或省级政府是义务教育经费的主要提供者[②]，在日本，由国库直接负担的义务教育经费占文部科学省总预算的45.8%[③]。因此，广东在推进教育现代化过程中，必须大力解决好义务教育财政公平的问题。要努力建立义务教育“县级管理、多级分

① 张民选：《促进教育财政公平：各国关注的新课题》，《外国教育资料》1997年第1期。

② 黄崴、苏娜：《发达国家义务教育经费投入体制比较及其对我国的启示——以美、英、法、日为例》，《比较教育研究》2009年第10期。

③ 闻竞：《日本农村义务教育的经验与启示》，《教学与管理》2008年第5期。

担”的管理与投入体制，义务教育的经费投入应逐步取消“以县为主”的体制，加大省级以上财政对义务教育的转移支付力度。具体来讲，应在以下几个方面努力。

第一，建立健全统一的农村义务经费保障机制。建立全省67个县的全部教育经费预算制度。经费包括：教师工资、师资培训、学校基建、设备、行政管理、后勤服务、贫困学生书杂费等。预算制定包括：预算评议、预算预测、预算编制和预算管理。建立刚性指标（最低生均教育公用经费指标）以设定全省义务教育事业经费的基础保障线，各地级以上市要制定中小学生均公用经费定额标准。义务教育经费定额要做到城乡学校、不同学校之间统一标准。

第二，建立科学合理的教育财政转移支付制度。义务教育均衡发展，财政转移支付起着重要的作用。具体来讲，应加强如下几方面的工作：(1) 建立相对独立的教育财政转移支付制度。逐步形成以一般教育转移支付为主、专项教育转移支付为辅的教育财政转移支付制度。一般性转移支付在缩小地区、城乡间义务教育差距中起着主体性和根本性的作用，专项转移支付则具有机动灵活、拾遗补缺的辅助性作用。加大省级财政对欠发达地区的义务教育转移支付力度。积极推动建立富裕地区援助欠发达地区的横向转移支付制度和指标，进一步完善对口支援制度，加强发达地区与欠发达地区教育共建机制。(2) 制定合理的教育财政转移支付项目和指标。从世界各国经验看，一般都是选取一些不易受到人为控制的、能反映各地收入能力和支出需要的客观指标，如人口数量、城市化程度、人口密度等，设计出科学的转移支付计算公式。[①] 从广东的情况来看，应根据

① 胡卫、唐晓杰等：《中国教育现代化进程研究》，教育科学出版社，2010，第182页。

地区间常住人口数量、农业人口数量、人均 GDP、人均财政总收入、人均地方一般预算收入、人均财政支出、人均教育支出、中小学在校生人数、生均公用经费、财政供养教职工人数、教职工平均工资等综合因素，科学测算教育的“标准支出”，并以此为基础制定各级各类学校各种生均经费标准，科学合理地安排转移支付项目和指标。

第三，建立保障中小学教师工资福利待遇的长效机制。进一步落实农村中小学教职工工资县（市、区）长负责制，确保由县（市、区）财政按时足额发放农村中小学教职工工资。切实按照《义务教育法》和《教师法》的要求，努力实现中小学教师平均工资水平不低于或高于当地公务员，农村教师平均工资水平不低于或高于城镇教师的目标。进一步落实教师养老、医疗、住房与保障制度，按规定为教师缴纳住房公积金和社会保险费。省、市财政通过正常渠道给予大力支持，确保教师工资福利待遇得到落实。

## 第二节　提高教师队伍整体素质，实现教师队伍现代化

教育大计，教师为本。教师是教育诸多资源中的第一资源，是教育事业改革发展的核心力量，只有一流的教师，才有一流的教育。美国卡内基基金会在 1986 年发表的《准备就绪的国家：21 世纪的教师》中强调：“美国的成功取决于更高的教育质量……取得成功的关键是一支与此相适应的专业队伍，即一支经过良好教育的师资队伍……没有这样一支教学水平高、业务能力强和具有远大抱负的专业队伍，任何改革都不会长久。”[①]

① 蒋华林：《全球化背景下高水平大学师资队伍建设的路径》，《大学（学术版）》2011 年第 1 期。

对于广东来讲，要推进教育现代化，必须努力打造一支师德高尚、业务精湛、数量充足、结构合理、充满活力的高素质专业化教师队伍，为推进教育现代化提供坚实的师资保障。

## 一 建立中小学教师公务员制度，增强基础教育教师职业吸引力

积极探索建立中小学教师公务员制度。从国际上看，在法律上确立公立中小学教师公务员的法律身份，将其纳入公务员系统进行管理，并给予公务员的待遇，是许多国家的通行做法。如美国、英国、法国、俄罗斯、德国、日本、印度、埃及、波兰等国，都将公立中小学教师赋予公务员地位，并给予相应的待遇。① 从国内来看，相关研究也在呼吁，要求修订《教师法》，将义务教育阶段公办中小学教师首先实行教育公务员制度，认为将公办中小学教师纳入公务员队伍，这将是我国教师队伍建设的重大制度创新，“有利于依法保障教师的地位和待遇；有利于实行严格的教师资格准入制度，提高教师队伍的整体素质；有利于对教师队伍实行严格的管理考核，强化教师的国家意识和责任感；有利于城乡教师合理流动和资源有效配置，加强农村和薄弱学校教师队伍”。② 广东作为改革开放的先行先试地区，有必要在这方面积极探索，从法律上赋予从事义务教育的中小学教师公务员地位，将其纳入公务员系统进行管理，以省级财政及地方财政保障其待遇，不断提高中小学教师的社会地位和经济地位，增加社会认可度。

大力实施农村中小学教师队伍素质提升工程。一是完善农村中小学师

---

① 《聚焦外国教师公务员制度》，《教育》2005 年第 5 期。

② 第九战略专题调研组：《一流教师一流教育》，《教育研究》2010 年第 7 期。

资培养，确保教师的素质和来源。要确定一批师范教育基础较好的地方高职院校或综合性高等学校面向农村培养师资。扩大招收初中毕业生的5年制高职班招收规模，高职院校5年制专业以师范专业为主，实行毕业生直接录用到农村学校任教。二是要切实完善引导优秀教师到农村学校任教的政策措施。要深入实施高等学校毕业生农村从教上岗退费政策，吸引优秀毕业生到欠发达地区农村任教；要建立农村教师岗位津贴制度，推进农村教师周转房建设，提高农村和边远地区教师待遇，让优秀教师下得去、留得住。三是要建立农村教师定向培养机制，实施农村学校教育硕士师资培养计划、农村教师攻读教育硕士学位资助计划，为农村教师提升学历水平创造良好条件。四是足额配备农村义务教育学校教师和实验教学人员。要及时按省编制标准核定教师，按照县城与农村一视同仁的原则调整教师编制，要对边远农村和山区学校给予倾斜，按标准配齐配足教师、实验教学人员和图书管理员。

## 二　建立健全教师培养体系建设，建立教师终身学习体系

美国为了保障教师质量，从教师成长的每一个环节，如大学招生、职前培训、初次颁证、就职录用、专业发展、高级专业发展等都进行“高标准、严要求”①。对广东而言，要着重从如下几个方面努力。

一是加快建设结构优化的现代教师教育体系。要按照布局合理、结构优化、比重适当的原则，加快建立和完善以独立设置的本专科师范院校为主体，综合性大学和其他非师范院校共同参与，职前培育与职后继续教育相互贯通，适合各级各类教育发展需要的教师教育新体系。要优化师范院校布局和教育类专业结构，根据广东受教育人口和教师需求的变化，适时

① 方彤：《从美国经验看建立教师质量保证体系》，《教育研究与实验》2000年第3期。

调整各层次、各类别师范生招生规模，促进专科、本科、研究生三个层次协调发展，满足各级各类教育师资需求。要大力加强职业教育教师、特殊教育教师、学前教育教师等的培育，依托有条件的普通师范院校内设职业技术师范学院、特殊教育学院（或独立创办特殊教育学院），鼓励有条件的理工类院校或综合性大学内设职业技术师范专业，支持师范院校设置特殊教育专业和学前教育专业，切实解决这几类教师来源不足的问题。

二是加快推进教师教育模式改革。要遵循教师成长规律，分类型、分层次培养各级各类教师，深化课程和教材体系改革，强化实践教学和职业技能训练，着力提高教师教育质量和水平。加快推进师范生招生就业制度改革，采取定向招生、提前录取、推荐升学、减免学费等办法，吸引优秀生源报考教育类专业。

三是加强教师培训体系建设。建立健全教师培训机制，形成全员培训以远程教育为主、骨干培训以面授为主、个性化培训以校本为主的培训体系。健全教师培训网络和机构，充分利用本地教育资源，构建区域性教师培训中心。推进教师培训信息化，加快实施教师教育网络联盟计划，大规模、低成本、高效益培训教师特别是农村教师。认真实施高校、市、县培训机构、名师工作室“三位一体”的省级骨干教师培训新模式。深入实施基础教育“百千万人才工程”，着力培养一批名教师、名校长和教育家。各级政府设立教师培训专项经费，按照教职工工资总额2.5%的比例单列教师培训经费，纳入财政预算。落实农村学校公用经费的5%用于教师培训的政策，主要用于校本培训。建立严格的教师培训学分管理制度，形成教师培训学分与教师资格定期注册、绩效考核、职务晋升紧密挂钩的激励和约束机制。[①] 扎实

① 第九战略专题调研组：《一流教师一流教育》，《教育研究》2010年第7期。

开展校本培训，探索以校为本个性化的校本培训形式，推进校本培训示范学校建设。实施农村小学校长提高培训工程，进一步提高农村小学校长办学规范化管理能力和水平，促进义务教育均衡发展。

四是要加强教师职业道德建设。教师是“人类灵魂的工程师”，教师职业的这种神圣与崇高决定了教师职业道德建设的重要性。《国家中长期教育改革和发展规划纲要（2010～2020 年）》明确提出，要加强教师职业道德教育，增强教师教书育人的责任感和使命感。要多渠道、分层次开展各种形式的师德教育活动，健全师德考核制度。要在全社会营造尊师重教的良好氛围，切实提高教师的经济待遇和社会地位。要大力宣传先进教师典型，坚持和完善优秀教师奖、杰出教师奖等制度，在每年的教师节在全社会进行隆重表彰，广泛宣传，营造尊师重教的良好氛围。

## 三　加强职业教育“双师型”教育队伍建设，全面提高职业教育师资水平

完善职业教育“双师型”教师培养培训制度，推进技工学校“一体化”师资队伍建设，切实提高职业院校教师的应用技能和实践技能。以职业技术师范院校、工科院校以及技师学院、企业实训基地为依托，探索建立“双师型”教师培养培训新机制，通过校企合作提高专业课教师实践教学能力。要把具有行业企业工作经历作为聘用专业课教师的重要条件，鼓励各级政府设立专项经费，建立特聘教师制度，支持职业院校面向社会、职业教育先进国家聘请优秀专业人才担任兼职教师，支持职业院校选派骨干教师赴境外培训。要加强在岗职业教育教师实践能力和应用技能的培养训练，建立教师实践培训基地。探索建立“双师型”教师资格认定制度，建立符合“双师型”教师发展规律的科学评价制度。完善职业

教育教师培养和继续教育制度，指导职业院校开展多形式的“双师型”教师培养培训工作。

加强高等职业院校专业领军人才队伍建设。实施高等职业院校珠江学者岗位计划、能工巧匠进校计划、特聘兼职教师计划等，面向社会广泛吸引一批具有丰富实践经验、符合任职资格的技能型人才、高素质的专业领军人才充实到职业教育教师队伍。支持高等职业院校与企业联合建立技术创新平台，为专业领军人才充分发挥培养人才、创新技术的作用创造良好条件。

## 四 加强高等学校创新人才培养引进，造就一批学术大家和教育大家

持续推进高校高层次创新人才建设工程。积极参与国家“千人计划”和长江学者奖励计划，大力推进广东省高等学校珠江学者岗位计划、“千百十工程”、人才引进工程等高层次人才计划，培养聚集一批处于国内外领先水平的中青年学科领军人才和学术骨干，引进一批具有国际视野和国际竞争力的学科带头人和学术骨干，培育形成一批高水平的教学科研团队，促进高层次人才及其教学科研团队在关键领域取得突破。加大对高校青年教师的培养力度，实施优秀青年教师专项培养计划。启动实施高校优秀青年教师国内外研修计划，每年选派中青年骨干教师赴国内外一流大学、研发机构研修学习，不断拓宽高层次人才培养渠道，采取科研项目资助等多种形式，培养一批具有发展潜力的青年骨干教师。根据高校人才的特点和成长规律，逐步建立以能力为基础、以绩效为核心、以贡献为目标的科学合理、分类量化的评价指标体系。制定政策，采取措施，解决高校教师住房难问题，促进高校加快培养引进高层次创新型人才。要通过培养、引进、交流等多种形式，并鼓励校长和教师在教育思想、教育模式、

教育方法等方面进行探索和创新，造就一支高水平的教育人才队伍。

加强高等学校创新团队建设，培养造就高层次创新型科技人才。要适应建设创新型广东、构建现代产业体系、提升产业竞争力的需要，按照相对稳定、合理流动、专兼结合、资源共享的原则，建立开放、竞争、协作的教育教学机制和科学研究机制，创新教学和科研队伍的资源配置方式和管理模式。改革创新教学、科研的组织方式，凸显学科带头人和学术骨干的作用，建立跨学科跨专业的教学、科研团队，在更宽领域、更深层次、更高水平上组织以学科群、专业群为基础的人才培养和科学研究协作体系。加强高等学校与行业组织、企业、科研院所在申报科研课题和科技研发上的交流与合作，促进高层次创新团队的培养引进和高水平教学科研平台的建设。

## 第三节　广泛应用信息技术，以信息化推动区域教育现代化

随着信息技术的深入发展，教育信息化日益成为教育现代化的特征之一。所谓教育信息化，是教育领域全面运用信息技术革新传统的教学观念、方式、方法的过程，主要表现在技术层面和教育层面两个方面。从技术层面看，教育信息化表现为数字化、网络化、智能化和多媒体化；从教育层面看，教育信息化表现为教材多媒体化、资源全球化、教学个性化、学习自主化、任务合作化、环境虚拟化和管理自主化等。[①] 也有学者认

① 陈伟、雷欣欣：《国外基础教育信息化进程对我国的启示》，《贵阳学院学报（社会科学版）》2009 年第 1 期。

为，教育信息化就是运用以多媒体计算机和网络通信为核心的信息技术来优化教育、教学过程，从而达到提高教育、教学的效果、效率与效益的目标。[①] 从世界教育信息化发展进程看，教育信息化肇始于计算机的发明，微型机的诞生大大加快了教育信息化的步伐，而万维网的广泛使用则使教育信息化发展进入高潮，世界各国目前普遍重视教育信息化发展[②]，例如欧盟的 e-Europe 计划[③]。《国家中长期教育改革和发展规划纲要（2010～2020 年）》也将教育信息化作为教育改革发展的重要战略目标之一。因此，广东在推进教育现代化进程中，必须将教育现代化建立在现代信息化平台上，实施教育信息化带动教育现代化的策略，探索建立一个基于信息技术的现代化教育体系，实现信息技术与教育教学的有机结合。

## 一　加快教育信息化基础设施建设

从世界各国教育信息化发展经验来看，加强学校信息化基础设施建设是推进教育信息化的关键一环。例如，美国到 2000 年，公立学校的入网率就达到了 98%，每一间教室的网络联通率达到了 77%，学生数与计算机数之比为 5∶1[④]。智利则通过“结网”计划来推进教育信息化，截至 2000 年，5300 多所中小学参与了“结网”行动，每所学校均获赠一定数量的计算机、教育软件，建成了校园网。[⑤] 因此，要树立“网络就是学

① 何克抗：《教育信息化是实现义务教育优质、均衡发展的必由之路》，《现代远程教育研究》2011 年第 4 期。

② 李文英、吴松山：《世界教育信息化发展及其经验》，《河北大学学报（哲学社会科学版）》2007 年第 5 期。

③ 刘宇、张连军：《欧盟基础教育信息化的现状与行动计划》，《中小学信息技术教育》2006 年第 12 期。

④ 洪明：《欧美国家教育信息化的现状与趋势》，《比较教育研究》2002 年第 7 期。

⑤ 恩里克·西诺斯特罗萨、派德罗·海普、厄尔奈斯托·拉瓦尔：《“结网”——智利的教育信息化行动》，《中国远程教育》2001 年第 6 期。

校、建网就是建学校”的新理念，加快教育信息化进程。

从广东来讲，首先要加大投入，加快各级各类学校信息化基础设施建设，构建数字化教育环境。从世界各国来看，注重信息教育基础设施建设，加大投入力度是一个普遍的趋势。例如，OECD 国家每年在中小学信息技术教育方面的投入近 160 亿欧元，占各国教育经费的 1% ~2%，英国对中小学信息技术的投入每年增长 30%，美国每年增长 16%。[①] 要全面改善中小学信息技术教育的硬件设施，尽快完成全省独立建制中小学信息化设施的标准化配置，力争到 2015 年全省普通中小学生机比达到 5∶1，公立学校的入网率达到 100%，每一间教室的网络联通率达到 85% 以上。加快推进中小学教育专网“校校通”计划，尽快完成全省独立建制中小学的省基础教育专网全覆盖，以及全省广播电视大学远程教育专网建设。大力推进高等学校、中等职业学校教学、科研、管理等方面的信息化，实施多媒体教学进班级计划，优化教育资源应用环境。

在推进学校信息化进程中，重点是要加快农村教育信息化建设步伐，增加对农村学校教育信息化建设的投入力度，推进城乡教育信息化资源均衡配置，用现代信息技术带动义务教育均衡发展，缩小城乡学校“数字鸿沟”。实施中小学现代化远程教育工程，充分利用“校校通”平台，建立并完善优质教育资源信息共享机制。通过现代信息技术和网络，为农村学校教育提供资源共享的平台，促进农村学校提高教育教学水平，缩小城乡教育差距。加强对教育发展落后地区和薄弱学校信息技术教师素质的培训。省级教育行政管理部门要组织专家、学者开发适合教育发展落后地区实际

① 钱玲、库文颖、李中华：《发达国家中小学网络教育比较研究》，《世界教育信息》2006 年第 1 期。

的多媒体教学软件。深入实施“教育信息资源下乡行动计划”，畅通教育信息资源下乡渠道。组织开展“送培训下乡”活动，加强农村中小学教师教育信息技术能力建设，提高教育资源应用效益和水平。利用市场机制，争取对经济欠发达地区的义务教育学校减免上网资费，并对按要求“通网”、应用效益好的学校给予奖励网费。在农村义务教育学校广泛开展“校校有网站、人人有主页”活动，促进信息技术的应用与教学水平的提高。

## 二　加快区域教育信息资源公共服务体系建设

教育信息资源建设是教育信息化建设的核心和灵魂，是实现信息技术与教育整合的前提和基础。所谓教育信息资源，是指经过数字化处理、在信息化环境中运行的数字化教育、教学资源，包括教学图片资源、教学素材资源、学科教案资源、教学实验资源、教学课件资源、共享软件资源以及网络课程资源等。① 长期以来，教育信息资源建设一直是教育信息化推进面临的难点问题，是教育信息化进程中的“短板”。正如有学者所言，以学校为单位封闭、孤立地进行教育信息化建设的体制，造成校与校之间成为一个个“信息孤岛”，已经成为教育信息化建设越来越突出的制约因素。② 而且，校校建库造成的一个结果就是教育信息资源低水平重复建设现象严重。③ 因此，如何将多元分散、条块分割管理体制下的信息资源共享，减少教育信息资源的重复建设，推进教育信息资源的整合与共享，成

① 李勇帆：《论新世纪数字化教学的内涵与特性及对教师的基本要求》，《电化教育研究》2002 年第 5 期。

② 桑新民、郑文勉、钟浩梁：《区域教育信息化的战略思考》，《电化教育研究》2005 年第 3 期。

③ 熊才平、朱爱芝、黄萍萍：《教育信息资源“区域共建共享”开发应用模式研究》，《开放教育研究》2010 年第 1 期。

为推进教育信息化必须解决的一个重大问题。

从国内外的经验来看，以共建共享为原则，推动区域教育信息化整体、协同发展，加快构建区域教育信息资源公共服务平台就成为推进教育信息化的必然选择。例如，美国教育资源门户（GEM）就是一个“一站式，并由此可以寻找到任何资源”的教育信息资源公共服务平台[①]，英国则建有全国学习网络、教师网、全国课程网等教育信息资源公共门户网站[②]。北京市按照“统筹规划，统一标准，共建共享，开拓创新”的资源建设原则和“资源分布存储，目录集中管理”的建设思路，采用政府指导，多方参与，市场运作，加强监管，分阶段推进的建设机制，采用“教师先选择，财政后付费”的政府采购优化模式，建成以北京教育资源网为核心门户网站，资源优质丰富、应用灵活多样、管理严格规范、市场供需两旺、共享交流通畅的北京教育教学资源网络体系。[③] 从广东来讲，就是要根据构建“数字广东”的总体要求，由政府部门牵头，多元主体参与，按照统筹规划、合理布局、适度超前的原则，加快建立省级教育信息资源公共服务门户网，其框架如图 6－1 所示。各市、县（区）也应以区域为单位，由教育行政部门牵头，整合教育、科研、培训和电教等部门的力量，分别建立不同级别的教育信息资源公共服务平台体系。

教育信息资源公共服务平台建设是一项长期而艰巨的系统工程，需要大量人力、物力、财力的投入，涉及诸多方面（见表 6－1、图 6－2），要想长期良性运作，必须在共建共享机制方面进行创新。从美国的经验来

① 曹卫真：《中美中小学网络教育资源整合的比较》，《电化教育研究》2007 年第 4 期。

② 杜玉霞、贺卫国：《英国中小学信息化教学资源建设与应用的经验与启示》，《中国远程教育》2009 年第 9 期。

③ 申军霞：《整合资源、开拓创新、突出特色、畅快服务——全面推进北京教育资源的建设与应用》，《中国电化教育》2007 年第 7 期。

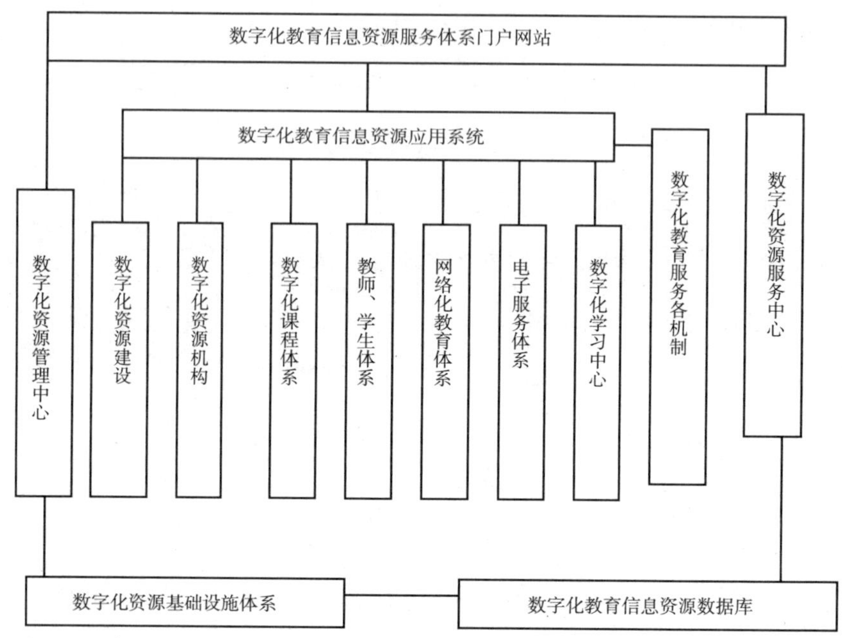


**图 6－1　数字化教育信息资源服务体系框架***

＊程结晶、黄晶晶、刘晓晓：《江西省数字化教育信息资源服务体系理论研究》，《情报理论与实践》2010 年第 8 期。

看，通过市场化、产业化，引入多元化开发主体来确保充足的经费，促进学校、公司和政府部门之间的合作，共同推动教育信息资源整合是关键。[①] 对于广东来讲，就是要按照政府主导，引入市场机制的原则，整合政府、企业、学校三方力量，形成多元化主体投入，加快建立经费保障机制、激励表彰机制、资源准入机制、评价反馈机制、区域联盟机制、系统互联机制、质量监控机制等。[②]

① 曹卫真：《中美中小学网络教育资源整合的比较》，《电化教育研究》2007 年第 4 期。

② 郑朴芳、胡小勇：《区域数字化教育资源整合与共享机制研究》，《中国教育信息化》2011 年第 2 期。

表 6－1　区域数字化教育资源共建共享系统要素*

| 要　　素 | 要　　素　　界　　定 |
| --- | --- |
| 规　　划 | 针对当地资源共建共享的较为系统的中长期行动计划 |
| 制　　度 | 为完成资源共建共享任务而制定的行动准则或规范 |
| 机　　制 | 为推进资源共建共享而提供的各种保障和支持 |
| 基础设施 | 各种硬件设施及网络环境，如城域网 |
| 信息资源 | 各种用于教与学的数字化资源、资源库及资源系统平台 |
| 管理平台 | 各种用于资源管理并能满足用户使用需求的软件系统 |
| 技　　术 | 各种用于支撑资源整合、共享、管理的计算机技术、网络技术及服务 |
| 标准/规范 | 用于规范资源、资源库及资源系统平台开发、组织、管理行为的技术参考标准 |
| 资　　金 | 投入到资源开发、整合、共享、管理、人员培训、设备购买、日常管理中的经费 |
| 用　　户 | 资源的使用者，如教师、学生、家长、研究机构等具备媒体开发技能和教育教学技能的人员及单位，如一线教师、资源开发商等 |
| 开 发 者 | 具备媒体开发技能和教育教学技能的人员及单位，如一线教师、资源开发商等 |
| 管 理 者 | 负责资源共建共享系统或平台管理及维护的工作人员及部门 |

郑朴芳、胡小勇：《区域数字化教育资源整合与共享机制研究》，《中国教育信息化》2011 年第 2 期。

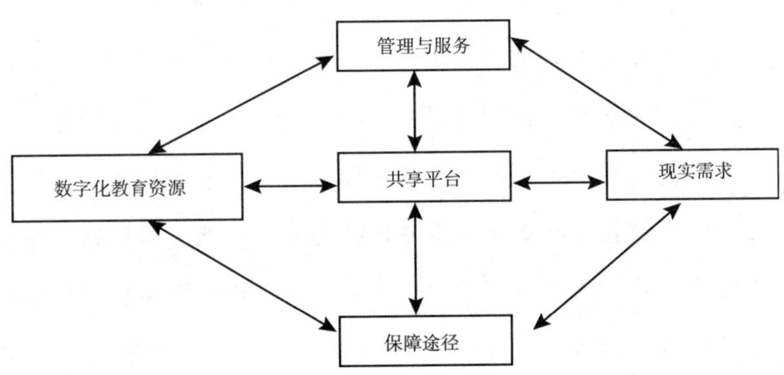


图 6－2　区域性数字化教育资源共享的各要素关系*

* 程结晶、潘琰、黄晶晶：《区域性数字化教育资源共享的途径与创新思考》，《现代远距离教育》2011 年第 5 期。

## 三　实施教育信息化应用能力提升工程

教育信息化并不仅仅是一个简单的硬件设施建设，其本质是用现代信息技术对教育系统进行全方位改造①，最终目的在于以信息化服务于教育教学，使信息技术与教学紧密结合，从而实现教学方式、学习方式、教育组织形式的革命性变革。因此，要以提高教育质量为目标，以促进教育模式、教育内容、教育方法改革为核心，深入开展信息技术在学校教学、管理、科研和服务等各个领域的广泛应用。美国在2000年发表的《电子化学习：将世界级的教育置于儿童的指尖》提出了国家教育技术五大新目标：所有的学生和教师都能够在课堂、学校、社会和家里接触信息技术；所有的教师都应当能有效地运用技术帮助学生达到学业高标准；所有的学生都必须具备技术和信息素养方面的技能；研究和评估应促进下一代的技术在教学和学习中的应用；以数字化内容和网络的应用来改造教学和学习。② 可以说，这五项目标实际上都是用信息化改造教育模式的。对于广东来讲，必须在如下几个方面努力。

教师是教育信息化过程的实施者和操纵者，教师的信息素养直接影响教育信息化的进程。正如米切尔·弗兰所言，只有教师愿意改变自己的动机、信念、态度和价值，才能发展新的技能。③ 因此，要用信息化改造传统教育模式，首先要强化教师和学校管理人员的信息素质培养和培训，不断提高教师应用信息资源革新教学方式的能力。目前，世界各国都非常重视教师的信息素质培训。法国在2004年对全国2000所实验“信息教育文凭”学校的教师进行新技术培训；澳大利亚给每位中小学教师额外增加200澳元专门用于教师的信息技术培训④。英国、意大利为了提高教师的

① 桑新民、郑文勉、钟浩梁：《区域教育信息化的战略思考》，《电化教育研究》2005年第3期。

② 洪明：《欧美国家教育信息化的现状与趋势》，《比较教育研究》2002年第7期。

③ Michael Fullan, *The New Meaning of Educational Change* (3rd ed.), Teacher College: Columbia University, 2001.

④ 李文英、吴松山：《世界教育信息化发展及其经验》，《河北大学学报（哲学社会科学版）》2007年第5期。

信息技术素质，把信息技术培训作为教育信息化的一个重点工作，建立了服务于教师备课、培训的“教师联盟体系”，并建立了教师培训专网，为教师提供丰富的资源与服务。[①] 美国建立了多方人员参与的教师培训模式，日本要求所有公立学校教师到 2005 年都要具备有效利用 IT 进行教学指导的能力，实施 e-教师计划，从国家、都道府县和学校三个层次进行系统的教师培训。[②] 1999 年，美国的一项调查表明，97% 的美国教师已经使用计算机，87% 使用了专为中小学开发的教学软件，80% 使用了一般工作软件，有 1/3 的美国中小学教师可以自由地应用计算机和网络进行课堂教学或收集信息、开发课程和辅导学生。[③] 为此，要建立开放、多层次的教师信息技术教育能力培训体系，建立完善省、市、县（区）、学校等多级信息技术培训体系，通过专业培训、网络远程培训、校本培训等方式的结合，将技术培训和教师的教学实践有机结合起来，全面提升教师网络信息资源的获取与共享能力，以及信息教育技术运用于教学的能力。

其次，要积极推进信息化环境下的教学改革，促进信息技术与课程的整合，全面提升信息化环境下教育教学新模式的探索和实践能力。信息化正在改变教育方式、过程和组织。美国的高校有 86.4% 在教学中使用 PowerPoint 等计算机演示文件进行教学，69.5% 的高校使用 e-mail 和 BBS 进行课堂讨论、收取作业，58.3% 的高校使用各种光盘教学资源来辅助教学。[④] 因此，广东

---

① 刘宇、张连军：《欧盟基础教育信息化的现状与行动计划》，《中小学信息技术教育》2006 年第 12 期。

② 陈伟、雷欣欣：《国外基础教育信息化进程对我国的启示》，《贵阳学院学报（社会科学版）》2009 年第 1 期。

③ 张蓉：《跨越数字鸿沟、培养学生的新读写能力——信息时代发展中国家的基础教育改革》，《外国教育研究》2009 年第 8 期。

④ 缪宁陵、宋建军：《中美高等教育信息化建设的比较研究》，《职教探索与研究》2006 年第 4 期。

要积极推进各级各类学校探索和推广以教材多媒体化、资源网络化、教学个性化、学习自主化、活动协作化、管理信息化为特征的新型信息化教育模式。要将信息技术教育纳入中小学必修课。要积极运用现代信息技术改革教学内容和方法，推动信息技术与课程教学的有机结合，如推动教师开展在线教学研究，在校园网上发布课程的主要内容，学生在校园网上进行注册、选课与查成绩，基于网络资源的自主性学习、研究性学习，基于网站共建的任务驱动型学习，推动教师与学生在网上进行交流，学生网上互相讨论，等等。开展教师教育信息技术能力比赛，引导教师应用信息技术创新教学方式。

## 第四节　建立健全教育发展评价和督导机制

在教育现代化进程中，为了衡量教育发展情况，世界各国均建立了各种标准化、系列化的指标体系来进行评估，以此来提高教育质量。例如，OECD（经济合作与发展组织）从 1973 年开始建立教育发展指标体系，经过 20 多年的发展完善，至今已经形成了四大类共 29 个指标的教育发展衡量指标体系；UNESCO（联合国教科文组织）则提出了一个包括教育资源、教育需求、入学和参与、教育内部绩效、教育产出五大类的教育发展指标体系①。2012 年国务院颁布了《教育督导条例》。对于广东来讲，要使教育现代化推进工作更具有可操作性和科学性，就必须根据我国教育督导条例，加快建立教育发展的科学评价体系和督导机制。

---

① 李海燕、刘晖：《教育指标体系：国际比较与启示》，《广州大学学报（社会科学版）》2007 年第 8 期。

## 一　建立省域层面的教育发展指标体系

与全国的情况一样，广东目前衡量教育事业发展的指标主要是教育事业发展统计公报数据。这种统计公报数据主要包括学前教育、义务教育、高中阶段教育、高等教育，以及学校数量、入学率、毕业生数量、教师数量等指标，它更多的是一种教育统计数据的集合，本身并没有建立在一定的理论基础之上，缺少评价和衡量教育发展质量的有关指标，对有关教育政策和社会环境改变的敏感性不够，也缺乏各级学校的学习环境、学生学习态度等方面的指标。[①] 也有学者将目前这种教育事业统计公报称为教育发展指标的 GDP 化，即片面追求教育经费、升学率、入学率、办学规模的增长和物质条件的改善，对教育机会的公平分配、学生的素质发展、教育结构、教育专业能力、教育质量效益等却忽视了。[②]

对于广东来讲，应逐步建立与国际接轨、有中国特色广东特点、有利于分层定位和分类指导的教育发展评估指标体系。具体来讲就是，首先这一指标体系要建立在衡量教育发展的理论基础之上。从目前国际教育发展评估指标体系看，大多是按照“投入—过程—产出”这一理论基础来进行指标体系构建的，因此，广东的教育事业发展指标体系非常有必要借鉴这一理论分析框架。其次，教育发展指标体系必须注重教育发展的整体性，特别是要反映出教育供给与教育需求、教育产出、教育质量、教育公平等方面的情况。在这方面，OECD 的教育指标体系框架非常具有借鉴意义（见表 6 - 2）。

① 楚江亭：《关于建立我国教育发展指标体系的思考——兼论 OECD 教育发展指标体系的主要内容》，《教育理论与实践》2002 年第 4 期。

② 李轶：《教育增长与教育发展：历史、概念与政策》，《复旦教育论坛》2005 年第 2 期。

**表 6－2　2004 年 OECD 教育指标体系内容框架***

| 类别 | OECD 指标项目 | 主要指标成分 | 政策含义 |
|---|---|---|---|
| A 类指标 | 教育机构的输出与学习的影响 | A1:当前高中教育毕业率与成人人口成绩 | 反映教育的人口、经济及社会背景,通过受教育程度与劳动力市场的供求关系,反映教育与个人的发展关系,乃至体现教育对提高生产力水平的贡献 |
| | | A2:当前高教毕业与存留率和成人人口成绩 | |
| | | A3:劳动力和成人人口的教育成就 | |
| | | A4:不同学科领域的毕业生 | |
| | | A5:15 岁人口的阅读成绩 | |
| | | A6:15 岁人口的数学和科学成绩 | |
| | | A7:学生表现的校际差异 | |
| | | A8:公民知识与参与 | |
| | | A9:父母的职业身份和学生表现 | |
| | | A10:15 岁人口出生地、家庭语言和阅读成绩 | |
| | | A11:不同教育成就水平的劳动力参与 | |
| | | A12:15～29 岁人口预期教育、就业与非就业年数 | |
| | | A13:私人和社会回报率及其决定因素 | |
| | | A14:人力资本与经济增长的关联 | |
| B 类指标 | 教育财政与人力资源投入 | B1:生均教育支出 | 支撑政府对教育合理、有效的投资目的 |
| | | B2:教育支出占 GDP 的相对比例 | |
| | | B3:公共教育经费支出总额 | |
| | | B4:公共与私人教育投资的相对比例 | |
| | | B5:通过公共补助对于学生和家庭的支持 | |
| | | B6:按资源和服务种类划分的教育机构支出 | |
| C 类指标 | 获得教育、参与与进步 | C1:预期教育年限和入学率 | 正规教育和终身教育是否实现教育的全民参与,以及是否体现教育的平等性和机会均等,关注高教的国际化程度 |
| | | C2:高教进入及预期教育年数中等教育参与率 | |
| | | C3:高等教育中的留学生比例 | |
| | | C4:成人人口的继续教育和培训 | |
| | | C5:青年人口的教育和工作地位 | |
| | | C6:低教育水平年轻人的处境 | |
| D 类指标 | 学习环境与学校组织 | D1:9～14 岁阶段学生的总受教育时间 | 反映教育政策对教育实施过程及内部组织的影响力,体现教育的内部效益 |
| | | D2:班级规模和学生与教职工比率 | |
| | | D3:学校与家庭中获得与使用计算机情况 | |
| | | D4:男、女运用信息技术的态度与经验 | |
| | | D5:课堂与学校氛围 | |
| | | D6:公立初等与中等学校的教师工资 | |
| | | D7:教学时间与教师工作时间 | |

＊转引自李海燕、刘晖《教育指标体系：国际比较与启示》,《广州大学学报（社会科学版)》2007 年第 8 期。

## 二　建立各级各类教育发展评估指标体系

除了从全省整体层面建立教育发展评估指标体系外，为了衡量各级各类教育现代化的发展程度，还有必要建立各级各类教育发展评估指标体系，以促进各级各类学校教育质量和水平的不断提高。从广东的情况来看，必须加强如下几类教育发展评估指标体系的建设。

**1. 建立义务教育发展评估指标体系建设**

义务教育要加快两方面的指标体系建设。一是加快建立义务教育均衡发展监测与预警系统建设。在推进义务教育均衡发展的过程中，要逐步建立一个监测与预警系统。有研究者认为，义务教育均衡发展监测指标体系应围绕教师资源均衡度、生源均衡度和保障系统均衡度三个方面进行建构。[①] 从监测的内容上看，评估指标将包括绝对性指标和相对性指标、总体性指标和局部指标等。评估内容包括：教育投入（生均经费、学校办学条件）、教师素质、学生入学率、生源质量、学生学业成就、学生学习满意度、升学率、学生辍学率等。通过计算反映义务教育发展差距的指标，建立一套反映义务教育发展差距的预警系统，初步形成义务教育均衡发展的数据模型。收集这些反映教育发展差距的信息，并以此为依据判断义务教育系统的发展状态。如果上述指标整体偏离正常值、超越社会容忍限度，这预示着义务教育系统处于非均衡发展状态。此时，政府就要及时采取有效措施进行干预。二是要加快建立义务教育质量评价指标体系建设。在这方面，要着重从学校质量（如学校物质条件、学校管理、学校

① 董世华、范先佐：《我国县域义务教育均衡发展监测指标体系的构建——基于教育学理论的视角》，《教育发展研究》2011 年第 9 期。

教育信息化程度、学校自主性)、学生质量（如优生率、留级率、辍学率、毕业率、升学率)、学生成绩情况（如学科平均成绩、学科综合成绩)、学生素质发展、教师质量、教育资源支持、相关社会评价等方面构建系统评价指标体系。①

要建立县域义务教育均衡发展状况公告制度，定期公布县（市、区）义务教育均衡发展状况督导检查结果。要将县域义务教育均衡发展状况作为县（市、区）党政领导干部基础教育工作责任考核的重要内容。

**2. 建立职业教育质量评估体系，不断提高职业教育质量水平**

在广东职业教育蓬勃发展的过程中，职业教育质量评估体系建设就显得尤为重要。在这方面，英国、澳大利亚的经验非常值得广东学习借鉴。英国建立了全国统一的国家职业资格 NVQ（National Vocational Qualifications)，该标准虽然是国家标准，但由行业制定并为行业服务。NVQ 的开发主体就是英国的产业指导机构，主要由各行业的行会、行业组织以及教育培训机构的专业人士组成。标准的开发是在积极采纳各专业人士的意见和建议后，经过反复试点和验证，然后才正式向社会颁布。NVQ 分为五级，评估的内容主要包括关键能力、专业基础知识、专业技能三个方面；评估方式则分为内部评估和外部评估，其中内部评估一般由学生所在学校或培训中心的教师进行，外部评估则由颁证机构指派专门的评估人员采取不同的评估形式对学生进行评估。② 澳大利亚的职业教育保障体系则包括了四个方面：(1）办学政策的长效性建设，主要表现为国家质量培训框架确保了办学标

① 孙袁华、张熙：《建构我国的高质量义务教育评价指标体系》，《教育理论与实践》2003 年第 8 期。

② 刘元：《英国职业教育的评估体系及其对我国的启示》，《河北职业技术学院学报》2007 年第 2 期。

准的统一，国家资格框架确保了教学实施结果的统一，培训与鉴定四级证书确保了培训资格的统一；（2）课程内容的标准化开发，主要表现为行业引领、国家保障的培训标准开发和修订机制，以及依据培训目标所进行的课程材料开发和信息共享机制；（3）质量管理的分权式运作，主要表现为国家质量委员会、各州和领地的注册/课程认证机构和职业院校对职业教育质量的三级管理以及行业对课程实施质量的监督和评价；（4）教学实施的灵活性策略，主要表现为对现有能力的认证制和开放性办学制度。[①]

对于广东而言，要想打造成我国南方重要的职业教育基地，必须加强职业教育质量评估体系建设。在这方面，政府应组织行业协会、职业教育机构、专家一道认真研究，特别是要学习借鉴澳大利亚的经验，从职业教育学校办学过程标准、职业教育课程内容标准、职业教育质量管理机构等方面建立起具有科学性、系统性的评估体系。特别是要发挥行业协会的核心作用，广东目前形成了很多行业集中带，如汽车行业、电子通信行业、化工行业、家电行业、模具制造行业、家具行业、服装行业、制鞋行业、工业设计行业等，在同一个行业，技术要求、技能评定方式等方面都比较一致，可以充分发挥各行业协会的影响力和组织能力，组成本行业技术骨干参与的职业技能人才培养标准和专业课程教育标准。

**3. 建立高等教育发展评估指标体系**

广东高等教育发展评估指标可以从规模、结构、质量、经费与管理五个方面进行建构。规模主要从高校在校生人数、高等教育毛入学率、研究生规模、留学生规模、占全国高校在校生总数的比例等方面来衡量；结构

① 吕红、石伟平：《澳大利亚职业教育质量保障体系探究》，《外国教育研究》2009 年第 1 期。

指标主要包括专科生、本科生、研究生之间的比例，学科专业门类的数量与分布，公办学校与民办学校之间的分布等方面来衡量；质量指标主要包括教师队伍状况（如教师中具有博士学位的比重、专职教师与兼职教师的比重），师生比，一流大学（学院）数量，技术发明与专利数，国家重点学科情况，政府、公众、企业和毕业生满意度等；经费指标主要包括政府资金投入比例、生均学生经费、教师平均工资、科研经费、捐赠收入、技术转让合同金额等；管理指标主要包括学校自主权、管理规范性、管理人员与学生比例等方面。①

## 三 建立学校教育多重评估体系

建立学校教育多重评估体系是目前国际上促进教育现代化普遍采取的措施。例如，美国就构建了政府督导评估、学校自我评估、中介机构独立评估三位一体的学校评估体系。② 国际经验表明，各级各类学校教育评估不能简单地制定和依靠一个统一的评估标准，必须建立起一套动态的、多元化的评估体系。为此，广东在推进教育现代化进程中，必须加快构建多重学校教育评估体系。

首先，要发展政府教育督导的作用。建立相对独立的教育督导机构，独立行使督导职能；健全督导制度，建设专职督导队伍。坚持督政与督学并重、监督与指导并举。加强督政，强化对政府落实教育法律法规和政策情况的督导检查，促进区域、城乡基础教育优先发展均衡协调发展。加强

① 袁雯、谢仁业、朱益明和方修仁：《上海高等教育现代化框架及其指标的展望》，《中国高等教育评估》2007 年第 3 期。

② 乐毅：《构建“三位一体”的学校评估体系——中美比较的视角》，《现代教育论丛》2007 年第 3 期。

督学，强化高质量、高水平、普及九年义务教育及义务教育规范化学校建设督导检查，开展学前教育和高质量、高水平、普及高中阶段教育督导检查。建立督导检查结果公告制度和限期整改制度。

其次，要加快建立社会评估机构，逐步建立健全教育评估资质认证制度。要强化专业教育评估机构的职能，建设高素质、专业化的教育评估专家队伍，促进教育评估工作专业化、规范化和制度化。以提高教育评估的专业权威性和社会公信力为目标，逐步吸引用人单位、行业协会、专业学会、研究机构等社会组织参与教育评估，改变现行以政府为主体的单一评估模式，建立多元化教育评估新机制。

最后，完善学校自我评估。自我评估是现代学校评估的基础，各级各类学校要形成内部质量保障体系，变“要我评”为“我要评”。要努力形成由学校、家长、教师、学生共同参与的广泛的学校自我评估。

## 第五节　鼓励和调动社会积极性，共同推进教育现代化

在推进教育现代化进程中，除了政府是一个重要推动者之外，市场力量、社会力量也是重要的推动者。正如相关研究所表明的：基础教育的成功源于政府、学校、社会、家庭的四方合力，基础教育最终要形成政府责任明确、市场有效参与、学校积极主动、家长有力配合的改革与发展的图景。[①] 因此，在广东教育现代化进程中，在政府发挥主动作用的同时，也必须鼓励和调动社会各方的积极性。

---

① “贫困山区县域基础教育改革与发展模式的比较研究”课题组：《国外基础教育改革与发展的模式及其启示》，《教育导刊》2010 年第 4 期。

## 一　充分发挥市场力量，鼓励企业参与办教育

教育的私营化在当今世界具有普遍性，相关研究表明，20 世纪八九十年代，包括发达国家和发展中国家在内的 98 个国家和地区中，大多数国家的私立初等教育规模在 25% 以内，私立中等教育规模超过了 25% 。[①] 在美国，1991 年出现了被媒体称为历史上最为大胆的教育市场化计划——爱迪生计划。该计划由韦特通讯公司董事长克里斯托弗·韦特发起，主要目标是要创办、发展和经营 1000 所新型学校。[②] 在发展中国家，目前最大的三家教育产业公司分别是：巴西的 UNTP 公司，该公司在巴西拥有 450 个实验区，接纳 500 万名学生，为学前到大学预科的学生和教师提供教材、管理和师资培训；印度的 NIIT 公司，拥有 400 多个教育和培训中心；南非的教育投资有限公司，提供小学、中学、第三级教育、研究生教育和成人基础教育等全方位的教育培训，拥有 127 个联营学校，30 多万名学生。[③] 对于广东而言，要积极鼓励企业投资兴办教育，并从法律保障、政策支持等方面采取行之有效的措施，激发企业参与办教育的积极性和主动性。

## 二　大力推进教育领域的公私合作伙伴关系

自新公共管理改革运动兴起以来，公共服务供给的 PPP 模式，即公私合作伙伴关系（Public-Private-Partnership），也就是政府与市场组织以

---

① 曲恒昌：《当今世界教育私营化特点探析》，《比较教育研究》2001 年第 1 期。

② 张会兰、张春生：《西方国家教育市场化理论及形式述评》，《交通高教研究》2004 年第 4 期。

③ 曲恒昌：《当今世界教育私营化特点探析》，《比较教育研究》2001 年第 1 期。

及其他非政府组织或者个人合作提供公共产品的制度安排与政策实践，这已经成为现代社会公共服务供给的一种普遍趋势。[①] 国际经验表明，公私合作伙伴关系是一种有效动员、整合与优化社会资源的重要制度框架，在推动教育制度创新和促进教育发展中发挥了重要作用。例如，公司企业是美国推行特许学校、学券制学校和英国的教育行动区计划等的重要合作伙伴和推动力量。[②] 另外，相关统计表明，美国公立学校每年从工商企业获得的资助多达 40 亿美元。[③] 因此，广东在推进教育现代化的进程中，要解放思想，转变观念，大力倡导公私合作伙伴关系，要鼓励和允许社会资本进入教育领域，要清理和纠正教育领域公私合作伙伴关系实践中存在的各种歧视性政策，不断完善相关的制度建设。依据《义务教育法》第 48 条和第 49 条规定，“国家鼓励社会组织和个人向义务教育捐赠，鼓励按照国家有关基金会管理的规定设立义务教育基金”，要积极建立教育资源“多主体”供给机制，鼓励政府以外的各种组织或个人进入教育供给领域，推动教育服务的多元化。

### 三　重视和发挥社会及咨询机构对教育的促进作用

香港重视和发挥社会及咨询机构对教育的促进作用给我们重要的启示。现代教育与经济社会紧密联系，现代社会是个多元化的社会，在推进教育现代化过程中，政府对教育的决策和统筹管理不仅要依靠教育部门，

① 高树、吴华：《我国教育领域的公私合作伙伴关系审视》，《教育发展研究》2010 年第 8 期。

② 张会兰、张春生：《西方国家教育市场化理论及形式述评》，《交通高教研究》2004 年第 4 期。

③ 梁忠义、饶从满、周成霞：《世界主要发达国家公共教育改革的理论与实践》，《外国教育研究》2000 年第 2 期。

而且也要听取社会各界和各层次人士的意见。因此应在政府推动下建立由经济、科技、教育、法律、文化、社会等各个界别组成的教育咨询委员会，在教育的重大问题决策、教育的拨款等方面听取教育咨询委员会的意见建议，并逐步形成制度。同时也重视和发挥社会各种教育咨询、评估、研究机构的作用，听取他们的意见，吸取他们合理化的建议，以促进教育的科学发展。

## 四 建立健全家长参与教育机制

在当今时代，社会参与学校教育已经成为世界教育发展的一个重要趋势，许多国家纷纷采取措施加强社会与学校之间的联系。而在社会参与力量中，家庭是一支重要的力量，家长是否有效地配合学校对子女进行教育，直接决定着学校教育的效果。在美、英、日等发达国家，教育界普遍达成一种共识，即能否吸引家长的参与和支持，已经成为学校是否成功的关键。西方学者的研究也已经表明：家长是一种极具潜力的、实惠而有效的“教育资源”。1998 年 5 月，美国全国家长教师协会制定了《家长/家庭参与教育计划国家标准》，提出六条家长/家庭参与教育的标准：（1）沟通，即家庭和学校之间的定期的、双向的、有意义的沟通；（2）养育，指家长养育子女的技能得到提高和获得支持；（3）学生的学习，指家长在帮助孩子学习方面起着不可或缺的作用；（4）志愿行动，即学校欢迎家长对学校提供志愿的支持和帮助；（5）对学校决策的决定和拥护，即家长是学校决策的参与者；（6）与社区合作，指利用社区资源来支持学校、家庭和加强学生的学习。[①] 在家长参与教育层次上，英国学者摩根等人将其分

① 王维：《“家长参与教育”的国际经验及启示》，《基础教育》2009 年第 3 期。

为三个层次：（1）低层次的参与，这个层次的家校合作方式有家长访问学校、参加家长会、开放日、学生作业展览等活动，另外还有家长联系簿、家长小报、家庭通讯等；（2）高层次的参与，这种层次的合作方式有经常性的家访、家长参与课堂教学和课外活动、帮助制作教具、为学校募集资金等；（3）正式组织上的参与，如家长咨询委员会等。[①] 国外经验表明，家长参与学校教育意味着学校和周围社区的关系逐渐步入学校向社区开放、社区参与学校教育的合作阶段，家长和社区人士参与到学校的教学和管理，其角色逐渐从辅助人员进入到决策及教学的重要位置，并直接对学生的学习承担责任。社区与学校的关系不再是一般意义上的社区为学校注入物力资源，不再是一种补充，二者的合作也不再只是“教育外行”与“教育内行”的牵手，而是成为学校教育的重要组成部分。因此，广东在推进教育现代化进程中，必须努力探索家长参与教育的各种机制，使家长参与教育成为学校教育的一个有机组成部分。

① 王艳玲：《英国家校合作的新形式——家长担任“教学助手”现象述评》，《比较教育研究》2004 年第 7 期。

# 参考文献

## 中文文献

《马克思恩格斯选集》第1卷，人民出版社，1995。

托马斯·弗里德曼：《世界是平的——21世纪简史》，何帆、肖莹莹、郝正非译，湖南科技出版社，2006。

郑金洲：《教育现代化的正与悖》，《教育参考》1998年第2期。

《中国百科全书·广东百科全书（上卷）》，中国大百科全书出版社，2008，第38页。

邬志辉：《教育全球化现象的多维审视》，《华东师范大学学报（教育科学版）》2003年第3期。

文军：《社会学理论的核心主题及其古典传统的创新——兼论社会学理论中“全球化研究范式”的建立》，《浙江学刊》2005年第4期。

朱镜人：《全球化背景下的高等教育发展新动向及其对策》，《高等教育研究》2010 年第 3 期。

沃勒斯坦等：《开放社会科学》，三联书店，1997。

霍尔顿：《全球化与民族国家》，世界知识出版社，2006。

俞可平：《“全球化译丛”总序》，《全球化理论——研究路径与理论争论》，社会科学文献出版社，2009。

张德伟：《全球化背景下区域教育研究的提倡及其基本问题》，《外国教育研究》2010 年第 2 期。

刘昌明：《全球化压力下的社会科学分析单位转换与思维范式创新》，《文史哲》2005 年第 3 期。

M. I. 康帕涅拉：《全球化：过程和解释》，《国外社会科学》1992 年第 7 期。

张世鹏：《什么是全球化?》，《欧洲》2000 年第 1 期。

贝克：《全球化时代的权力和反权力》，广西师范大学出版社，2004。

杨雪冬：《重新校正人类的位置：西方全球化理论的简要评介》，《马克思主义与现实》1997 年第 2 期。

迪恩·纽鲍尔：《全球化和教育：特征、动力与意义》，《教育研究》2009 年第 7 期。

邬志辉：《从教育现代化到教育全球化——全球化背景下中国教育发展面临的挑战研究》，博士后流动站研究报告，华东师范大学，2001。

杨雪冬：《全球化：已知的与未知的》，《史学理论研究》2005 年第 1 期。

冯向东：《高等教育研究中的“范式”与“视角”辨析》，《北京大学教育评论》2006 年第 3 期。

张德伟：《国际比较教育学领域倡导“区域研究”的新动向》，《外国教育研究》2009 年第 6 期。

冯增俊：《中国新世纪区域现代教育体系（上）》，《教育导刊》2000 年第 1 期。

钟杵：《经济起飞理论与经济起飞阶段的界定》，《江西农业学报》2008 年第 12 期。

冯增俊：《论教育现代化的基本概念》，《教育研究》1999 年第 3 期。

胡鞍钢、熊义志：《大国兴衰与人力资本变迁》，《教育研究》2003 年第 4 期。

蒋衡、朱旭东：《当代西方教育与全球化理论研究评析》，《比较教育研究》2010 年第 6 期。

丹尼尔·耶金：《一个时髦词的诞生》，《参考消息》1999 年 2 月 15 日，第 4 版。

文军：《西方多学科视野中的全球化概念考评》，《国外社会科学》2001 年第 3 期。

董正华：《全球化：歧义纷沓的解说与真实的历史进程（上）》，《北京行政学院学报》2004 年第 5 期。

罗兰·罗伯森：《全球化社会理论和全球文化》，梁光严译，上海人民出版社，2000。

罗宾·科恩、保罗·肯尼迪：《全球社会学》，社会科学文献出版社，2001。

戴维·赫尔德：《全球大变革——三种全球化理论的分析与比较》，杨雪冬编译，《马克思主义与现实》2000 年第 1 期。

托马斯·弗里德曼：《世界是平的——“凌志汽车”和“橄榄树”的

视角》，赵绍棣、黄其祥译，东方出版社，2006。

文峻、梅金平：《“全球化”研究综述》，《财经政法资讯》2003 年第 5 期。

姜鹏：《对全球化的起源、含义及其研究现状的考察》，《太平洋学报》2000 年第 1 期。

J. 米特尔曼：《全球化的挑战：在边际上的生存》，《第三世界》1994 年第 3 期。

文军：《全球化概念的社会学考评》，《马克思主义与现实》2000 年第 6 期。

杨雪冬：《西方全球化理论：概念、热点和使命》，《国外社会科学》1999 年第 3 期。

里斯本小组：《竞争的极限：经济全球化与人类未来》，中央编译出版社，2000。

唐晓勇：《全球化起源论》，《西南民族大学学报（人文社会科学版）》2004 年第 8 期。

江红义、陶欢英：《全球化：本质分析与对策选择》，《重庆工学院学报》2006 年第 1 期。

杨雪冬：《罗伯逊绘制的全球化演进轨迹》，《马克思主义与现实》1997 年第 1 期。

李刚：《论戴维·赫尔德的全球化理论分析框架》，《南阳师范学院学报（社会科学版）》2009 年第 2 期。

赵剑飞：《全球化 3.0 和变平的世界：一种新的理解今日世界的范式》，《现代企业教育》2006 年第 2 期。

崔兆玉、张晓忠：《学术界关于“全球化”阶段划分的若干观点》，

《当代世界与社会主义》2002年第3期。

徐艳玲：《全球化本质的动态透视》，《山东社会科学》2004年第3期。

巨永明：《论全球化的本质》，《上海市经济管理干部学院学报》2008年第5期。

李惠斌：《全球化与社会主义》，《马克思主义与现实》1997年第2期。

丁志刚：《全球化问题研究综述》，《社会科学战线》1999年第2期。

吴怀友、王伟：《分歧、共识、展望——10余年来国内全球化理论研究综述》，《江汉大学学报（社会科学版）》2005年第4期。

罗荣渠：《现代化理论与历史研究》，《历史研究》1986年第8期。

何传启：《现代化概念的三维定义》，《管理评论》2003年第3期。

张静：《关于现代化的概念》，《社会学研究》1990年第5期。

《布莱克：现代化的动力》，四川人民出版社，1988。

塞缪尔·亨廷顿：《变动社会中的政治秩序》，耶鲁大学出版社，1968。

戴维·波普诺：《社会学（下）》，刘云等译，辽宁人民出版社，1987。

西里尔·E. 布莱克编《比较现代化》，杨豫、陈祖洲译，上海译文出版社，1996。

罗荣渠：《现代化新论》，北京大学出版社，1993。

陈成文：《社会现代化：一个概念的社会学考评》，《武陵学刊》1997年第2期。

何中华：《“现代化”概念辨析》，《山东大学学报（哲学社会科学版）》1995年第1期。

欧阳楠、叶青、吴述尧：《1900～2010 年现代化研究的文献计量学分析》，《理论与现代化》2003 年第 3 期。

罗荣渠：《西方现代化史学思潮的来龙去脉》，《历史研究》1987 年第 1 期。

何传启：《世界现代化研究的三次浪潮》，《中国科学院院刊》2003 年第 3 期。

严书翰：《关于现代化研究的历史、现状和几点思考》，《理论前沿》1995 年第 6 期。

周毅：《现代化理论的六大学派及其特点》，《当代世界与社会主义》2003 年第 2 期。

孙立平：《全球性现代化进程的阶段性及其特征》，《社会学研究》1991 年第 1 期。

罗荣渠：《论现代化的世界进程》，《中国社会科学》1990 年第 5 期。

孙立平：《社会现代化内容刍议》，《马克思主义研究》1989 年第 1 期。

包心鉴：《简论社会现代化》，《江汉论坛》1989 年第 4 期。

周积明：《现代化概念构架三论》，《湖北大学学报》1995 年第 3 期。

谢立中：《现代化理论的过去与现在》，《社会科学研究》1998 年第 1 期。

丁学良：《“现代化理论”的渊源和概念构架》，《中国社会科学》1988 年第 1 期。

金耀基：《从传统到现代》，中国人民大学出版社，1999。

杨国枢：《现代化的心理适应》，台北巨流图书公司，1978。

谢立中：《实证、诠释与话语：以现代化研究为例》，《社会》2008

年第 3 期。

孙立平:《“后发型现代化”研究述评》,《国外社会科学》1990 年第 11 期。

童志锋:《20 世纪 90 年代以来国内现代化研究综述》,《高校社科信息》2002 年第 5 期。

薛岱:《我国关于现代化研究综述》,《高校社科信息》1999 年第 4 期。

罗荣渠:《从“西化”到现代化》,《人民日报》1989 年 2 月 21 日。

林被甸、董正华:《现代化研究在中国的兴起与发展》,《历史研究》1998 年第 5 期。

周积明:《中国现代化的分期与早期现代化的涵义》,《江汉论坛》1994 年第 11 期。

陈会芹、于作敏:《中国早期现代化研究述评》,《烟台师范学院学报(哲学社会科学版)》2004 年第 1 期。

顾明远:《现代教育的时代特征》,《北京师范大学学报(社会科学版)》1996 年第 5 期。

顾明远:《实现教育现代化的宏伟蓝图——学习贯彻〈国家中长期教育改革和发展规划纲要〉》,《北京师范大学学报(社会科学版)》2010 年第 5 期。

冯增俊:《比较教育学与教育现代化》,《华南师范大学学报(社会科学版)》1996 年第 5 期。

朱旭东、蒋贞蕾:《国家发展与教育发展模式探讨——教育现代化的视角》,《比较教育研究》2001 年第 1 期。

褚宏启:《教育现代化的性质与分析框架》,《高等师范教育研究》

1998 年第 3 期。

周稽裘：《教育现代化：一个特定历史时期》，教育科学出版社，2009。

王利琨、朱佳生：《对教育现代化及其标准的探讨》，《上海高教研究》1998 年第 8 期。

朱旭东：《西方早期教育现代化的比较研究》，《清华大学教育研究》1999 年第 2 期。

李立国：《探寻教育现代化的历史源头——兼论工业化不是教育现代化的起点》，《清华大学教育研究》2003 年第 2 期。

项贤明；《比较视野中的教育现代化进程》，《比较教育研究》2007 年第 12 期。

褚宏启：《教育现代化的起点与过程》，《教育科学》1998 年第 4 期。

冯增俊：《试论我国教育现代化的基本任务及主要特征》，《中国教育学刊》1995 年第 4 期。

刘朝晖、扈中平：《对西方教育现代化历程的回顾与思考》，《比较教育研究》1998 年第 5 期。

季苹：《西方教育现代化历程及思考》，《教育科学研究》1997 年第 1 期。

冯增俊：《论教育现代化的演进》，《教育研究》2002 年第 12 期。

郭永华：《论具有中国特色的内生追赶型教育现代化模式》，《当代教育科学》2005 年第 10 期。

褚宏启：《教育现代化的路径》，北京师范大学出版社，2000。

顾明远：《教育现代化的基本特征及实施策略》，《人民教育》2007 年第 Z2 期。

朱旭东：《教育现代化的几个理论问题初探》，《比较教育研究》1998年第2期。

朱怡青：《教育现代化的基本特征与发展趋势》，《教育学（人大复印资料）》1998年第3期。

段作章：《关于教育现代化的理论思考》，《煤炭高等教育》1997年第2期。

苏强：《国际背景下的中国教育现代化》，《河南广播电视大学学报》2008年第4期。

刘尧：《对教育现代化若干问题的思考》，《上海教育科研》1999年第5期。

尹宗利：《试论中国教育现代化的基本特征》，《南京师大学报（社会科学版）》2009年第6期。

叶文梓：《教育现代化的前提条件、基本特征和行动原则》，《教育导刊》2001年第13期。

顾明远：《关于教育现代化的几个问题》，《中国教育学刊》1997年第3期。

邬志辉：《推行教育现代化的三个理论前提》，《教育理论与实践》1998年第6期。

田秋华：《关于教育现代化的几点理论思考》，《教育导刊》1999年第6期。

叶赋桂：《中国的美国教育研究三十年》，《比较教育研究》2010年第7期。

王晓阳：《美国教育现代化的历史经验及其启示》，《教育发展研究》2008年第23期。

李祖超:《日本的教育现代化之路及其对中国的启示》,《清华大学教育研究》2004 年第 3 期。

胡劲松:《20 世纪上半叶的德国教育现代化进程》,《华南师范大学学报(社会科学版)》2005 年第 3 期。

卢常源:《德国的“双元制”职业教育模式探微》,《继续教育研究》2007 年第 6 期。

陈晓娜、赵建玲:《德国“双元制”特色及其对我国成人高等职业教育的启示》,《河北大学成人教育学院学报》2010 年第 4 期。

周亚棣、贺武华:《我国教育现代化之路:四个典型国家模式的启示》,《河北大学成人教育学院学报》2010 年第 4 期。

徐玲:《国际教育指标体系的分析与思考》,《教育科学》2004 年第 2 期。

谈松华、袁本涛:《教育现代化衡量指标问题的探讨》,《清华大学教育研究》2001 年第 1 期。

潘苏东、李健宁:《对构建我国教育现代化指标体系若干理论问题的探讨》,《徐州师范大学学报(哲学社会科学版)》2004 年第 2 期。

李健宁、潘苏东:《关于教育现代化指标体系设置的构想》,《现代大学教育》2001 年第 1 期。

叶平、王蕊:《中国教育现代化区域聚类与特征分析》,《教育研究》2003 年第 7 期。

《上海高等教育现代化框架及其指标的展望》,《中国高教评估》2007 年第 3 期。

瞿葆奎主编《教育基本理论之研究(1978 ~ 1995)》,福建教育出版社,1998。

胡瑞文：《我国基本实现教育现代化的行动纲领——〈国家中长期教育改革和发展规划纲要（2010～2020年）〉解读》，《西安欧亚学院学报》2010年第4期。

谈松华：《教育现代化的区域发展模式及其机制》，《教育发展研究》2006年第13期。

朱文学：《教育现代化的区域特征与区域先行》，《江苏教育研究》。

王兆详：《从“教育救国”到“科教兴国”——中国教育现代化的历史探索》，《天津大学学报（社会科学版）》2005年第5期。

冯增俊主编《中国教育现代化之路——“亚洲四小龙”珠江三角洲教育发展经验的时代启示》，广东教育出版社，1996。

冯增俊：《教育现代化与面向21世纪的高等职业技术教育》，《嘉兴大学学报（社会科学版）》1996年第3期。

王永斌、王兆璟：《教育科学研究30年：一个知识社会学的考察》，《东北师范大学学报（哲学社会科学版）》2011年第1期。

张万峰、何燕君、苏燕、李庆：《广东教育现代化的历史使命和未来走向——广东教育学会教育现代化专业委员会成立大会暨首届中国教育现代化论坛综述》，《教育导刊》2009年第8期。

徐名滴、周国贤主编《珠江三角洲教育战略论》，广东教育出版社，1992。

陈伟：《省域教育现代化战略的政策分析——以1978～2008年的广东为例》，《复旦教育论坛》2008年第2期。

王学风：《珠江三角洲教育实践与中国教育现代化学术研讨会综述》，《高教探索》1997年第1期。

伍柳亭、钟以俊：《广东教育现代化学术研讨会综述》，《中国教育学刊》1999 年第 4 期。

冯增俊、朱仲南主编《珠江三角洲教育现代化研究丛书》，广东教育出版社出版，1993。

黄家驹、颜泽贤、冯增俊：《改革大潮中的珠江三角洲教育》，广东高等教育出版社，1994。

颜泽贤、冯增俊：《珠江三角洲的教育现代化》，《学术研究》1998 年第 3 期。

冯增俊：《广东教育现代化策略探析》，《教育导刊》2007 年第 7 期。

冯增俊：《珠江三角洲教育实践与当代教育现代化运动》，《现代教育论丛》1997 年第 3 期。

冯增俊：《珠江三角洲教育现代化的基本经验及展望》，《现代教育论丛》1998 年第 3 期。

韦禾：《珠江三角洲教育现代化研究综述》，《教育研究》1996 年第 6 期。

冯增俊：《广东实施高等教育大众化的基本形式》，《学术研究》2002 年第 9 期。

陈昌贵、谢练高：《走进国际化——中外教育交流与合作研究》，广东教育出版社，2010。

卢晓中、潘懋元：《现代高等教育发展研究》，中国海洋大学出版社，2001。

黄葳：《引领社会发展：全球网络化时代大学》，《高教探索》2007 年第 1 期。

张耀荣：《广东人口结构、高等教育规模与教育现代化相关分析》，《中国高教研究》2006 年第 4 期。

董泽芳、黄裕钊:《广东省高等教育区域化发展现状研究》,《中国地质大学学报(社会科学版)》2005 年第 1 期。

耿玉莲、刘贵全:《广东高等教育加快发展要解决的几个问题》,《理工高等教育研究》2004 年第 4 期。

黄紫华:《关于广东率先实现教育现代化实践中高等教育改革发展的策略探讨》,《现代教育论丛》2005 年第 2 期。

蔡火娣、韩兆洲:《广东高等教育发展和经济增长的关系研究》,《统计教育》2009 年第 5 期。

卢建红:《制度创新:广东省高等教育现代化的关键》,《韶关学院学报(自然科学版)》2006 年第 3 期。

钟明华、冯增俊:《中国教育现代化的伟大实践——广东教育发展 30 年》,广东人民出版社,2008。

刘贵华、王小飞、祝新宇:《论区域教育综合改革模式》,《教育研究》2009 年第 12 期。

冯增俊:《论教育创新与民族创新精神》,《教育研究》2001 年第 11 期。

华京生、华国栋:《区域教育研究的意义、特征和路径》,《教育研究》2009 年第 2 期。

项贤明:《教育全球化全景透视:维度、影响与张力》,《北京师范大学学报(社会科学版)》2008 年第 1 期。

朱旭东:《"教育全球化"的意识形态批判》,《教育发展研究》2005 年第 18 期。

邓正来:《全球化与中国社会科学的"知识转型"——在常熟理工学院"东吴讲堂"上的讲演》,《东吴学术》2011 年第 1 期。

戴维·赫尔德等：《全球大变革——全球化时代的政治、经济与文化》，杨雪冬等译，社会科学文献出版社，2001。

江华：《超越社会科学的传统范式——解读沃勒斯坦的世界体系理论》，《文史哲》2008 年第 2 期。

杨宜树、陈琰：《关于世界体系的政治经济学——伊曼纽·华勒斯坦的世界体系理论综述》，《世界经济文汇》1992 年第 3 期。

顾云深：《沃勒斯坦与“世界体系理论”》，《复旦学报（社会科学版）》1989 年第 6 期。

赵怀普：《关于现代化理论和依附理论的比较分析》，《燕山大学学报（哲学社会科学版）》2002 年第 1 期。

袁兴昌：《对依附理论的再认识——依附理论的主要组成部分及基本思想（上中下）》，《拉丁美洲研究》1990 年第 5、6 期，1991 年第 2 期。

莱斯利·斯克莱尔：《全球化社会学的基础》，《社会学研究》1994 年第 2 期。

文军：《90 年代西方社会学视域中的全球化理论评析》，《开放时代》1999 年第 5 期。

戴维·赫尔德：《全球大变革——三种全球化理论的分析与比较》，《马克思主义与现实》2000 年第 1 期。

孙小军：《略论后现代主义教育》，《焦作师范高等专科学校学报》2006 年第 4 期。

孙茂华、董晓波：《西方教育思想“后现代主义转向”的解读》，《黑龙江高教研究》2009 年第 7 期。

韩立福：《浅论后现代主义教育观》，《大家参考·教育管理》2007 年第 2 期。

董海霞：《简论后现代主义教育观》，《长春大学学报》2006 年第 6 期。

姚冬琳、李国：《民族多元至全球多元：美国多元文化教育的转向》，《教育学术月刊》2011 年第 11 期。

杨渊：《西方多元文化教育理论发展之历时研究》，《国外理论动态》2010 年第 9 期。

万明钢：《论多元文化教育的发展与面临的困境》，《西北师大学报（社会科学版）》2007 年第 1 期。

楚琳：《全球化背景下美国国际理解教育改革策略的新发展》，《外国教育研究》2009 年第 10 期。

姜元涛：《全球化背景下的世界公民教育探析》，《思想理论教育》2010 年第 14 期。

翟艳芳：《全球教育的理念与实践》，博士学位论文，华中科技大学，2010。

彭江、廖礼彬：《论全球教育的本质要素》，《外国语文》2011 年第 2 期。

肖川：《美国全球教育若干问题简述》，《比较教育研究》2000 年第 S1 期。

周朝成：《阿特巴赫高等教育依附理论解释框架的分析——兼析其高等教育全球化的观点》，《黑龙江高教研究》2007 年第12 期。

严建国：《人力资本理论下的教育与经济发展的关系浅析》，《科教导刊》2011 年第 6 期。

乔尔·斯普林：《论教育全球化》，《清华大学教育研究》2010 年第 6 期。

克莱因·索迪安：《全球化背景下教育的特征及其发展前景》，《比较教育研究》2009 年第 5 期。

彼德·D. 赫肖克、马克·梅森、约翰·N. 霍金斯主编《变革中的教育：全球化进程中亚太地区的领导力、创新和发展》，华东师范大学出版社，2009。

李勤学：《浅析教育现代化的四个要素》，《教育发展研究》2006 年第 7 期。

张耀武、罗辉钧：《全球化视野下中国教育观念现代化的价值取向》，《教育情报参考》2007 年第 7 期。

潘涌：《论全球化开发中心国教育现代化》，《北京大学教育评论》2003 年第 10 期。

廖春文：《资讯时代全球化教育发展的吊诡与超越》，《比较教育研究》2002 年第 S1 期。

刘文婕、杨明：《论教育全球化冲击的性质与特点》，《教育科学》2002 年第 6 期。

《全球化社会中的高等教育》，联合国教科文组织，2004。

邬志辉：《教育全球化：悖论与挑战》，《东北师大学报（哲学社会科学版）》2002 年第 2 期。

杨明：《教育全球化对中国意味着什么》，《教育发展研究》2003 年第 2 期。

李丽华：《21 世纪教育发展的一个基本态势——教育全球化》，《河北理工学院学报（社会科学版）》2002 年第 2 期。

顾佳峰：《教育全球化：对抗还是对策》，《外国教育研究》2006 年第 9 期。

吴华：《“教育全球化”与中国教育发展的全球战略》，《教育发展研究》2005 年第 18 期。

刘康宁：《教育全球化——世界教育发展的新思考》，《昆明理工大学学报（社会科学版）》2001 年第 3 期。

纪多多：《教育全球化的思考》，《成都中医药大学学报（教育科学版）》2003 年第 1 期。

罗媛松、唐仕军：《教育全球化的影响及对策》，《经济与社会发展》2003 年第 10 期。

施晓光、郑砚秋：《欧盟“伊拉斯谟计划”及意义》，《大学·研究与评价》2007 年第 7、8 期。

金京泽、张蕾：《教育全球化：国际文凭项目的回顾与展望》，《全球教育展望》2010 年第 11 期。

黄慧心：《全球化教育对中国教育发展的影响与启示》，《复旦教育论坛》2005 年第 2 期。

刘志国：《全球教育服务贸易的发展及特点》，《世界贸易组织动态与研究》2004 年第 1 期。

汪怿：《对我国参与全球留学生争夺的思考》，《教育发展研究》2011 年第 7 期。

殷小琴：《国外教育服务贸易多元化的发展趋势》，《教育评论》2009 年第 4 期。

邵青山：《试析“教育全球化”》，《天水师范学院学报》2007 年第 6 期。

刘莉珍、杨俊俊：《浅谈教育全球化的概念及其带来的挑战》，《高教论坛》2008 年第 2 期。

Juergen Schriewer：《教育全球化：进程与话语》，《比较教育研究》2002 年第 S1 期。

S. E. 佛罗斯特：《西方教育的历史和哲学基础》，吴元训等译，华夏出版社，1987。

郑确辉：《教育全球化发展的新动向概述》，《教育理论与实践》2004 年第 2 期。

和学新：《教育全球化进程中的教育开放战略》，《教育理论与实践》2007 年第 12 期。

郑金洲：《全球化时代教育面临的挑战与变革路向》，《教师之友》2005 年第 2 期。

李欣复、李长伟：《教育全球化：转型中的选择》，《内蒙古师范大学学报（教育科学版）》2001 年第 1 期。

王春光、孙启林：《全球化与本土化视野下的比较教育研究范式的再思考》，《比较教育研究》2005 年第 3 期。

冯建军：《全球思考，在地行动——全球化时代的多元文化教育》，《当代教育与文化》2010 年第 3 期。

项贤明：《教育全球化的后殖民特征》，《教育理论与实践》2000 年第 12 期。

谷贤林：《90 年代的美国基础教育改革》，《教学与管理》2001 年第 1 期。

顾明远：《民族文化传统与教育现代化》，北京师范大学出版社，1998。

何辛编著《广东教育 50 年（1949～1999）》，广东高等教育出版社，2000。

江海燕主编《广东普通教育现代化（1990~2000）》，广东人民出版社，2001。

罗伟其主编《广东教育改革发展30年纪事》，广东高等教育出版社，2008。

谈松华、王建：《教育现代化区域发展模式研究》，北京师范大学出版社，2011。

北京教育科学研究院课题组：《国际社会促进教育公平的实践及其对我国的启示》，《当代教育与文化》2009年第3期。

朱家存：《教育均衡发展的政策研究》，中国社会科学出版社，2003，第220页。

谢小萌：《美国〈不让一个儿童落后法〉的教育公平理念解析》，《长春师范学院学报（人文社会科学版）》2009年第6期。

许杰：《后普九时代教育走向内涵发展的学校责任》，《中国教育学刊》2011年第5期。

田汉族：《促进区域基础教育均衡发展的国际经验及其启示》，《当代教育论坛》2011年第4期。

王铁群：《制度化教育下的教育公平诉求——对基础教育公平的事理分析》，《教育科学研究》2009年第4期。

曲正伟：《校际均衡：环境、话语与制度分析》，《教育理论与实践》2007年第2期。

潘军昌、陈东平：《协作互动促进城乡义务教育均衡发展模式分析》，《教育发展研究》2010年第20期。

杨东平主编《2020：中国教育改革方略》，人民出版社，2010。

罗阳佳：《托管一年间：城市改变农村》，《上海教育》2008年第7

期。

汪丞、方彤：《日本教师“定期流动制”对我国区域内师资均衡发展的启示》，《中国教育学刊》2005 年第 4 期。

孙启林、周世厚：《大均衡观下的“略”与“策”——法国义务教育均衡发展政策评析》，《现代教育管理》2009 年第 1 期。

杨军：《英国促进基础教育均衡发展政策综述》，《外国教育研究》2005 年第 12 期。

阚阅：《促进教育均衡发展的新举措——英国“追求卓越城市计划”评析》，《全球教育展望》2004 年第 9 期。

苑大勇：《英国基础教育质量保障政策研究：以“国家”挑战项目为例》，《比较教育研究》2010 年第 5 期。

励骅、白华：《国外薄弱学校改进的有效举措探析》，《比较教育研究》2009 年第 6 期。

乐先莲：《致力于更加公平的教育——来自发达国家的经验》，《比较教育研究》2007 年第 2 期。

王晓辉：《教育优先区：“给匮者更多”——法国探求教育平等的不平之路》，《全球教育展望》2005 年第 1 期。

杨军：《促进基础教育的均衡发展——来自美国的经验》，《外国教育研究》2004 年第 11 期。

李文英、史景轩：《日本义务教育均衡发展的实现途径》，《比较教育研究》2010 年第 9 期。

李彦琳：《全纳教育：基于公民权利的教育平等》，《继续教育研究》2010 年第 4 期。

陈小娅：《为未来做准备：中国基础教育的变革与创新——在美国教

育研究协会2010年年会上的主旨发言》，《人民教育》2010年第11期。

阮成武、肖毅：《基于和谐：国际初等教育政策的价值取向及对中国的启示》，《比较教育研究》2008年第4期。

李丽桦：《统领未来20年：法国基础教育改革新法出台》，《上海教育》2005年第23期。

王璐：《每个孩子都重要：英国全面关注处境不利儿童的健康发展》，《比较教育研究》2005年第10期。

第二战略专题调研组：《推进素质教育》，《教育研究》2010年第7期。

顾明远：《推进素质教育是教育改革发展的战略主题》，《决策探索》2010年第2期。

刘华蓉：《火把·钢琴·大观园——听中科院院士、英国诺丁汉大学校长杨福家教授谈教育》，《新华文摘》2001年第6期。

史密斯：《全球化与后现代教育学》，郭洋生译，教育科学出版社，2000。

张向葵：《美国基础教育在培养诺贝尔奖得主中的奠基作用及其启示》，《外国教育研究》2008年第8期。

阎光才：《关于创造力、创新与体制化的教育——兼析中美阶段性教育制度设计理念的差异》，《教育学报》2011年第1期。

赵长林：《基础教育现实功能问题的深度审视——〈教育功能的偏失与匡正——学校教育角色化问题反思〉评介》，《基础教育》2011年第3期。

张勇军：《论全人教育思想的哲学基础及其借鉴意义》，《职教论坛》2011年第3期。

联合国教科文组织国际教育发展委员会：《学会生存：教育世界的今天和明天》，教育科学出版社，1996。

文辅相：《文化素质教育应确立全人教育理念》，《高等教育研究》2002 年第 1 期。

张忠萍：《课程标准下的多样化教学——美国基础教育课堂教学一瞥》，《中小学管理》2009 年第 5 期。

杨阳、马为：《美国基础教育考试的特点及对我国的启示》，《基础教育参考》2009 年第 4 期。

潘涌：《论全球化与中国教育现代化》，《北京大学教育评论》2003 年第 4 期。

梁忠义、饶从满、周成霞：《世界主要发达国家公共教育改革的理论与实践》，《外国教育研究》2000 年第 4 期。

张会兰、张春生：《西方国家教育市场化理论及形式述评》，《交通高教研究》2004 年第 4 期。

姚颖、杨桢贞：《美国中小学“差异教学”发展状况研究概述》，《外国中小学教育》2010 年第 9 期。

和学新：《班级规模与学校规模对学校教育成效的影响——关于我国中小学布局调整问题的思考》，《教育发展研究》2001 年第 1 期。

韩小雨、庞丽娟、李琳：《从国家发展的战略视角论幼儿教育的价值》，《学前教育研究》2010 年第 7 期。

柳倩：《普及学前教育政策的国际发展趋势述评》，《外国教育研究》2011 年第 1 期。

孙美红、张芬：《美国奥巴马政府高质量普及学前教育的政策特点》，《学前教育研究》2010 年第 9 期。

余强：《欧洲 39 国学前教育的发展现状和趋势》，《学前教育研究》2009 年第 10 期。

徐卓婷、高伟、王爽：《国际社会重视普及学前教育给我们的启示》，《吉林省教育学院学报》2011 年第 5 期。

潘发勤：《21 世纪初的英国教育政策及其进展》，《世界教育信息》2004 年第 9 期。

宋秋英：《20 世纪 90 年代以来美国学前读写教育改革动向之管窥——基于对“开端计划”改进措施的分析》，《外国教育研究》2010 年第 6 期。

庞丽娟、夏婧、韩小雨：《香港学前教育财政投入政策：特点及启示》，《教育发展研究》2010 年第 11 期。

王浩斌、王飞南：《现代化理论与理论的现代化——对现代化理论历史演进的理性思考》，《吉首大学学报（社会科学版）》2004 年第 3 期。

《区域教育可持续发展研究》课题组：《可持续发展区域教育研究》，《中国人口·资源与环境》2000 年第 1 期。

郭桂英：《我国区域教育现代化发展模式建构》，《扬州大学学报（高教研究版）》1998 年第 3 期。

世界银行：“教育领域战略”，载王晓辉主编《全球教育治理——国际教育改革文献汇编》，教育科学出版社，2008。

卢立涛：《全球视野下高中教育的性质、定位和功能》，《外国教育研究》2007 年第 4 期。

余清臣：《培育健全的自我——论指向培育学生自我的我国普通高中教育改革》，《中国教师》2011 年第 3 期。

霍益萍、黄向阳、李家成：《多样、开放、灵活：普通高中教育体系的构建》，《教育发展研究》2009 年第 18 期。

胡庆芳：《决不让一个高中生掉队——美国高中课程改革研究》，《全球教育展望》2002 年第 3 期。

汪凌：《法国普通高中的课程研究》，《全球教育展望》2002 年第 3 期。

李家永：《芬兰普通高中教育的改革》，《比较教育研究》2003 年第 8 期。

廖哲勋：《关于深化普通高中教育改革的整体构想》，《课程　教材　教法》2009 年第 6 期。

《科特南教育论著选》，陈友松译，人民出版社，1988。

张华：《世界普通高中课程发展报告》，《教育发展研究》2003 年第 9 期。

陈时见、王芳：《21 世纪以来国外高中课程改革的经验与发展趋势》，《比较教育研究》2010 年第 12 期。

李雪岩、龙耀：《中国高考制度改革新思维》，《上海大学学报（社会科学版）》2008 年第 5 期。

赵正国、马为民：《美国高校招生政策对我国高考制度改革的启示》，《辽宁师范大学学报（社会科学版）》2008 年第 4 期。

胡德秋：《选择性和多元化：高考制度改革的思考——基于普通高中新课程的视角》，《基础教育课程》2009 年第 11 期。

《职业技术教育与培训：展望 21 世纪的建议》，戴荣光译，《中国职业技术教育》2000 年第 5 期。

冯志军：《关于深度推进职业教育“工学结合”的政策建议》，《职教论坛》2011 年第 11 期。

吴岩：《高等教育强国——中国教育的新使命》，《北京教育》2009 年第 1 期。

马丁·特罗：《从精英到大众再到普及高等教育的反思：二战后现代社会高等教育的形态与阶段》，《大学教育科学》2009 年第 3 期。

刘献君：《21 世纪中国高等教育的走向》，《高等教育研究》2000 年第 2 期。

刘祖良、赵强：《高等教育强国战略的历史发展与现代功用——中国站在了奔向高等教育强国的起点上》，《北京航空航天大学学报（社会科学版）》2010 年第 2 期。

丁学良：《什么是世界一流大学》，《高等教育研究》2001 年第 3 期。

魏小鹏：《高等教育强国目标下的高等教育区域中心建设》，《中国高教研究》2010 年第 8 期。

吴岩、刘永武、李政、刘祖良、王怀宇：《建构中国高等教育区域发展新理论》，《中国高教研究》2010 年第 2 期。

张宝贵：《世界一流大学的形成模式研究》，《清华大学教育研究》2000 年第 4 期。

张益民、黄学军：《现代大学社会服务职能的缘起、动因及启示》，《云梦学刊》2007 年第 5 期。

王锐鸿：《高等教育在区域经济发展中的地位与作用研究——以山东省为例》，硕士学位论文，武汉理工大学，2008。

徐继宁：《国家创新体系：英国产学研制度创新》，《高等工程教育研究》2007 年第 2 期。

《发达国家教育改革的动向和趋势》，人民教育出版社，1986。

王革、薛岩松、莫逆：《哈佛通识教育观的演进与展望》，《高等教育研究》2011 年第 2 期。

康全礼:《我国大学通识教育的反思》,《江苏高教》2009 年第 2 期。

刘献君:《大学之思与大学之治》,华中科技大学出版社,2000。

露丝·海霍主编《东西方大学与文化》,赵曙明主译,湖北教育出版社,1996。

陈向明:《对通识教育有关概念的辨析》,《高等教育研究》2006 年第 3 期。

王维荣、章厚德、安·贝腾多夫:《美国通识教育改革的理念与行动——以伊利诺伊州立大学生物课改革为例》,《比较教育研究》2011 年第 6 期。

李曼丽、汪永铨:《关于“通识教育”概念内涵的讨论》,《清华大学教育研究》1999 年第 1 期。

黄坤锦:《大学通识教育的基本理念和课程规划》,《北京大学教育评论》2006 年第 3 期。

甘阳:《大学通识教育的两个中心环节》,《读书》2006 年第 4 期。

李曼丽:《中国大学通识教育理念及制度的构建反思:1995 ~ 2005》,《北京大学教育评论》2006 年第 3 期。

甘阳:《大学人文教育的理念、目标与模式》,《北京大学教育评论》2006 年第 3 期。

王生洪:《追求大学教育的本然价值——复旦大学通识教育的探索与实践》,《复旦教育论坛》2006 年第 5 期。

陈晓辉:《通识教育与促进当代中国人的全面发展——有感于北京大学元培学院的教育理念》,《黑龙江高等教育研究》2010 年第 5 期。

谈小媊、漆丽萍、卢晓东:《专业自主选择与跨学科专业建构的实践——以北京大学元培学院为例》,《中国高等教育研究》2011 年第 1 期。

龚金平:《我国大学通识教育的实施现状与反思》,《黑河学刊》2011 年第 3 期。

刘畅、彭勤露:《当代中国大学的通识教育实践——以北师大“励耕模式”为例》,《重庆工商大学学报(西部论坛)》2006 年第 S2 期。

甘阳:《大学通识教育的纲与目》,《同济大学学报(社会科学版)》2007 年第 2 期。

朱燕飞、石云里、陈长荣:《从 MIT 看中国高校通识教育的发展策略》,《清华大学教育研究》2005 年第 2 期。

刘楚佳、王卫东:《大学通识教育课程设置与优化探讨——以地方本科院校为例》,《广州大学学报(社会科学版)》2009 年第 3 期。

苗文利:《中国大学通识教育二十年的理性反思》,《南通大学学报(教育科学版)》2007 年第 2 期。

韩萌:《西方大学通识教育的历史演进与我国的实施路径》,《山东社会科学》2009 年第 7 期。

李会春:《哈佛大学通识教育改革新动向及其教育理念探讨》,《复旦教育论坛》2007 年第 5 期。

陆登庭:《一流大学的特征及成功的领导与管理要素:哈佛的经验》,《国家教育行政学院学报》2002 年第 5 期。

《教育——财富蕴藏其中》,教育科学出版社,1996。

李雯:《如何理解教育国际化》,《中小学管理》2011 年第 9 期。

姜英敏、王雪颖:《20 世纪 80 ~ 90 年代美国国际理解教育论争刍议》,《比较教育研究》2010 年第 1 期。

张德启:《塑造世界公民:美国高等教育国际化进程中的林肯计划》,

《全球教育展望》2009 年第 10 期。

陈曦:《日本高等教育国际化策略——以“留学生 30 万人计划”为例》,《比较教育研究》2010 年第 10 期。

陈学飞:《高等教育国际化——从历史到理论到策略》,《上海高教研究》1997 年第 11 期。

黄福涛:《“全球化”时代的高等教育国际化——历史与比较的视角》,《北京大学教育评论》2003 年第 2 期。

王海燕:《高等教育国际化的理念与实践——论美日欧盟诸国及中国的高等教育国际化》,《北京大学学报(国内访问学者·进修教师论文专刊)》,2001。

冯增俊、周红莉、邹一戈:《新时期粤澳高等教育交流与合作战略思路及对策》,《现代大学教育》2011 年第 2 期。

李长华:《推进欧洲高等教育一体化的博洛尼亚进程》,《外国教育研究》2005 年第 4 期。

罗云、刘献君:《国际化:建设世界一流大学的必由之路》,《江苏大学学报(高教研究版)》2002 年第 2 期。

靖国平:《当代教育的危机、走向与解放——重读〈学会生存〉》,《湖北大学学报(哲学社会科学版)》2002 年第 3 期。

孙绵涛:《教育体制理论的新诠释》,《教育研究》2004 年第 12 期。

谈松华:《加快教育体制改革和制度创新的主要路径》,《行政管理改革》2011 年第 2 期。

公磊:《浅议新公共管理理论及其在西方国家教育改革的实践》,《外国中小学教育》2009 年第 4 期。

劳凯声:《中国教育的问题是公立学校的问题》,《教育研究》2010

年第 2 期。

劳凯声：《重构公共教育体制：别国的经验和我国的实践》，《北京师范大学学报（社会科学版）》2003 年第 4 期。

黄晓勇、张菀洺：《“十二五”时期我国教育体制改革与科教兴国战略研究》，《中国社会科学院研究生院学报》2010 年第 2 期。

中国驻美国芝加哥总领事馆教育组：《重新认识美国基础教育》，《基础教育参考》2009 年第 6 期。

金生鈜：《中国教育制度变革滞后带来的三个问题》，《中国教育学刊》2008 年第 12 期。

施雨丹：《世界基础教育发展的主题词——从教育数量、质量、绩效谈起》，《外国教育研究》2009 年第 1 期。

赵中建：《近年来美国学校管理改革述评》，《教育研究》2001 年 5 期。

张振华、刘志民：《高校办学自主权：内涵、演变与启示》，《中国农业教育》2011 年第 1 期。

唐滢、丁红卫：《现代高等教育管理权力再思考——〈国家中长期教育改革和发展规划纲要（2010～2020 年）〉解读》，《大学（学术版）》2010 年第 5 期。

杨东平：《试论以人为本的教育价值观》，《清华大学教育研究》2010 年第 2 期。

潘懋元：《多学科观点的高等教育研究》，上海教育出版社，2009。

范履冰、曾龙：《论教育中介组织的角色和作用》，《国家教育行政学院学报》2011 年第 8 期。

伯顿·克拉克：《高等教育系统——学术组织的跨国研究》，王承绪译，杭州大学出版社，1994。

王玉瓶、刘文敏：《发达国家高校办学自主权运行模式及启示》，《技术与创新管理》2007 年第 2 期。

张建雷：《现代教育制度视角下“教育家办学”实现条件分析》，《河南师范大学学报（哲学社会科学版）》2011 年第 3 期。

劳凯声：《面临挑战的教育公益性》，《教育研究》2003 年第 2 期。

瞿葆奎主编《教育学文集·国际教育展望》，人民教育出版社，1993。

杨彬：《世界终身教育发展：理论脉络、发展模式和战略举措》，《天津市教科院学报》2009 年第 1 期。

安迪·格林：《教育与国家形成》，王春华译，教育科学出版社，2004。

黄荣怀、江新、张进宝：《创新与变革：当前教育信息化发展的焦点》，《中国远程教育》2000 年第 4 期。

陈桂生：《终身教育的精义何在》，《上海教育科研》2000 年第 4 期。

谈松华：《变革与创新：中国未来教育的走向》，《教育发展研究》1999 年第 11 期。

周西安：《我国终身教育体系的内容结构与建构原则》，《职业技术教育》2011 年第 22 期。

邓璐：《终身教育视野下制度化教育的变革研究》，《四川民族学院学报》2010 年第 2 期。

卢国良、桂建生：《发达国家与我国终身教育体系的比较研究》，《继续教育》2010 年第 3 期。

崔钢：《大力发展现代远程开放教育——构建学习型社会的重要途径

与最佳选择》，《江苏高教》2005 年第 4 期。

曾海军、范新民：《关于教育信息化发展新框架的思考——以公共服务、典型应用及公益资源为导向》，《中国远程教育》2007 年第 3 期。

郑路、杨素娟：《发达国家社区教育模式研究及对中国数字化社区建设的启示》，《广州广播电视大学学报》2008 年第 1 期。

吴锋、魏伟：《美国社区教育的发展模式及对我国的启示》，《湖北大学学报（哲学社会科学版)》2004 年第 1 期。

杨进：《美国加拿大社区教育与社区学院印象》，《职教论坛》2003 年第 14 期。

郭庆春、寇立群、孔令军、张小永、史永博、崔文娟：《学分银行制度建设研究》，《中国远程教育》2011 年第 8 期。

袁松鹤：《欧洲学分体系中 ECTS 和 ECVET 的分析与启示》，《中国远程教育》2011 年第 5 期。

胡鞍钢、王磊：《全社会教育总投入：教育发展的核心指标》，《清华大学教育研究》2010 年第 3 期。

第一战略专题调研组：《教育发展总体战略研究》，《教育研究》2010 年第 7 期。

张民选：《促进教育财政公平：各国关注的新课题》，《外国教育资料》1997 年第 1 期。

黄崴、苏娜：《发达国家义务教育经费投入体制比较及其对我国的启示——以美、英、法、日为例》，《比较教育研究》2009 年第 10 期。

闻竞：《日本农村义务教育的经验与启示》，《教学与管理》2008 年第 5 期。

胡卫、唐晓杰等：《中国教育现代化进程研究》，教育科学出版社，

2010。

蒋华林：《全球化背景下高水平大学师资队伍建设的路径》，《大学（学术版）》2011年第1期。

《聚焦外国教师公务员制度》，《教育》2005年第5期。

第九战略专题调研组：《一流教师一流教育》，《教育研究》2010年第7期。

方彤：《从美国经验看建立教师质量保证体系》，《教育研究与实验》2000年第3期。

陈伟、雷欣欣：《国外基础教育信息化进程对我国的启示》，《贵阳学院学报（社会科学版）》2009年第1期。

何克抗：《教育信息化是实现义务教育优质、均衡发展的必由之路》，《现代远程教育研究》2011年第4期。

李文英、吴松山：《世界教育信息化发展及其经验》，《河北大学学报（哲学社会科学版）》2007年第5期。

刘宇、张连军：《欧盟基础教育信息化的现状与行动计划》，《中小学信息技术教育》2006年第12期。

洪明：《欧美国家教育信息化的现状与趋势》，《比较教育研究》2002年第7期。

恩里克·西诺斯特罗萨、派德罗·海普、厄尔奈斯托·拉瓦尔：《“结网”——智利的教育信息化行动》，《中国远程教育》2001年第6期。

钱玲、库文颖、李中华：《发达国家中小学网络教育比较研究》，《世界教育信息》2006年第1期。

李勇帆：《论新世纪数字化教学的内涵与特性及对教师的基本要求》，《电化教育研究》2002年第5期。

桑新民、郑文勉、钟浩梁：《区域教育信息化的战略思考》，《电化教育研究》2005 年第 3 期。

熊才平、朱爱芝、黄萍萍：《教育信息资源“区域共建共享”开发应用模式研究》，《开放教育研究》2010 年第 1 期。

曹卫真：《中美中小学网络教育资源整合的比较》，《电化教育研究》2007 年第 4 期。

杜玉霞、贺卫国：《英国中小学信息化教学资源建设与应用的经验与启示》，《中国远程教育》2009 年第 4 期。

申军霞：《整合资源、开拓创新、突出特色、畅快服务——全面推进北京教育资源的建设与应用》，《中国电化教育》2007 年第 7 期。

程结晶、黄晶晶、刘晓晓：《江西省数字化教育信息资源服务体系理论研究》，《情报理论与实践》2010 年第 8 期。

郑朴芳、胡小勇：《区域数字化教育资源整合与共享机制研究》，《中国教育信息化》2011 年第 2 期。

张蓉：《跨越数字鸿沟、培养学生的新读写能力——信息时代发展中国家的基础教育改革》，《外国教育研究》2009 年第 8 期。

缪宁陵、宋建军：《中美高等教育信息化建设的比较研究》，《职教探索与研究》2006 年第 4 期。

李海燕、刘晖：《教育指标体系：国际比较与启示》，《广州大学学报（社会科学版）》2007 年第 8 期。

楚江亭：《关于建立我国教育发展指标体系的思考——兼论 OECD 教育发展指标体系的主要内容》，《教育理论与实践》2002 年第 4 期。

李轶：《教育增长与教育发展：历史、概念与政策》，《复旦教育论坛》2005 年第 2 期。

董世华、范先佐：《我国县域义务教育均衡发展监测指标体系的构建——基于教育学理论的视角》，《教育发展研究》2011 年第 9 期。

孙袁华、张熙：《建构我国的高质量义务教育评价指标体系》，《教育理论与实践》2003 年第 8 期。

刘元：《英国职业教育的评估体系及其对我国的启示》，《河北职业技术学院学报》2007 年第 2 期。

吕红、石伟平：《澳大利亚职业教育质量保障体系探究》，《外国教育研究》2009 年第 1 期。

袁雯、谢仁业、朱益明和方修仁：《上海高等教育现代化框架及其指标的展望》，《中国高等教育评估》2007 年第 3 期。

乐毅：《构建“三位一体”的学校评估体系——中美比较的视角》，《现代教育论丛》2007 年第 3 期。

“贫困山区县域基础教育改革与发展模式的比较研究”课题组：《国外基础教育改革与发展的模式及其启示》，《教育导刊》2010 年第 4 期。

曲恒昌：《当今世界教育私营化特点探析》，《比较教育研究》2001 年第 1 期。

高树、吴华：《我国教育领域的公私合作伙伴关系审视》，《教育发展研究》2010 年第 8 期。

梁忠义、饶从满、周成霞：《世界主要发达国家公共教育改革的理论与实践》，《外国教育研究》2000 年第 2 期。

王维：《“家长参与教育”的国际经验及启示》，《基础教育》2009 年第 3 期。

王艳玲：《英国家校合作的新形式——家长担任“教学助手”现象述评》，《比较教育研究》2004 年第 7 期。

## 英文文献

Sklair L. , *Sociology of the Global System*, 2rded. , Baltimore, MD: John Hopkins University Press, 1995, p. 1.

Robinson W. I. , 1998, "Beyond Nation-state Paradigms: Globalization, Sociology and the Challenges of Transnational Studies", in *Sociological Forum*, 13: 561 –594.

*Webster's Third New International Dictionary*, 1961.

Waters, Maloolm, *Globalization*, London: Routledge, 1995.

Giddens, Anthony, *The Consequences of Modernity*, Cambridge, Polity Press, 1990.

Daniel Lerner, *International Social Science Encyclopedia*, New York: Thomson Learning, 1965.

Sklair L. , *Sociology of Global System*, Harvester/ Whentsheaf, 1991, p. 52.

Christine I. Bennett, *Comprehensive Multicultural Education: Theory and Practice*, Allyn and Bacon, 1999.

James A. Banks, *Cultural Diversity and Education: Foundations, Curriculum, and Teaching*, Allyn and Bacon, 2001.

Stromquist N. P. , *Education in a Globalized World: The Connectivity of Economic Power, Technology, and Knowledge*, Oxford: Rowman&Littlefield Publishers, Inc. , 2002.

OECD Directorate for Education, "UNESCO Ministerial Round Table on

Education and Economic Development: Keynote Speech by Angel Gurria, OECD Secretary-General Paris, 19 October 2007", http://www.oecd.org/document/19/0, 3343, en_ 2649_ 33723_ 1_ 1_ 1_ 1, 00.html, 2007-11-13.

Roger Dale & Susan Robertson, "Editorial: Introduction", in *Globalisation, Societies and Education*, 11, 2003.

Linda Darling-Hammond, "Unequal Opportunity: Race and Education", Washington: *The Brookings Review*, Spring, 1998, Vol. 16, p. 30-31.

Ken Jones, Kate Bird, "Partnership's Strategy: Public-private relations in Education Action Zones", *British Educational Research Journal*, Vol. 26, No. 4, 2000, pp. 491-506.

Philip Taylor, "The Aims of Primary Education in World Perspective", in Nigel Proctor (ed.), *The Aims of Primary Education and the National Curriculum*, The Falmer Press, 1990, p. 200.

Stacie G. Goffin, "The Role of Curriculum Models inEarly Childhood Education", [J/OL]. http://ceep.crc.uiue.edu/eecearchive/digests/2000/goffin00.pdf, 2000-08-08/2009-03-25.

UNESCO, Strong Foundations, EFA Global Monitoring Report, 2007.

Department for Business, Innovation & Skills, UK. Higher Ambitions: The Future of Universities a Knowledge Economy [EB/OL]. http://www.bis.gov.uk/policies/higher-ambitions, 2009-11-01.

Michael Fullan, *The New Meaning of Educational Change* (3rd ed.), Teacher College: Columbia University, 2001.

# 后　记

由于信息技术和互联网的发展与普及，全球化是当今世界一个实实在在的客观历史进程，已经成为我们这个时代的主要特征。在21世纪，教育的全球性联系、合作交流、服务日益增强，教育的全球性竞争日趋加强。因此必须具有全球眼光和世界视野，加强教育的改革开放和交流，勇于和善于吸收、借鉴世界先进的教育思想、教育文化、教育经验和方法为我所用。自20世纪90年代以来，我从事的工作一直与教育有关，因此萌发了对在全球化背景下推进教育现代化的理论和实践研究的探索。本书尝试以全球化作为认识和分析教育现代化的理论框架和参照坐标，以全球化视野去把握教育现代化进程的趋势和动向，研究全球先进国家和地区教育发展的理念、政策和措施，并以此作为广东发展的借鉴，在深入分析广东经济、社会、教育发展的基础上，探索广东推进教育现代化之路。

本书是在修改完善我的博士论文基础上完成的。在此，我要衷心感谢尊敬的导师刘献君教授。在他的精心指导下，我认真研读与中外教育现代化有关的经典著作、论文，系统整理有关国家和地区的教育历史资料，联系当前全球化和知识经济发展的现实，进行理论的抽象和概括，对广东的教育现代化问题进行深入的研究和探讨，论文的开题和写作几经修改，逐渐写成此书。同时，我也要深深地感谢冯增俊教授，20 世纪 90 年代，在他的引导下我就重视学习和运用教育现代化理论指导工作实践，对于这次的论文写作他也给予了许多中肯的、富有见地的指导意见。在论文的写作过程中，佛山科技学院李丽芳老师和原省教育厅基础教育处赖佳缓同志协助我收集、整理有关教育的资料和数据。在此表示深深的谢意！

江海燕

二〇一二年十月于广州梅花村

**图书在版编目(CIP)数据**

全球化与教育现代化：以广东教育现代化为例/江海燕著.
—北京：社会科学文献出版社，2013.5（2014.4重印）
ISBN 978-7-5097-4446-8

Ⅰ.①全… Ⅱ.①江… Ⅲ.①全球化-关系-教育现代化-研究-广东省 Ⅳ.①G527.65

中国版本图书馆CIP数据核字（2013）第056685号

**全球化与教育现代化**

——以广东教育现代化为例

著　　者／江海燕

出 版 人／谢寿光
出 版 者／社会科学文献出版社
地　　址／北京市西城区北三环中路甲29号院3号楼华龙大厦
邮政编码／100029

责任部门／人文分社（010）59367215　　责任编辑／黄　丹
电子信箱／renwen@ssap.cn　　责任校对／李向荣
项目统筹／宋月华　范　迎　　责任印制／岳　阳
经　　销／社会科学文献出版社市场营销中心（010）59367081　59367089
读者服务／读者服务中心（010）59367028

印　　装／北京鹏润伟业印刷有限公司
开　　本／787mm×1092mm　1/16　　印　　张／20
版　　次／2013年5月第1版　　字　　数／251千字
印　　次／2014年4月第2次印刷
书　　号／ISBN 978-7-5097-4446-8
定　　价／79.00元